# Wirtschaftsstandort Region Limburg

## Chancen und Perspektiven einer Region

MEDIA TEAM GmbH
Stadt Limburg
1999

Sehr geehrte Damen und Herren,

Weltweit konkurrieren die Städte heute um die Gunst der Investoren. Dabei wird es immer wichtiger, sich von anderen Wirtschaftsstandorten durch seine standorteigenen Vorteile positiv zu unterscheiden. Jeder Wirtschaftsstandort in Deutschland bietet spezielle Vorteile für die Ansiedlung von neuen Betrieben, nationalen und internationalen Investoren. In der Vielzahl von miteinander konkurrierenden Regionen liegt auch die Chance einer Stadt, durch besondere Qualifikationen die Entscheidung zur Standortwahl positiv für sich zu beeinflussen.

Die Region Limburg hat sich in den vergangenen Jahrzehnten von einem historischen Handelszentrum zu einem Kristallisationspunkt mit qualifiziertem Arbeitsplatzbestand, einer hohen Dichte privater und öffentlicher Dienstleistungen, kulturellen Angeboten und hohem Freizeitwert entwickelt.

Für Unternehmen ist die Region insbesondere durch ihre günstige Lage interessant; das Rhein-Ruhr-Gebiet und das Rhein-Main-Gebiet sind über die Autobahn schnell zu erreichen. Bald ist sie an das ICE-Hochgeschwindigkeitsnetz der Deutschen Bahn angeschlossen, und der Frankfurter Flughafen ist nur 20 Minuten entfernt.

Der räumliche Einzugsbereich geht über die Region hinaus; sie hat Versorgungsfunktion für etwa 250.000 Menschen. Eine gut funktionierende Infrastruktur bietet den Unternehmen und ihren Mitarbeitern hervorragende Arbeitsmöglichkeiten.

Neben innovativen mittelständischen Unternehmen gibt es in der Region heute auch größere Firmen, beispielsweise die „Glashütte Limburg“, „Mundipharma“, „Tetra Pak“ oder „Buderus“.

Dieses Buch will dem interessierten Leser die Region aus verschiedenen Perspektiven näher bringen. Es beleuchtet die wesentlichen wirtschaftlich relevanten Faktoren und portraitiert eine repräsentative Auswahl von in der Region ansässigen Unternehmen. Außerdem vermittelt es einen Einblick in Kultur, Kunst, Geschichte und Landschaft.

Denn der Standort Limburg ist auch durch ein attraktives Freizeit- und Kulturangebot geprägt. Über 500.000 Touristen kommen in jedem Jahr in die Region und genießen die landschaftliche Schönheit des Lahntals.
Dieses in Zusammenarbeit mit der Stadt Limburg entstandene Werk soll neben dem informativen und unterhaltenden Stellenwert auch eine praktische Aufgabe erfüllen. Es soll Kooperationen und neue Geschäftskontakte mit den in diesem Buch präsentierten Firmen und Ihnen als Leser dieses Werkes fördern.

Das Buch ist ein wichtiger Bestandteil des bundesweiten Standardwerkes zu deutschen Wirtschaftsregionen und international auch im Internet unter der Adresse „www.standort-deutschland.com“ präsent.

Möglicherweise ist die Region Limburg ja auch Ihr „Unternehmensstandort der Zukunft“?!

Christian Kirk
Vorstandsvorsitzender der
MEDIEN GRUPPE KIRK HOLDING AG

# Vorwort

Sehr geehrte Damen und Herren,

Hessen ist wirtschaftlich die Nummer 1 in Deutschland. Das Wirtschaftswachstum unseres Landes betrug 1998 2,8 Prozent. Damit liegt Hessen um 0,6 Prozent über dem Durchschnitt der westdeutschen Bundesländer. Mit dem hohen Wachstum ist auch der Vorsprung Hessens in der Wirtschaftskraft je Einwohner weiter gewachsen. Pro Kopf erwirtschaftete im vergangenen Jahr jeder Hesse 122.902 DM. Auf Platz 2 der Flächenländer folgt bereits mit weitem Abstand Baden-Württemberg mit 100.608 DM.

Hessens Image ist geprägt von Banken, dem Flughafen Frankfurt und einigen Großunternehmen. Diese Firmen sind wichtig für Hessen. Doch die wirtschaftliche Stärke des Landes liegt nicht in der Bedeutung eines Wirtschafts- oder Dienstleistungszweiges oder des Rhein-Main-Raumes allein. Es ist die Vielzahl unterschiedlicher, moderner Sparten und die Leistungsfähigkeit des ländlichen Raumes, die Hessens Wirtschaft stark macht.

Limburg ist eine Stadt mit einer modernen, zukunftsweisenden Wirtschaftsstruktur. Die Region hat im Standortwettbewerb gute Voraussetzungen, um international und national mitzuspielen. Die Bruttowertschöpfung je Erwerbstätigem liegt zwar knapp unter dem Durchschnitt Westdeutschlands, in der aufstrebenden Dienstleistungsbranche liegt sie jedoch um 25 Prozent über dem westdeutschen Durchschnitt. Für die weitere Entwicklung der Region um Limburg zu einem modernen Wirtschaftsstandort sind hierbei von Bedeutung:

Ein hochleistungsfähiges Verkehrssystem ist der Garant für eine erfolgreiche wirtschaftliche Weiterentwicklung des Standorts. Mit der ICE-Neubaustrecke Köln-Limburg-Frankfurt stellt Hessen die Weichen, um auch im neuen Jahrtausend die zentrale Verkehrsdrehscheibe in Europa zu sein. Insgesamt werden für die ICE-Neubaustrecke auf hessischem Boden 4 Milliarden D-Mark investiert. Die Region wird durch den neuen ICE-Bahnhof in Limburg von dieser Entwicklung profitieren. Limburg wird der zentrale „Pfeiler“ des Brückenschlages zwischen den Wirtschaftsregionen Rhein-Main und Rhein-Ruhr. In ÖPNV-Investitionen in den Landkreis Limburg-Weilburg sind seit 1995 rund 16 Millionen D-Mark geflossen.

Die Startbedingungen für Existenzgründungen und für junge, innovative Unternehmen werden verbessert. Hierbei spielt das hessische Existenzgründungsprogramm, mit dem 1998 alleine im Landkreis Limburg-Weilburg 79 Existenzgründungen mit einem Investitionsvolumen von 19 Millionen D-Mark gefördert wurden, eine wichtige Rolle.

Limburg-Weilburg ist nicht nur eine Region, in der es sich gut wirtschaften läßt, hier gibt es auch eine lebenswerte und reizvolle Landschaft. Hessen will sich als ein Aktivurlaubsland profilieren. Hierbei kommt insbesondere dem Lahntal, z.B. zum Wandern und Bootsfahren, eine große Bedeutung zu.

Ziel der Landesregierung ist es, in der Region um Limburg die dörfliche Tradition zu bewahren und gleichzeitig die Innovation in den hessischen Dörfern zu fördern. Wir brauchen das „Fachwerkhaus mit Internetanschluß“. Aus dem Dorferneuerungsprogramm und dem ländlichen Regionalprogramm sind in den letzten drei Jahren für 310 Projekte 6,4 Millionen D-Mark mit einem Investitionsvolumen von 25,5 Millionen D-Mark in den Landkreis geflossen. Mit Mitteln des Landesprogrammes „Einfache Stadterneuerung“ wurden Maßnahmen in Höhe von 3 Millionen D-Mark gefördert. Weil die staatlichen Programme immer nur Zuschüsse gewähren, löst jede D-Mark an staatlichen Zuschüssen deutlich höhere private Folgeinvestitionen aus. Die Programme kommen vor allem dem Handwerk zugute.

Dieter Posch
Hessischer Minister für Wirtschaft, Verkehr und Landesentwicklung

# Wirtschaftsstandort Region Limburg

| | | |
|---|---|---|
| | Vorwort | 3 |
| Christian Kirk | Vorstandsvorsitzender der Medien Gruppe Kirk Holding AG | |
| | Vorwort | 5 |
| Dieter Posch | Hessischer Minister für Wirtschaft, Verkehr und Landesentwicklung | |
| | Limburg a. d. Lahn – die alte Handelsstadt im Aufbruch | 8 |
| Martin Richard | Bürgermeister der Stadt Limburg | |
| | Der Standort: strategisch günstige Lage, gut ausgebildete Mitarbeiter und eine funktionierende Infrastruktur | 12 |
| Wolfgang Becker | Leiter der Abteilung Wirtschaftsförderung beim Magistrat der Stadt Limburg | |
| | Fachverwaltung – hilfreicher Partner der Wirtschaftsunternehmen | 20 |
| Dr.-Ing. Heinrich Richard | Dezernent in der Kreisstadt Limburg für Bau, Ordnung und Soziales | |
| | Die Wirtschaft im Landkreis Limburg-Weilburg | 24 |
| Norbert Oestreicher | Hauptgeschäftsführer der IHK Limburg | |
| | Handwerk in der Kreisstadt Limburg – in 94 Berufen beweisen Meister und Gesellen hohe Flexibilität | 30 |
| Horst Jung | Kreishandwerksmeister der Kreishandwerkerschaft Limburg-Weilburg | |
| | Region mit hoher Innovationskraft – die Beschäftigtensituation in der Kreisstadt Limburg | 34 |
| Angelika Berbuir | Direktorin des Arbeitsamtes Limburg | |
| | Steinbeis-Transferzentrum Limburg-Weilburg-Diez als Partner der Wirtschaftsförderungsgesellschaft | 38 |
| Siegfried Walter | Leiter des Steinbeis-Tranferzentrums Limburg-Weilburg-Diez | |
| | Neues Wohnen – Stadtentwicklung in Blumenrod | 40 |
| Annelie Bopp-Simon | Leiterin der Stabsstelle für Stadtentwicklung und Bauleitplanung bei der Stadt Limburg | |
| | Der Masterplan: Der neue ICE-Stadtteil Limburg-Süd | 48 |
| Michael Bergholter | Leiter des ANP-Büros und Baudirektor a. D. | |

# Inhalt

| | | |
|---|---|---|
| | Präzisionsgetriebe aus Limburg für Maschinenbau, Medizintechnik, Luft- und Raumfahrt | 56 |
| Dr.-Ing. Matthias Mendel | Bereichsleiter bei Harmonic Drive | |
| | Das Limburger Schulwesen – weit über dem Standard vergleichbarer Kommunen | 62 |
| Dr. Christoph Wörsdörfer | Leiter des Amtes für Schule, Kultur und Sport bei der Stadt Limburg | |
| | Limburg – jährlich besuchen über 500.000 Touristen die Perle im Lahntal | 66 |
| Hilmar Frhr. Schenck zu Schweinsberg | Leiter des Amtes für Fremdenverkehr, Sport, Bäder und Vereine bei der Stadt Limburg | |
| | Über das Lebensgefühl eines Limburgers | 70 |
| André Kramm | Selbständiger Architekt in Limburg | |
| | Die Limburger Altstadt: Sanierungsgebiet, Lebensraum, Wirtschaftsstandort, Gesamtkunstwerk | 78 |
| Dr. Reinhard Bentmann | Leiter der Abteilung Bau- und Kunstdenkmalpflege am Landesamt für Denkmalpflege Hessen | |
| | Kirchenkunst, Klamotten und Kaffee – Was man in Limburg kennt und was nicht nur Touristen noch entdecken können | 90 |
| Dr. Gabriel Hefele | Oberkustos des Domschatzes und Diözesanmuseums in Limburg | |
| | Limburg – als moderne Stadt der Vergangenheit und der Tradition dankbar verpflichtet | 96 |
| Heinz Maibach | Leiter des Stadtarchivs Limburg | |
| | Karrierestart in der Domstadt – Sechs Limburger tragen den Namen ihrer Heimatstadt in alle Welt | 108 |
| Heinz Kleiter | Redaktionsleiter der Nassauischen Neuen Presse | |
| | Städte und Gemeinden in der Region | 112 |
| | Verzeichnis der vorgestellten Unternehmen | 118 |
| | Impressum | 120 |

# Limburg a.d. Lahn – die alte Handelsstadt im Aufbruch

Bereits im frühen Mittelalter führte die Fernhandelsstraße Antwerpen-Byzanz durch Limburg. Die engste Durchgangsstelle auf dem Weg von Köln nach Frankfurt war die Fahrgasse in Limburg, deren Maß bereits am Heumarkt in Köln angezeigt wurde. Bereits früh bildete sich in Limburg aufgrund der geographischen Lage ein Handelsschwerpunkt. Vor über 100 Jahren wurde Limburg Kreisstadt, zuvor war die Stadt schon Sitz des Landgerichts, später erhielt sie dann das Finanzamt. Heute haben die Bundesstraßen nach Koblenz, Gießen, Frankfurt und Köln die alten Handelswege abgelöst, neue ersetzten die alten Verkehrswege. Die Lahntalbahn übernahm die Funktion der Lahn als Transportweg. Die Autobahn A 3 reduziert die Fahrzeiten nach Köln und Frankfurt auf eine bzw. eine halbe Stunde.

Limburg verfügt heute über optimale Verkehrsanbindungen. Die Stadt ist an vier Bundesstraßen angebunden. Sie hat mit Limburg-Süd und Limburg-Nord zwei Anschlüsse an die A 3 Frankfurt-Köln. Die Bundesbahn bietet täglich über 170 Zugverbindungen nach Frankfurt, Wiesbaden, Koblenz, Gießen sowie über Westerburg nach Köln. Fast 200 Verbindungen zwischen Limburg und Gemeinden in der Region werden über Buslinien abgewickelt, während die vier Stadtlinien mit mehr als 100 Verbindungen täglich Bürger und Besucher in der Innenstadt zu den gewünschten Zielen und zurück bringen. Der bedeutendste deutsche Verkehrsflughafen Frankfurt ist über die Autobahn in einer halben Stunde zu erreichen.

Obwohl die Stadt selbst in ihren Mauern einschließlich der sieben Stadtteile nur ca. 35.000 Menschen beherbergt, übernimmt sie dennoch die Versorgungsfunktion für bis zu 250.000 Personen. Aufgrund der Schaffung von Fußgängerzonen, der Ansiedlung von großen Warenhäusern und überregional bedeutenden Filialisten sowie der alteingesessenen Fach-

*In der historischen Altstadt.*

**Martin Richard**

Der Autor wurde am 8. November 1951 in Niederbrechen (Kreis Limburg-Weilburg) geboren. Nach Bauzeichnerlehre, Studium der Architektur an der Fachhochschule Wiesbaden sowie der Raum- und Umweltplanung an der Universität Kaiserslautern. Von 1978 bis 1986 als Angestellter bei der Stadtverwaltung Limburg u. a. zuständig für Wirtschaftsförderung Stadtentwicklung und Öffentlichkeitsarbeit. Danach elf Jahre Leiter des Kreisbauamtes Limburg-Weilburg. Seit dem 2. Dezember 1997 Bürgermeister der Kreisstadt Limburg a. d. Lahn.

Stadthalle „Josef-Kohlmaier-Halle", kultureller Mittelpunkt der Region und Tagungszentrum.

geschäfte wird Limburg als Einkaufsstadt gerne besucht. In sieben Parkhäusern und auf vielen Freiplätzen stehen über 11.000 Parkplätze zur Verfügung. Die Besucher der Stadt kommen aber nicht nur wegen des hervorragenden Warenangebotes, sondern weil sie darüber hinaus das Flair der beispielhaft sanierten Altstadt und die schönen Ansichten der restaurierten Häuser, des Doms und der Lahn genießen möchten.

Heute liegt die Bedeutung des Handels in bezug auf seinen Anteil an den Beschäftigten im Durchschnitt vergleichbarer hessischer Städte. Rund ein Fünftel der über 20.000 Beschäftigten sind im Einzelhandel tätig.

Betrachtet man hingegen die anderen Aufteilungen des teritären Sektors, so ist festzustellen, daß Limburg, ähnlich wie Frankfurt und Darmstadt, im Bereich Verkehr und Nachrichtenübermittlung weit über dem Durchschnitt anderer hessischer Städte liegt. Hier ist der Wandel vom Handel zu erkennen. Die Stadt achtet in ihrer Ansiedlungspolitik nicht nur auf die Schaffung und Sicherung von Arbeitsplätzen, sondern auch auf eine gesunde Mischung der Branchen und das Qualifikationsniveau des Beschäftigungsangebotes.

Der Flächennutzungsplan der Stadt zeigt großflächige Gewerbe- und Industriepotentiale. Damit kann sie ihrer Ergänzungsfunktion für das Rhein-Main-Gebiet gerecht werden.

In einer Studie der HLT Gesellschaft für Forschung, Planung, Entwicklung heißt es:

„Limburg empfiehlt sich als Kristallisationspunkt für einen derartigen Entlastungsraum aufgrund seiner Eigenschaft als gewerbliches Zentrum mit qualifiziertem Arbeitsplatzbestand, einer hohen Dichte privater und öffentlicher Dienstleistungen, bedeutendem kulturellem Angebot und hohem Freizeitwert sowie großem räumlichen Einzugsbereich. Aus Sicht der Landesplanung stellt das Wachstum in räumlich entfernten, aber schnell erreichbaren Entwicklungspolen für das Verdichtungsgebiet ei-

1987 wurde Limburg im Bundeswettbewerb für Städtebau und Denkmalschutz ausgezeichnet.

ne interessante Alternative zum ungeordneten Flächenwachstum im engeren Umland um die Verdichtungskerne herum dar.
Hoher Wohn- und Freizeitwert, ein hochwertiges kulturelles Angebot, optimale Verkehrsanbindungen und funktionierende Infrastruktur, zentrale Lage zwischen dem Rhein-Main- und dem Rhein-Ruhr-Gebiet ein gesundes Umfeld (die Belastung der Luft liegt in Limburg in nahezu allen Bereichen weit unter dem hessischen Durchschnitt), eine hohe Beschäftigungsquote, nahezu doppelt so viel Arbeitsplätze, wie Arbeitnehmer in Limburg wohnen – wieso betreibt die Stadt dennoch eine offensive Gewerbe- und Industrieansiedlungspolitik?
Einerseits, weil noch immer über 20.000 Arbeitnehmer aus der Region tagtäglich ins Rhein-Main-Gebiet pendeln und aus ökonomischen und auch ökologischen Gründen lieber in näherer Entfernung zum Wohnort arbeiten möchten. Daraus resultiert auch die besondere Stärke Limburgs. Über die genannten Standortfaktoren hinaus gibt es für ansiedelnde Unternehmen immer die gute Chance, unter den Pendlern qualifizierte Arbeitnehmer für den eigenen Betrieb zu finden.
Zum anderen unterliegt die wirtschaftliche Entwicklung fortwährenden Änderungen, die die Stadt stets analysieren muß. Zum Erhalt der vorbildlichen Wirtschaftsstruktur ist an den ökonomischen Randbereichen eine stete Erneuerung notwendig.

Im Jahre 2001 wird die ICE-Strecke Frankfurt-Köln fertiggestellt sein, stündlich wird man dann am ICE-Bahnhof Limburg in einen ICE einsteigen können. Nach Frankfurt sind es dann nur noch ca. 20 Minuten, nach München gut drei Stunden.
Um den Bahnhof herum plant die Stadt ein modernes Dienstleistungszentrum und vertraut darauf, daß weitere Unternehmen mit hohem Informations- und Kommunikationsbedarf auf Limburg aufmerksam werden und sich in einem städtebaulich anspruchsvollen Gewerbepark niederlassen.

Bereits heute gibt es viele Unternehmen in Limburg, die mit der Architektur ihres Gebäudes und der Gestaltung der Außenanlagen den Betrachtern, Besuchern und Mitarbeitern Seriosität, Bonität, Vertrauen in der Öffentlichkeit, Offenheit, kurzum einen Teil ihrer Unternehmenskultur vermitteln wollen. Tetra Pak, Mundipharma und Harmonic Drive können als positive Beispiele genannt werden.
Identifikation mit dem Unternehmen führt zur Motivation bei der Arbeit und diese wiederum zu steigender Produktivität – dem Zauberwort, wenn es darum geht, wer im Wettbewerb die Nase vorn hat. ■

*Blick über Limburg.*

# Der Standort: strategisch günstige Lage, gut ausgebildete Mitarbeiter und eine funktionierende Infrastruktur

Wenn Standorte um die Gunst von Investoren buhlen, dann findet man regelmäßig durch kreisförmige Isochronen dokumentiert, daß jeder Standort mitten in Deutschland oder Europa liegt und man ebensoschnell in Marokko wie in Moskau ist – obwohl das keine Menschenseele interessiert. Ebensowenig wie die Information, auf wieviel Grad und wieviel Minuten östlicher Länge oder nördlicher Breite das jeweilige Juwel unter Deutschlands Wirtschaftsstandorten liegt.

Wenn dann noch der Preis für erschlossenes Gewerbeland bei 19,99 DM liegt und hohe Fördermittel locken, werden auch gutgläubige Unternehmer skeptisch.

## Ansprüche der Unternehmen

Natürlich gibt es bei Anforderungsprofilen von Unternehmen an ihren Standort riesige Differenzen. Wer eine Tongrube eröffnen will, hat andere Vorstellungen als ein Investor für ein Kernkraftwerk.

Trotzdem können wir aus unserer Limburger Erfahrung sagen, daß viele Ansprüche deckungsgleich sind und bei vielen Unternehmen vergleichbare Priorität besitzen.

**1) Unternehmen wollen in einer strategisch günstigen Lage zu ihren Kunden, Lieferanten und MitarbeiterInnen ansiedeln.**

Die Stadt Limburg bietet dafür optimale Voraussetzungen. Sie ist mit zwei Anschlußstellen an die A 3 angebunden, d.h. in ca. einer halben Stunde Fahrzeit ist man im Rhein-Main-Gebiet und in ca. einer Stunde Fahrzeit im Rhein-Ruhr-Gebiet.

Im Jahre 2002 ist die Stadt zusätzlich mit einem neuen Bahnhof an das ICE-Hochgeschwindigkeitsnetz der Deutschen Bahn angeschlossen.

**Wolfgang Becker**

Der Autor wurde 1951 geboren.
Er beendete sein Studium der Betriebswirtschaftslehre an der Universität zu Köln als Diplom-Kaufmann.
Nach Tätigkeiten in Consulting und kunststoffverarbeitender Industrie seit 1987 in der Abteilung für Wirtschaftsförderung und Öffentlichkeitsarbeit beim Magistrat der Kreisstadt Limburg a.d. Lahn.

*Das Firmengebäude von Amefa und Praxis Partner.*

In ca. 20 Minuten kann man dann zum Frankfurter Flughafen gelangen und in 40 Minuten ist man in Köln.

Auch die MitarbeiterInnen können ihre Firmen in Limburg gut erreichen, nicht nur mit dem PKW über gute Straßenverbindungen, sondern auch mit Hilfe von über 350 Bahn- und Busverbindungen am Tag. Von den ca. 20.000 Limburger Arbeitnehmern kommen fast drei Viertel von außerhalb als Berufspendler in die Stadt.

**2) Unternehmen wollen gut ausgebildete, zuverlässige und betriebsverbundene Mitarbeiter/innen**

Es gibt nach unserer Kenntnis keine objektivierten oder operationablen Kenngrößen, aus denen der Grad der Zuverlässigkeit oder Betriebstreue entnommen werden kann, aber wer sich mit den Personalchefs der großen Arbeitgeber im Rhein-Main-Gebiet unterhält, wird schnell die Qualität der Arbeitnehmer aus der Limburger Region bestätigt bekommen. Viele tausend Menschen aus Limburg und Umgebung arbeiten bei Hoechst, Opel, der Flughafen AG und anderen und sind dort aufgrund ihrer positiven Einstellung zum Betrieb und ihrem Engagement besonders geschätzt.

In Limburger Betrieben sprechen die zahlreichen Ehrungen für langjährige Betriebszugehörigkeit ebenfalls eine deutliche Sprache.

Ein Wermutstropfen im Limburger Ausbildungsangebot ist das Fehlen einer Fachhochschule oder einer vergleichbaren Bildungseinrichtung. Die Hochschulen in Gießen, Frankfurt oder Darmstadt sind jedoch nicht weit und viele junge Menschen aus Limburg werden dort ausgebildet.

**3) Unternehmen wollen für sich und ihre MitarbeiterInnen vor Ort eine funktionierende Infrastruktur.**

Sie wollen z. B. den Gerichtsstand Limburg, leistungsfähige Bank- und Postdienste, die notwendigen behördlichen Dienstleistungen in angemessener Zeit, z.B. Baugenehmigungen, ein vielschichtiges Schulangebot für die Kinder der Firmenangehörigen, gute Einkaufsmöglichkeiten, ein umfassendes Sport-, Kultur- und Freizeitangebot, gute Verkehrsverbindungen und ein gutes Wohnraumangebot.

Limburg wird diesen Ansprüchen auf allen Ebenen gerecht. Insbesondere in der Frage der Wohnraumversorgung ist die Stadt Limburg in den nächsten Jahrzehnten in der glücklichen Lage, den Menschen, die in Limburg leben und arbeiten wollen, Baugrundstücke zu angemessenen Preisen zur Verfügung zu stellen. (siehe Beitrag von Annelie Bopp-Simon)

**4) Unternehmen wollen günstige Grundstückspreise und niedrige Steuersätze.**

Wer will das nicht? So verständlich sich diese Forderung anhört, sie wird in der Einschätzung der Prioritäten unternehmerischer Wünsche meistens überschätzt.

Gerade Unternehmen, die wirtschaftlich denken und handeln, erkennen sehr schnell die Wertigkeit von Standorten, die sich regelmäßig konsequenterweise auch in den Preisen für Gewerbegrundstücke niederschlägt. Nicht grundlos differieren die Preise in Deutschland um mehr als das Hundertfache.
In der Frage des Gewerbesteuerhebesatzes sind die Unternehmen allerdings empfindlicher, insbesondere die ansässigen Unternehmen, die eine Anhebung des Gewerbesteuerhebesatzes oft als politische Willkür ansehen. Die mangelnde Einflußmöglichkeit und die ohne Rücksicht auf betriebliche Belange getroffene kommunalpolitische Entscheidung rufen bei den Unternehmen eine nicht unerhebliche Frustration hervor.

Die politisch Verantwortlichen in Limburg sind sich der Bedeutung des Gewerbesteuerhebesatzes bewußt. Er ist seit 1980 stabil und liegt mit 350 % (Stand 1999) deutlich unter dem Durchschnitt hessischer Städte. (Grafik)

## Wirtschaft im Wandel

Traditionell ist die Wirtschaft in Limburg durch den Handel geprägt. Seit dem frühen Mittelalter führte der Handelsweg Antwerpen-Byzanz über Limburg und trug wahrscheinlich entscheidend dazu bei, daß sich hier ein kleines Handelszentrum bildete. Die in späteren Jahrhunderten folgenden Verkehrsentwicklungen Lahntalbahn, Anschluß an die vier Bundesstraßen und die Autobahn haben die Bedeutung Limburgs als Handelsstadt verstärkt.

Nach dem zweiten Weltkrieg festigte Limburg seine Handelsdominanz und durch die Ansiedlung von großflächigem Einzelhandel in der Innenstadt (Karstadt und C & A) und an der Peripherie (Massa, heute: Real, Praktiker, Novo, Kaufland) erreicht Limburg mit 258 % eine Einzelhandelszentralität, die in Hessen oder auch in Deutschland heute ihresgleichen sucht. In Limburg wird im Einzelhandel das Zweieinhalbfache dessen ausgegeben, was die Limburger für den Konsum im Einzelhandelssektor zur Verfügung haben.

Gleichzeitig wurde aber auch das produzierende Gewerbe gefördert. Bedingt durch die günstigen Standortfaktoren entschieden sich viele Firmen für eine Produktion in Limburg, darunter auch die etwas kritisch gesehenen „verlängerten Werkbänke“ international operierender Konzerne

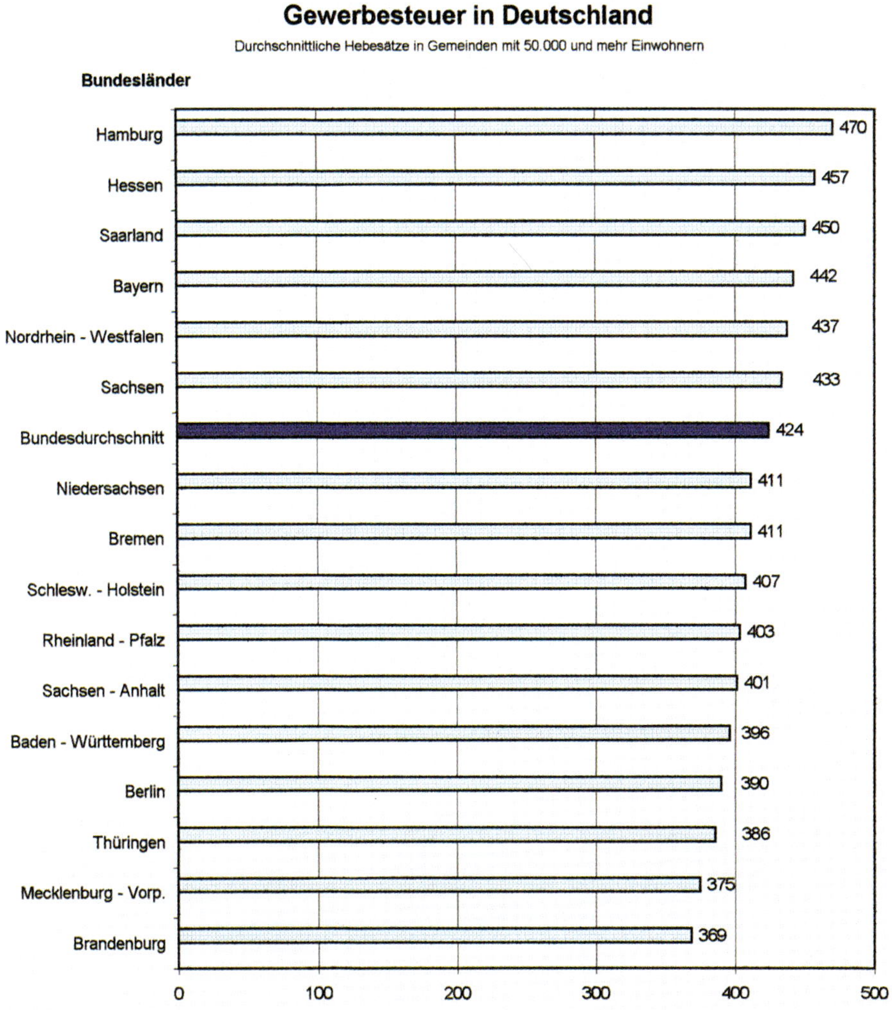

Quellen: Institut "Finanzen und Steuern" / BMF "Steuerschätzung 1997

wie z. B. Black & Decker. Bis in die achtziger Jahre entwickelte sich die Produktion zum führenden Sektor und stellte ca. ein Viertel aller Arbeitsplätze zur Verfügung.

Die danach einsetzende Entwicklung ist deutschlandweit an den meisten Industriestandorten ähnlich verlaufen. Immense Produktivitätssteigerungen und daraus resultierende Überkapazitäten zwangen die Industrieunternehmen, zum Erhalt ihrer Wettbewerbsfähigkeit Mitarbeiter zu entlassen.

Ganze Werke wurden geschlossen (in Limburg z.B. Black & Decker) und die Produktion teilweise ins Ausland verlagert. Die Globalisierung machte die Märkte vergleichbar und Deutschland wurde aufgrund seiner hohen Lohnkosten international gebrandmarkt.

In Limburg ist es zum großen Teil gelungen, die Arbeitsplatzverluste in der Industrie durch erhebliches Wachstum im tertiären Sektor, dem Dienstleistungsbereich, zu kompensieren; aber unter dem Strich haben auch hier die sozialversicherungspflichtigen Arbeitsverhältnisse abgenommen.

Mit einer Arbeitslosenquote von 8,1 % (Ende 98) gehört Limburg in Hessen zwar immer noch zu den Klassenbesten, wenngleich angesichts der absoluten Zahlen keine rechte Freude über diesen Erfolg aufkommen kann.

Einen Riesenstandortvorteil konnte Limburg Ende der achtziger Jahre ausspielen, als die Städte im engeren Rhein-Main-Gebiet unter Gewerbeflächenknappheit litten. Limburg hatte aufgrund vorausschauender Grundstückspolitik ausreichende Industrie- und Gewerbegrundstücke in guter Qualität und Lage zur schnellen Verfügung und konnte dank der eigenen Bauaufsicht auch zügige Genehmigungen in Aussicht stellen. Dies ermöglichte zahlreiche hochinteressante Ansiedlungen.

Heute hat die Limburger Wirtschaft eine optimale Struktur, eine gute Mischung aus Industrie und Gewerbe, Handel, Dienstleistung, Handwerk und freien Berufen. Es gibt keine dominierenden Branchen, die durchschnittliche Betriebsgröße liegt bei etwa 20 Personen und nur wenige Firmen haben die Größenordnung zwischen 200 und 500 Beschäftigten. Dazu gehören z.B. die Glashütte Limburg, die Blechwarenfabrik Limburg, Mundipharma, Tetra Pak, Buderus und

*Bild rechts: Grenzen des Industriegebietes „Dietkircher Höhe".*

Gießen
B49
Frankfurt
A3
Limburg
Nord
Köln
MUNDIPHARMA

Bosch Telekom. Dies gewährleistet nicht nur eine relativ hohe Ausgeglichenheit für den Arbeitsmarkt, sondern hat auch den städtischen Finanzen durch Kontinuität in der Gewerbesteuerentwicklung zu verläßlichen Einnahmeschätzungen verholfen.

Viele Unternehmen haben erkannt, daß die Auslagerung von Teilfunktionen in Länder mit geringerem Lohnniveau nicht immer ein Allheilmittel gegen Kostendruck und für Gewinnsteigerungen ist. Aufgrund immenser Kommunikations-, Logistik- und Qualitätsprobleme haben zahlreiche Betriebe nicht nur viel Lehrgeld bezahlt, sondern auch die Stärken des Standorts Deutschland neu zu schätzen gelernt und ihr „Abenteuer Billiglohnland" beendet.

Ende der neunziger Jahre ziehen die gewerblichen Investitionen in Limburg wieder deutlich an, bezogen auf das Jahr 1995 haben sich die gewerblichen Bauvorhaben auf knapp 60 Millionen DM verdreifacht, was allerdings noch weit von den über 100 Millionen DM früherer Jahre entfernt ist. (siehe Grafik)

## Das Ziel der städtischen Wirtschaftsförderung

Das Ziel der städtischen Wirtschaftsförderung ist, diese Struktur zu erhalten und durch qualitatives Wachstum auszubauen. Dabei liegt das Hauptinteresse in der Schaffung neuer Arbeitsplätze und nicht, wie von den meisten Firmen unterstellt, in der Vereinnahmung von Gewerbesteuer. Bedauerlicherweise verbleiben von einer Mark Gewerbesteuer der Stadt Limburg nur 20 Pfennige.

Wir wollen den Betrieben in ihrer Entwicklung Hilfen gewähren, soweit es in unserem Kompetenzbereich liegt. Das geht von der Beratung bei Neuansiedlungen über den Verkauf oder die Verpachtung von Grundstücken, die Vermittlung etwaiger Finanzierungshilfen bis zur Unterstützung beim Baugenehmigungsverfahren.

Aber auch danach sind die Anliegen der Unternehmen zahlreich und breit gefächert. Zu den schwierigsten Fragen gehören die Erweiterungswünsche von Firmen in sog. Gemengelagen, in denen z.B. Wohn- und Gewerbegebiete in unverträglicher Nachbarschaft zueinander liegen.

## Welche Gewerbe- und Industrieflächen stehen zur Verfügung?

In allen Limburger Stadtteilen gibt es Gewerbegebiete. Dies ist in der Historie der ehemals selbständigen Gemeinden begründet, die erst durch die Gebietsreform in den Jahren 1971 und 1974 eingemeindet wurden.

Die gewerblichen Entwicklungsschwerpunkte sind heute nördlich der Autobahn A 3 bei Offheim, Dietkirchen und am neuen ICE-Bahnhof nordöstlich der Autobahnabfahrt Limburg-Süd zu finden.

## Das Industriegebiet „Dietkircher Höhe"

Die zwischen der Bundesstraße B 49 und der Kreisstraße K 473 gelegene „Dietkircher Höhe" ist das neue Industriegebiet der Stadt Limburg. Eine Grundstücksfläche von über 150.000 qm, die überwiegend im Eigentum der Stadt steht, kann

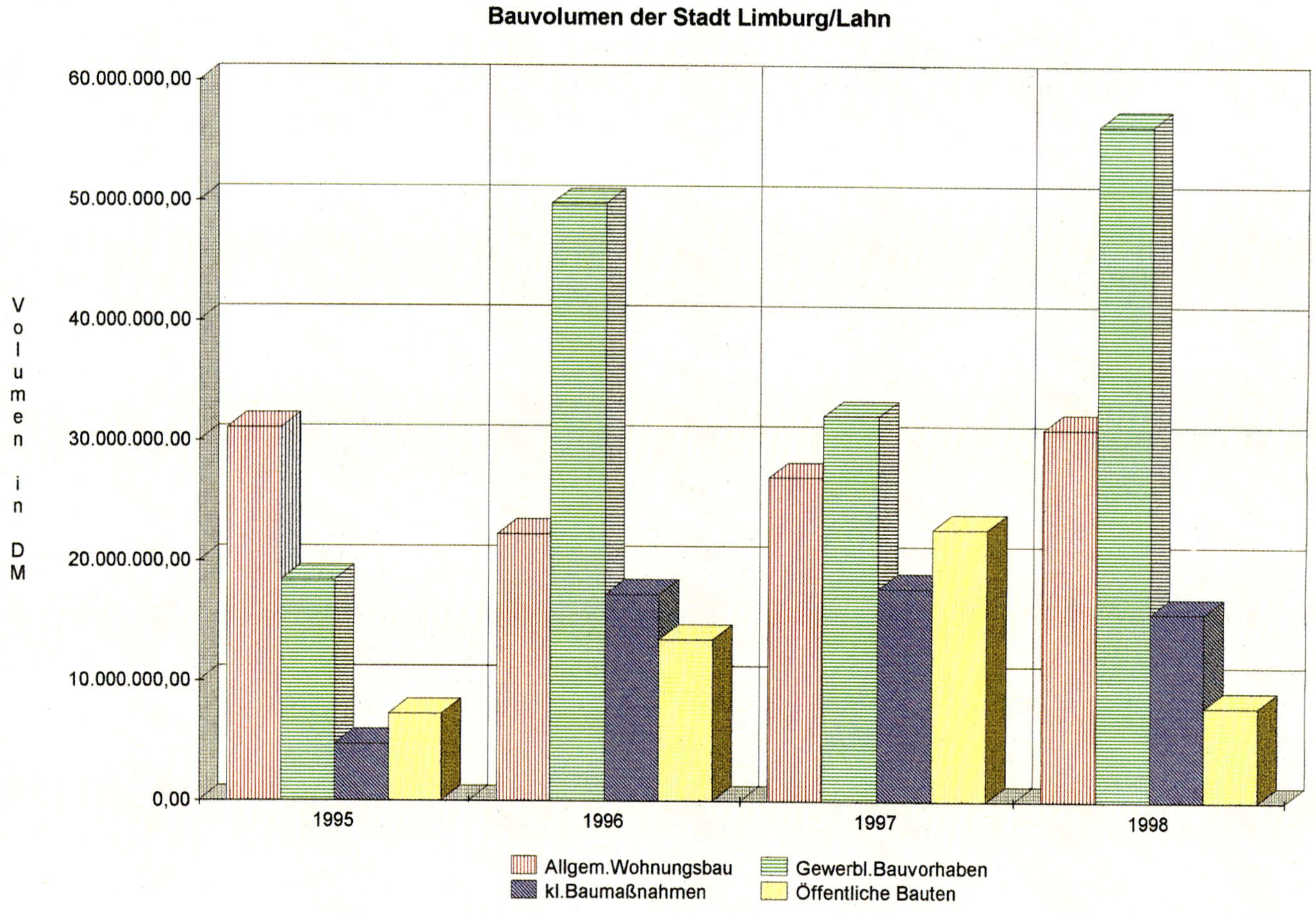

Auch Unternehmen wissen die schönen Seiten Limburgs zu schätzen.

für zukünftige Unternehmensentwicklungen genutzt werden. Das erste größere Bauvorhaben ist der Neubau der Limburger Offsetdruck. Die weitere Erschließung dieses Gebietes im ersten Bauabschnitt ist durchgeführt und Gas, Wasser und Strom stehen ausreichend dimensioniert zur Verfügung. Die Abwasserbehandlung der Limburger Kläranlage entspricht den neuesten Anforderungen.

Ursprünglich war dieses Gebiet ausschließlich zur Ansiedlung größerer Industriebetriebe gedacht, die einen Flächenbedarf zwischen 4.000 qm und 50.000 qm haben. Aufgrund der wirtschaftlichen Dynamik des Standortes Limburg sind die Flächenvorräte in städtischem Eigentum in den älteren Industrie- und Gewerbegebieten Offheim, Fleckenberg und Dietkirchen gering geworden. Deshalb wird die Stadt überlegen, auch für die Dietkircher Höhe zumindest einige kleinere Teilbereiche zu konzipieren.

Der rechtskräftige Bebauungsplan (GI) sieht eine Grundflächenzahl von 0,8, eine Baumassenzahl von 7,0 und eine maximale Gebäudehöhe von 18 m vor. Unzulässig sind Einzelhandels-, Großhandels-, Handwerksbetriebe sowie Vergnügungsstätten. Die ideale Verkehrslage der Dietkircher Höhe bietet eine optimale Zufahrt von der Autobahnabfahrt Limburg-Nord. Zusätzlich wird eine Zuwegung vom Dietkircher Weg über die Mundipharmastraße gebaut, die in das Industriegebiet verlängert und mit der K 473 verknüpft wird. Auf diese Weise ist der Standort in kürzester Zeit ampelfrei von der Autobahnabfahrt Limburg-Nord zu erreichen und für Personen von außerhalb sehr leicht zu finden.

## Das Entwicklungsgebiet am ICE-Bahnhof

Im Jahre 2002 wird Limburg mit einem Bahnhof an das ICE-Fernreisenetz der Deutschen Bahn angeschlossen sein. Der Bahnhof wird über die Anschlußstelle Limburg Süd direkt mit der Autobahn A 3 verbunden.

Auf einer Fläche von 40 Hektar soll ein gemischt genutzter Stadtteil entstehen, der auch interessante Gewerbeansiedlungen ermöglicht. An diesem Standort legt die Stadt besonderen Wert auf Unternehmen, die ihr Image durch ansprechende Architektur und gelungene städtebauliche Integration dokumentieren wollen. Dieser Standort eignet sich in besonderem Maße für Firmen, die zwar im Rhein-Main-Gebiet Präsenz zeigen müssen, ihre Verwaltungsarbeit aber in sogenannten Back-offices erledigen können. Diesen modernen, insbesondere schnell erreichbaren Standort mit exzellentem Image kann die Stadt Limburg am ICE-Bahnhof bieten. (Ausführliche Informationen zum ICE-Standort im Artikel von Michael Bergholter). ■

Firmengebäude Brain International.

Ihr kompetenter Partner mit Herz

Kreissparkasse Limburg

**Kreissparkasse Limburg**

**Verwaltungsrat:**
Dr. Manfred Fluck, Landrat (Vorsitzender)

**Vorstand:**
Dr. Reiner Steltmann
Otto Schönberger

**Mitarbeiter:**
375

**Bilanzsumme (1998):**
2,216 Mrd. DM

**Anschrift:**
Schiede 41
65549 Limburg
Telefon (06431) 202-0
Telefax (06431) 202-218
e-mail info@ksk-limburg.de

# Leistungsstarker Partner der Limburger Wirtschaft

*Die Kreissparkasse Limburg konnte ihre Stellung als größtes eigenständiges Kreditinstitut im Kreis weiter festigen*

*Das Gebäude der Kreissparkasse Limburg.*

Die Kreissparkasse Limburg erweist sich seit Jahren in der Region Limburg als leistungsstarker Partner der Wirtschaft. Sie konnte ihre Stellung als größtes eigenständiges Kreditinstitut im Kreis Limburg-Weilburg festigen und weitete in einem konjunkturellen Umfeld mit deutlich verlangsamtem wirtschaftlichen Aufschwung die Bilanzsumme auf 2,216 Mrd. DM aus. Das Kundenkreditgeschäft entwickelte sich – insbesondere aufgrund der Nachfrage nach Immobilienfinanzierungen sowie von Kreditwünschen der gewerblichen Wirtschaft – weiter positiv.

*Die Spezialisten des Auslandsgeschäfts.*

Zusammen mit der Wirtschaftsförderung Limburg-Weilburg-Diez GmbH hat die Sparkasse einen Innovationspreis ins Leben gerufen. Gemeinsames Ziel der Initiatoren ist es, die heimische Region wirkungsvoll und dauerhaft zu stärken. Innovationen und aussichtsreichen Produkten, Verfahren und Dienstleistungen soll auch durch frühzeitige und kompetente Beratung eine reelle Chance gegeben werden.

*Experten für:*
*Existenzgründungsdarlehen*
*Investitionskredite*
*Betriebsmittelkredite*
*Leasing und Factoring*
*ERP-Darlehen*
*Exportfinanzierungen.*

*Profis der Vermögensbetreuung und des Wertpapierhandels.*

Ausgerichtet ist die Ausschreibung auf Unternehmer, Freiberufler und mittelständische Betriebe, die für die Region typisch sind und eine tragende Rolle im Wirtschaftsgeschehen spielen. Der Preis ist mit 50.000 Mark dotiert.

Die Stiftung der Kreissparkasse Limburg zur Förderung begabter heimischer Musiker unterstützt seit Jahren junge Menschen der Region. Das Stiftungskapital ist mit 300.000 DM dotiert. Aus den Erträgen werden Stipendien an förderungswürdige junge Musiker, die von einem fachkundigen Gremium ausgesucht werden, vergeben.

*Vorstellung des Innovationspreises durch den Vorstand der Kreissparkasse Limburg, Otto Schönberger, Dr. Reiner Steltmann und Landrat Dr. Manfred Fluck.*

Wesentlich bestimmt wird die Leistungsfähigkeit der Sparkasse durch die fachlichen und persönlichen Qualifikationen der Mitarbeiter; im Unternehmen sind 179 männliche und 196 weibliche Mitarbeiter beschäftigt, einschließlich der 30 Auszubildenden und 83 Teilzeitkräfte. Weiterbildungsmaßnahmen haben im Unternehmen einen hohen Stellenwert. ■

*Jugendsinfonieorchester Limburg.*

*Ausstellung bedeutender Künstler.*

*Vergabe von Stipendien.*

*Unterstützung der Kreis-Fußballjugend.*

# Buderus Guss – Innovation und Perfektion

*Spezialunternehmen für die Entwässerungstechnik*

*Buderus Guss GmbH, Sparte Entwässerung, am Standort Limburg-Staffel.*

**Buderus**

GUSS

Eine von drei Gesellschaften der 1731 gegründeten Buderus AG, Wetzlar

**Buderus Guss GmbH**
**Sparte Entwässerungstechnik**

**Grundstücksfläche:**
142.360 m²

**Mitarbeiter:**
231

**Jahresumsatz:**
ca. 50 Mio. DM

**Produktgruppen:**
- Abdeckung von Schachtöffnungen
- Entwässerung von Verkehrsflächen
- Elemente für Fußgängerflächen
- Produkte für den Baumschutz
- SML Rohre und Formstücke

**Anschrift:**
Elzer Straße 23-26
65556 Limburg-OT Staffel
Tel. (06431) 29 10
Fax (06431) 29 11 66

Die Buderus Guss GmbH bietet die Kompetenz langer Erfahrung auf vielen Gebieten der Ver- und Entsorgung. In den letzten Jahren wurde die Fabrik für Entwässerungstechnik in Limburg-Staffel umstrukturiert, erneuert und den Leistungsanforderungen des Marktes angepaßt. Vertrieb und Technik sind nun an einem Standort, so daß in allen Belangen kundenorientiert gearbeitet werden kann. Die Zertifizierung nach DIN EN ISO 9001 garantiert ausgereifte Qualität in allen Bereichen. So geht Buderus Guss mit neuen Produkten in den europäischen Markt.

Buderus Guss liefert aus einer Hand hochwertige, dauerhaft einsetzbare Elemente für den Tiefbau sowie die zukunftssichere Stadtsanierung. Das umfassende Lieferprogramm erfüllt in Konstruktion und Werkstoffauswahl die neuesten Erkenntnisse aus Forschung und praktischem Einsatz. Ständige Weiterentwicklung und optimale Fertigungsverfahren garantieren vernünftige und wirtschaftliche Lösungen, die den aktuellen Anforderungen in hohem Maße gerecht werden und jahrelange Sicherheit gewährleisten. Die Herstellung der Tiefbauprodukte erfolgt auf modernsten Fertigungsanlagen, die – im Zusammenwirken mit allen dazugehörenden Bereichen – die Gewähr für eine gleichbleibend hohe Qualität der Erzeugnisse garantieren. Natürlich gehören dazu auch die ständigen Eigenüberwachungen durch die Qualitätssicherung – von den Rohmaterialien bis zu den versandfertigen Produkten – sowie die regelmäßigen Fremdüberwachungen, resultierend aus den Mitgliedschaften in den Verbänden Güteschutz Kanalguss e.V. und Güteschutz Beton- und Fertigteilwerke Hessen e.V.

Beratung und Service werden bei Buderus Guss großgeschrieben.

Für Beratungsaufgaben vor Ort stehen die Außendienstmitarbeiter als kompetente Gesprächspartner zur Verfügung. Ausführliche technische Dokumentationen sowie dazugehörige Einbauinformationen erleichtern die Auswahl, die Detailplanung und die Verarbeitung. ■

# Fachverwaltung – hilfreicher Partner der Wirtschaftsunternehmen

Wenn Unternehmer einen neuen Standort suchen oder wesentliche Veränderungen an dem vorhandenen Standort erforderlich sind, ist es die Aufgabe einer Dienstleistungsverwaltung, sie dabei zu begleiten, um in der schwierigen Phase eines Neubeginns Wege zu ebnen, Hindernisse abzubauen, Probleme zu lösen und dieses menschlich so, daß sich alle in dem gesamten Entwicklungsprozeß wohlfühlen können.

werden kann, um so leichter und erfolgreicher kann das Unternehmen seine Fortschritte zu einem neuen Entwicklungsabschnitt beginnen und zukunftsfähig werden. Das Klima wird dabei wesentlich mitbestimmt durch politische Entscheidungen über Gesetze, Verordnungen, Normen, Rechtsprechung, Ortssatzungen und vor allem durch die Personen, die in der praktischen Arbeit Lösungen für ein Vorhaben ermöglichen.

Dr.-Ing. Heinrich Richard

Der Autor wurde am 27. März 1940 geboren. Er studierte Geodäsie mit Vertiefung von Städtebau-, Verkehrsplanung und Umweltschutz; es folgten Forschungsarbeiten im Bereich Regionalplanung, Sozialpolitik, Umweltschutz und Verkehrssicherheit.
Zeitweise war er Geschäftsführer eines international tätigen Unternehmens.
Heute ist Dr. Heinrich Richard Dezernent in der Kreisstadt Limburg für Bau (Bauaufsicht, Hoch- und Tiefbau, Stadtsanierung), Ordnung (Straßenverkehrsbehörde, ÖPNV, Feuerschutz, Gewerbeangelegenheiten und Wohnungswesen) und Soziales (Jugendpflege, Ausländerangelegenheiten, Seniorenarbeit, Sozialversicherung).

Für einen Standort entscheiden sich Unternehmen üblicherweise nach dem Markt der Produkte, der Erreichbarkeit, dem Arbeitskräfteangebot, der Qualität des Umfeldes sowie nach Bau- und Produktionsbedingungen einschließlich deren Kosten. Ein Standort ist zweifellos dann gut, wenn Unternehmer mit der Arbeitsgemeinschaft ihrer Mitarbeiterinnen und Mitarbeiter im Hinblick auf das künftige Zusammenleben in einer neuen oder erneuerten Arbeitsstätte an dem gewählten Standort Wurzeln schlagen, lebendig wachsen, sich gemeinsam zur Blüte des Unternehmens entfalten und fruchtbare Ergebnisse erwirtschaften können. Der Boden dafür bedarf insbesondere bei Neugründungen und bei wesentlichen Veränderungen engagierter, sorgfältiger und zügiger Betreuung. Je besser das Klima dafür ist, d.h. je ruhiger und gesünder die Anfangsphase durchlebt

Die Kreisstadt Limburg a.d. Lahn arbeitet dabei mit anderen Dienststellen, der Bauherrschaft und ihren Architekten und Fachingenieuren konstruktiv zusammen. Dabei bilden die Dienststellen in der Stadt, das sind Bauaufsicht, Wirtschaftsförderung, Bauleitplanung, Verkehrsplanung, Tiefbauamt, Straßenverkehrsbehörde, Stadtbrandinspektor, Untere Denkmalschutzbehörde, Landschaftsplanung und Umweltschutz, ein Team, dessen Mitarbeiterinnen und Mitarbeiter sich der zukunftsaufgabe der heimischen Wirtschaft genauso wie dem Wohnen, dem Freizeitbereich und der Natur verbunden fühlen.

Die Frage, was zu tun ist, damit die Stadt mit ihren Unternehmen zukunftsfähig bleibt oder in Einzelfällen auch wird, ist eine zentrale Frage, zu deren Antwort sich in ihrem Verantwortungsbereich alle aufgerufen fühlen. Sie arbeiten dabei mit externen Dienststellen wie z.B. der Unteren Wasserbehörde, der Unteren Naturschutzbehörde, dem Staatlichen Amt für Arbeitsschutz und Sicherheitstechnik und dem Staatlichen Amt für Immissions- und Strahlenschutz zielbewußt unter den Aspekten von sozialer, ökologischer und ökonomischer Lebensqualität zusammen. Je nach Besonderheit eines Bauvorhabens werden weitere Dienststellen einbezogen.

Zusammengearbeitet wird nach nachfolgenden Grundsätzen:

1. Die Bauherrschaften werden angeregt, geeignete Planverfasser für ihr Bauvorhaben auszuwählen. Häufig haben sie sich bei gelungenen Bauvorhaben nach den Planverfassern erkun-

digt, um festzustellen, ob die Planverfasser in der Lage sind, eine wirtschaftliche, funktionsfähige und arbeitsatmosphärisch gute, im Zeit- und Kostenrahmen liegende Entwicklung des Bauvorhabens zu finden.

2. Ein Vertrauensverhältnis zwischen den handelnden Personen in den zu beteiligenden Behörden und dem jeweiligen Planverfasser bzw. der Bauherrschaft wird zu Beginn der Zusammenarbeit aufgebaut. Ein Erfahrungsaustausch im Rahmen der Spezialgebiete läßt sehr schnell erkennen, welche Kenntnisse in den benachbarten Spezialgebieten schon da sind und in welchen Spezialgebieten noch Verständnis füreinander aufzubauen ist. Das Erkennen und Unterscheiden des sinnvoll Notwendigen, des Wünschenswerten und des Machbaren im Rahmen der Gesetze wird dadurch leichter und schneller möglich. Das gegenseitige Verständnis ist unbedingt erforderlich, um Kompromisse bei den Lösungen anstehender Probleme kurzfristig zu finden.

3. Gelingt es den Planverfassern auf Anhieb noch nicht, genehmigungsfähige Unterlagen zu produzieren, empfiehlt es sich seitens der Fachbehörden, durch Beratungsleistungen auf genehmigungsfähige Anträge hinzuwirken und nicht den kurzfristig leichteren Weg zu wählen, Anträge, die nicht genehmigungsfähig sind, abzulehnen. In den vorgenannten Beratungen kann es zu Änderungen der Bauwerke, der technischen Anlagen oder sogar geringfügigen Änderungen im Grundstücksbereich oder zu Verlagerungen auf andere Grundstücke kommen, damit die Umweltverträglichkeit, die soziale Verträglichkeit mit der Nachbarschaft und die künftige störungsfreie Funktionsfähigkeit gesichert ist.

4. Zum Einstieg in ein schwieriges oder größeres Genehmigungsverfahren für Bauvorhaben ganz unterschiedlicher Art empfiehlt es sich, einen „runden Tisch“ mit den zu beteiligenden Fachbehörden, den Planverfassern und der Bauherrschaft einzurichten, wobei das Bauvorhaben

*Der Limburger Dom.*

*Limburg verfügt über optimale Verkehrsverbindungen in alle Richtungen.*

vorgestellt wird und die Fachkenntnisse der Planverfasser, bezogen auf die Fülle von Gesetzen, Vorschriften und Normen, erkennbar werden.

**An solchen „Runden Tischen" werden:**

- die Bedeutung des Vorhabens für das Unternehmen, die Stadt, die Region, den Arbeitsmarkt, und die Zukunft vorgestellt, und es wird das Einvernehmen darüber hergestellt, daß dieses Bauvorhaben dem politischen Willen im Rahmen der Planungshoheit entspricht und zügig durchgeführt werden soll;

- die Beteiligten ermutigt, ihre Fach- und Sachkenntnisse konstruktiv einzubringen und auf kurzen Wegen mit gegenseitigem Verständnis dazu beizutragen, daß die Antragsunterlagen rechtzeitig genehmigungsfähig werden;

- die folgenden Schritte in der Vorbereitung und Entwicklung des Vorhabens mit Anerkennung und Dank bei den Beteiligten bewußt gemacht, um das menschliche Miteinander in der Arbeit für das Vorhaben so weit wie möglich auszudehnen

- die Zeitabläufe für das Genehmigungsverfahren und die Durchführung des Bauvorhabens abgestimmt, damit sie von allen Beteiligten auch eingehalten werden können;

- die lebendigen, klimatischen Bedingungen des Wachsens eines Vorhabens von der Idee über die Initiative, die Detailplanung bis zu seiner Fertigstellung so entfaltet und so bewußt gemacht, daß alle Beteiligten die Fortschritte als Erfolge erleben.

5. Bei anfangs fehlender Übereinstimmung der handelnden Personen sind bremskraftstarke widerstandsbereite und schubkraftstarke begeisterte Personen in ihren Beweggründen auszumachen, die bremskraftstarken nach Möglichkeit in schubkraftstarke umzuwandeln und die schubkraftstarken zielstrebig zusammenzuführen. Dabei sind Kritiken an Entwicklungsschwächen und erkennbare Hindernisse, losgelöst von den handelnden Personen, gemeinsam abzubauen, zu überwinden oder zu umgehen.

6. Voneinander mehr zu verlangen als rechtlich und persönlich, dieses bezogen auf den Arbeitsanfall, möglich ist, baut hinderliche Abwehrverhalten auf. Deshalb sind wechselseitige Unterstützungen über neuere Entwicklungen im Stand der Kenntnisse und der Technik sowie der Rechtsprechung und deren vorhabenbezogene Interpretation und Eignung von großer Bedeutung. Das zuvor aufgebaute Vertrauensverhältnis erleichtert diesen Prozeß und ermöglicht es, kurz, schnell und im Rahmen einer leistungsfähigen Bürokratie die Bauherrschaft und Fachingenieure zur Verwirklichung des Vorhabens zu führen.

Eine neue Arbeitsstätte mit der Freude über das Gelingen des Aufgebauten und über den Erfolg des Zusammenarbeitens, wie Partner und Freunde einzuweihen, erzeugt eine wohltuende Baugeschichte und einen häufig belebten Erinnerungswert. ■

# IDAS entwickelt Software und sichert Investitionen

IDAS®
Informations-, Daten- und Automationssysteme GmbH

**Geschäftsführer:**
Dr. B. Sammel
Dr. K.-H. Timmesfeld

**Gründungsjahr:** GmbH-Gründung 1972

**Mitarbeiter:** 34

**Geschäftstätigkeit:**
Softwarehaus und Unternehmensberatung

**Produkte und Leistungen:**
Software-Entwicklungsprojekte
Technische Beratung
Qualitätssicherung und Entwicklungsbegleitung
Projektanalysen
Methodenberatung
Software-Test-Tools
Software-Testfabrik
Verifikation auf Systemebene
Dokumenten-Management
Internet-Darstellungen

**Kunden:**
Weltweit mit Schwerpunkt Deutschland

**Anschrift:**
Holzheimer Straße 96
65549 Limburg
Telefon: (06431) 404-0
Telefax: (06431) 404-10
eMail: idas@idas.de
Internet: www.idas.de

*Intelligente Steuerung: Das Teleskop des Max-Planck-Institutes für Astronomie auf dem Calar Alto.*

Die Gründer der Firma, Dr. Bernhard Sammel und Dr. Karl-Heinz Timmesfeld, hatten vor mehr als 25 Jahren gemeinsam mit den ersten Mitarbeitern eine Vision: Ihr im Studium erworbenes Fachwissen sowie die Fähigkeit, neue Aufgaben schnell und rational zu erfassen, in den Dienst ihrer Kunden zu stellen.
Im aufkommenden Zeitalter der Informationsverarbeitung galt es, aus dem Schatten der monolithischen Datenverarbeitung auf Großrechnern einerseits und der automatischen Steuerung einzelner informationstechnisch isolierter Maschinen andererseits herauszutreten und sich klar zu offenen, vernetzten und intelligenten Strukturen zu bekennen.

### Der Standort Limburg

Der Standort wurde bewußt gewählt. Die zentrale Lage in Deutschland und die gute Anbindung an Straße, Schiene und Luftverkehr machen von hier aus jeden Ort in Deutschland in wenigen Stunden erreichbar.
Die Projekte der IDAS setzen auf vielen Gebieten neue Impulse

### Komplette Steuerung eines astronomischen 3,5-Meter-Teleskops

Daß IDAS als mittelständisches Unternehmen auch große Vorhaben in enger Kooperation mit mehreren Technologiepartnern erfolgreich abwickeln kann, ist an diesem Projekt demonstriert worden. Das 3,5-Meter-Teleskop des Max-Planck-Institutes für Astronomie als eines der leistungsfähigsten Geräte dieser Art weltweit stellt mit seiner Systemtechnologie höchste, zum Teil neuartige Anforderungen an die Steuerungs- und Bediensoftware. IDAS hat diese Software konzipiert, entwickelt und vor Ort in Betrieb gesetzt.

### Grundlagenarbeit in der Informationsverarbeitung

IDAS war an der Standardisierung von Programmiersprachen zur Echtzeitverarbeitung aktiv beteiligt. Beiträge zur Methodik der Softwareentwicklung und zum Softwareentwicklungsprozeß wurden geleistet mit dem Ziel:
**Für unsere Kunden den Erfolg ihrer Softwareentwicklung sicher zu stellen und den Wert der fertiggestellten Software für lange Zeit zu erhalten.**
Als eines der ersten Softwareunternehmen hat IDAS die Bedeutung der Software-Qualitätssicherung erkannt. Im Gegensatz zu materiellen Produkten treten Softwarefehler nicht statistisch, sondern systematisch auf. Zum Beispiel steckt ein Fehler in der Steuerungssoftware für ein Gerät nachher in allen Geräten!
Der IDAS-Grundsatz zum Thema Qualität lautet: „Qualität kann man nicht in Software hineinprüfen, man muß sie hineinkonstruieren".
Von großer Bedeutung ist hier die angemessene Entwicklungsmethodik, die auf Art und Größe des Entwicklungsgegenstandes angepaßt ist.
**Coaching:** IDAS-Experten für begleitende inhaltliche Qualitätssicherung unterstützen die Entwicklung als erfolgreiche Trainer.
**Test:** Je zeitiger im Entwicklungsprozeß Fehler gefunden werden, desto kostengünstiger ist ihre Beseitigung. IDAS liefert die Methodik und die Werkzeuge zum Test und führt in der IDAS-Testfabrik Tests als externe Testinstanz durch. Die Testtools IDAS TESTAT, und IDAS-SQUIRREL haben sich im langjährigen Einsatz bewährt. Zum Nachweis der Erfüllung der Systemvorgaben sowie zur Ableitung von Szenarien für den Abnahmetest aus den Vorgaben wird IDAS-VERISYS eingesetzt.
Änderungen in der Nutzungsphase der Software werden durch Einsatz des Change Managements mit IDAS-MRDB überwacht; dadurch wird die einmal erreichte Qualität bei Änderungen erhalten.

### Internet-Präsenz:

IDAS hat die Bedeutung des Internet für seine Kunden schon früh erkannt. Unsere Experten konzipieren und realisieren die für den Kunden und seinen Markt am besten geeignete Form der Darstellung im Internet. ■

*Der Firmensitz in Limburg, nah am Zentrum und doch im Grünen.*

# Die Wirtschaft im Landkreis Limburg-Weilburg

Mit dem Zusammenschluß der Landkreise Limburg und Oberlahn zum Landkreis Limburg-Weilburg ist dieses neue Gebilde auch deckungsgleich mit dem Kammerbezirk der Industrie- und Handelskammer Limburg. Damit ist vor Jahren ein Landkreis entstanden, der an der Randlage des Rhein-Main-Gebietes und der Region Mittelhessen eine immer größer werdende Rolle spielt. Dabei unterscheidet sich die Struktur der Wirtschaft ganz wesentlich von den anderen Teilräumen um den Landkreis herum. Vor allem am produzierenden Gewerbe ist dies ablesbar. In den mittelhessischen Kerngebieten spielt dieses Gewerbe eine dominierende Rolle, während es im Wirtschaftsraum des Landkreises Limburg-Weilburg stets im Schatten des Handels und des Dienstleistungsgewerbes stand.

Der Dienstleistungssektor mit seinen unterschiedlichsten Branchen ist mittlerweile zum Schwerpunkt des Wirtschaftsraumes Limburg-Weilburg avanciert. Die früher zumeist standortgebundenen Produktionsstätten durchliefen einen gravierenden Strukturwandel. Das eisenerzeugende Gewerbe wurde durch den Maschinenbau sowie durch die Eisen-, Blech- und Metallwarenindustrie ersetzt. Der einst bedeutende Steine- und Erdenbereich hat sich mehr in einen Grundstoffsektor

**Norbert Oestreicher**

Der Autor wurde 1954 in Karlsruhe geboren und studierte von 1976 bis 1980 Berufs- und Betriebspädagogik in Hamburg.
Nach einer 12jährigen Tätigkeit als Offizier der Bundeswehr wechselte er 1986 als Geschäftsführer zur IHK Koblenz und leitete die Bezirksstelle Idar-Oberstein.
1991 wurde er geschäftsführender Abteilungsleiter der Industrie- und Handelskammer Wiesbaden für die Bereiche Industrie, Dienstleistung und Umweltschutz.
Seit 1997 ist er Hauptgeschäftsführer der Industrie- und Handelskammer Limburg.

*IHK-Gebäude in Limburg.*

gewandelt. Ton wird abgebaut und auch bis nach Japan verkauft. Die traditionsreichen Mineralwässer, die unter dem Begriff „Selters" weltweit bekannt wurden, erleben eine neue Blüte.

In der Wiederaufbauphase nach dem 2. Weltkrieg siedeln sich in zunehmendem Maße Flüchtlingsunternehmen aus den Branchen Textil und Bekleidung, Glaserzeugung und Veredlung an. Aufgrund der Globalisierung und Rationalisierung haben diese jedoch an Bedeutung verloren. Trotzdem verbesserte sich die Industriestruktur sowohl absolut als auch in Relation zu den Nachbarkreisen.

Mit einer der bedeutendsten Standortfaktoren der Region ist die zentrale geographische Lage und die gute Infrastruktur. Dies führte auch zu einem gesunden Branchenmix, der zu Ansiedlungen bis hin zur Verpackungsindustrie verzeichnet. An der Infrastruktur wird ständig gearbeitet, und es ist vorgesehen, daß im Jahre 2000 der ICE-Bahnhof Limburg eröffnet wird und damit auch der Region ganz neue Dimensionen eröffnet.

Mit dem vierspurigen Ausbau der B49 ist ein weiterer Meilenstein zu verzeichnen. Diese positiven „harten" Standortfaktoren werden begleitet von der Verfügbarkeit moderner Kommunikationssysteme und qualifizierter Arbeitskräfte.

Aber auch die „weichen" Standortfaktoren wie Wohnraumangebot, kulturelle Einrichtungen sowie Freizeiteinrichtungen und Erholungsmöglichkeiten sind durchweg als positiv zu bewerten. Die zahlreichen Einrichtungen zur Förderung der Wirtschaft auch für Interessenten von außerhalb stehen mit einem fundierten Informationsangebot zu Verfügung. Als erste Anlaufstelle bietet sich die IHK jederzeit an.

Die Wirtschaft des Landkreises Limburg-Weilburg verdankt ihre Stärke einer über Jahrhunderte währenden Entwicklung. Sieht man die Perspektiven in europäischen Dimensionen, dann liegt das Plus dieses Raumes in seiner Verbindungsfunktion. Mit der Entwicklungsachse Rhein-Main / Rhein-Ruhr aber auch auf der Lahn-Schiene zwischen Rhein-Lahn und Mittelhessen sowie im Norden erfolgt eine Integration in die sich neubildende Euro-Region „Mitte-West".

*Fußgängerzone Limburg.*

## Ein hohes Plus auf dem heimischen Ausbildungsstellenmarkt

Auch für dieses Jahr erwartet die Industrie- und Handelskammer Limburg eine Zunahme von neuen Ausbildungsverträgen im zweistelligen Bereich

Seit drei Jahren verzeichnet die Industrie- und Handelskammer Limburg eine Steigerung der vorgelegten Berufsausbildungsverträge. Die wirtschaftliche Belebung, die seit einiger Zeit auch im Landkreis Limburg-Weilburg festzustellen ist, hat diese Entwicklung sicherlich begünstigt. Gerade das Ausbildungsengagement vieler kleiner und mittlerer kammerzugehörigen Betriebe kann als beachtlich bezeichnet werden. Für diese mittelständischen Unternehmen sind die wichtigsten Argumente tür das gezeigte Ausbildungsengagement, die Ausbildung des eigenen Fachkräftenachwuchses und die produktiven Leistungen der Auszubildenden, die sich bereits während ihrer Ausbildung ergeben.

Bei der Verteilung der Ausbildungsverhältnisse spiegeln sich auch die inzwischen eingetretenen Änderungen in der Struktur der gewerblichen Wirtschaft im Landkreis Limburg-Weilburg wieder. Deutlich zugenommen hat die Ausbildung in kaufmännisch-verwaltenden Berufen, sowie in Handels- und Dienstleistungsberufen – hierzu zählen auch die neu geschaffenen Berufe IT-Systemelektroniker, IT-Fachinformatiker, IT-Systemkaufmann und IT-Informationskaufmann. In diesen neuen, sogenannten IT-Berufen mit gleich viel Berufsanfängern wie im letzten Jahr, lernt man nicht nur mit dem Computer umzugehen, sondern auch die damit verbundenen kundenspezifischen Dienstleistungen zu erbringen.

Völlig neue und aktualisierte Ausbildungsberufe, die die Modernisierung des dualen Systems der

*Mundipharma – eines der modernen Unternehmen in Limburg.*

Berufsausbildung fortsetzen sollen, und die auch 1998 in Kraft getreten sind, haben sich in neuen Berufsausbildungsverträgen niedergeschlagen.

Insgesamt ist festzustellen, daß die berufliche Ausbildung – auch in den Handwerks- und freien Berufen – für den Landkreis Limburg-Weilburg ein dickes Plus darstellt.

Was verbirgt sich nun genau hinter dem System der beruflichen Ausbildung?
Bevor ein Schulabgänger eine Berufsausbildung beginnen kann, muß er in einem der 380 anerkannten Ausbildungsberufe einen Ausbildungsvertrag mit einem Betrieb abschließen. Das Unternehmen verpflichtet sich darin, den Jugendlichen zwei bis dreieinhalb Jahre lang auszubilden – abhängig von dem jeweilig angestrebten Beruf.
Ausgebildet wird in der Privatwirtschaft: In allen Industriebranchen, im Handel, bei Banken und Versicherungen, im Handwerk, in der Landwirtschaft, in freien Berufen – aber auch in der öffentlichen Verwaltung. Anders als in den meisten Ländern der Welt kommen die Jugendlichen in Deutschland über eine betriebliche – und nicht über eine reine schulische – Ausbildung zu ihrem Beruf. Grundlage dafür sind die Ausbildungsordnungen, die vom Bundeswirtschaftsminister erlassen werden und deren Inhalt von Sachverständigen aus den Unternehmen festgelegt werden.

In der Regel erfolgt der praktische Teil der Ausbildung an drei bis vier Tagen der Woche im Unternehmen. Der Unterricht in der Berufsschule – dem weiteren Partner des Dualen Systems – ergänzt an ein bis zwei Tagen pro Woche die praktische Ausbildung in den Betrieben. Neben berufsspezifischen werden dort auch allgemeinbildende Fächer unterrichtet. Die Teilnahme am Berufsschulunterricht ist für die Jugendlichen und für die Unternehmen kostenfrei. Die Rolle des Staates beschränkt sich also bei der Berufsausbildung darauf, die Rahmenbedingungen zu setzen und die Berufsschulen zu finanzieren.

Da sich der Staat weitgehend aus der Berufsausbildung heraushält, muß eine Institution die Qualität der Ausbildung überwachen, Prüfungen abnehmen und auch Zeugnisse ausstellen. Die jeweiligen Kammern sind dafür im Berufsbildungsgesetz als zuständige Stellen verpflichtet worden. Für Berufe aus den Bereichen Industrie, Handel und Dienstleistungen führt diese Aufgabe im Landkreis Limburg-Weilburg die IHK Limburg durch.

Die IHK Limburg überprüft die Ausbildungsbetriebe und akkreditiert die betrieblichen Ausbilder. Sie überwacht die Ausbildung, schlichtet gegebenenfalls bei Streitigkeiten zwischen Betrieb und Auszubildenden und organisiert die Zwischen- und Abschlußprüfungen. Hierzu mobilisiert die Kammer mehr als 400 Prüfer aus den Betrieben. Jährlich erhalten im Landkreis Limburg-Weilburg rund 1.000 Jugendliche am Ende ihrer Ausbildung ein Abschlußzeugnis. Dieses Zertifikat erkennt nicht nur die Wirtschaft im gesamten Land an, es ist auch eine Basis für spätere Weiterbildung oder den Besuch von Hochschulen.

Dabei ist die Berufsausbildung auch im Landkreis Limburg-Weilburg stark auf die Berufspraxis ausgerichtet. Sie verbindet Arbeiten und Lernen. Der Auszubildende wird von Anfang an mit den wechselnden Situationen am Arbeitsplatz vertraut gemacht. Er nimmt Teil am betrieblichen Produktions- und Leistungsprozeß. Wofür und warum er lernt, kann er sehr leicht ausmachen.

Dies ermuntert viele „schulmüde" junge Menschen, weiter zu lernen. Die gewonnenen Berufserfahrungen macht die Jugendlichen selbständiger und bereitet sie darauf vor, später eigenverantwortlich zu arbeiten.

Alles in allem ein gut funktionierendes System, auch im Landkreis Limburg-Weilburg.

*Limburger Innenstadt.*

Tetra Pak

Tetra Pak Deutschland GmbH

**Gründungsjahr:**
1955

**Mitarbeiter:**
1.300

**Umsatz (1997):**
1,3 Mrd. DM

**Geschäftstätigkeit:**
Herstellung und Vertrieb von Verpackungssystemen

**Verkaufte Verpackungen (1997):**
7,4 Mrd.

**Abgefüllte Produkte in Litern (1997):**
5.700 Mio.

**Verpackungs- und Verarbeitungsanlagen im Markt:**
4.600

**Hauptsitz (seit1965):**
Hochheim/Main

**Produktionsstätten für Verpackungsmaterial:**
Limburg (seit 1969)
Berlin (seit 1981)

**Processing und Engineering:**
Glinde (Hamburg)

**Anschrift:**
Frankfurter Straße 79-81
65239 Hochheim am Main
Telefon (06146) 59-209
Telefax (06146) 59-430

*Eine Herausforderung, der sich Tetra Pak täglich neu stellt: die Suche nach der besten Verpackung für jeden. So entstehen ständig neue Verpackungsarten und -formen, die sowohl den Bedürfnissen des Verbrauchers als auch denen der Abfüller und denen des Handels gerecht werden.*

# Tetra Pak in Limburg

*300 Mitarbeiter produzieren jährlich 4,3 Milliarden Verpackungen*

*Das Tetra Pak-Produktionswerk Limburg an der Autobahn Frankfurt-Köln ist ein gutes Beispiel für umweltgerechte und zukunftsorientierte Gestaltung von Industriebauten.*

Ein Anfang mit Ecken und Kanten: Auf der Suche nach einem Verpackungssystem, das „mehr spart als es kostet", entwickelte der schwedische Wissenschaftler Dr. Ruben Rausing in den dreißiger Jahren eine neue materialsparende und hygienische Kartonverpackung in Tetraeder-Form. Das war die Geburtsstunde des heute international operierenden Unternehmens Tetra Pak.

Die Gründung der deutschen Tetra Pak-Gruppe erfolgte im Jahr 1955, im Herbst 1969 wurde das Produktionswerk Limburg offiziell eingeweiht. Was mit knapp 100 Mitarbeitern und einem Produktionsausstoß von 250 Millionen Verpackungen im Herbst 1969 begann, ist heute ein Tetra Pak-Werk, das mit 300 Mitarbeitern für Deutschland und 30 weitere Länder rund 4,3 Milliarden Verpackungen pro Jahr produziert. In den Abfüllanlagen der Molkereien und Fruchtsafthersteller werden diese Verpackungen geformt, befüllt und anschließend an den Handel ausgeliefert. Die Partner von Tetra Pak in Deutschland sind die bekannten Molkerei- und Fruchtsaftbetriebe wie zum Beispiel Schwälbchen, Eckes, Hohenloher Molkerei, WeserGold und Immergut.

Bevor die Tetra Paks mit Milch, Saft oder Wasser befüllt im Laden stehen, durchlaufen sie mehrere Stationen: Zunächst wird das aus Skandinavien importierte Rohpapier im Tiefdruckverfahren bedruckt. Nach dem Drucken folgt die Beschichtung des Verpackungsmaterials mit Aluminium und Polyethylen, um die Inhalte vor Licht und Sauerstoff zu schützen und die Verpackung zu versiegeln. Danach wird das Papier je nach Packungsgröße zugeschnitten und im Hochregallager bis zum Versand gelagert. Innerhalb eines Tages werden bei Tetra Pak Limburg rund 12 Millionen Verpackungen hergestellt.

Neben den ökonomischen Zielen fühlt sich Tetra Pak auch den ökologischen und sozialen Zielen für eine nachhaltige Entwicklung verpflichtet. Seit 1997 ist Tetra Pak Limburg nach dem EU-Öko-Audit, einem europaweit gültigen Umweltcheck, zertifiziert. Damit gewährleistet das Werk Limburg, die Produktionsprozesse nach umweltfreundlichen Kriterien auszurichten. Im sozialen Bereich spielt die Ausbildung junger Menschen eine besondere Rolle. Im Jahr 1998 hat Tetra Pak Limburg die Zahl der Ausbildungsplätze im kaufmännischen und technischen Bereich auf sechs erhöht. ■

*Präzision in der Technik: In Limburg wird das Verpackungsmaterial für den deutschen Markt hergestellt.*

# EKU Metallbau: Innovative Großküchentechnik aus hochwertigen Materialien

*Individuelle Küchenplanung mit dreidimensionaler CAD-Technik*

*Im Werk 2 in Limburg werden alle technischen Geräte hergestellt.*

Das 1970 von Egon und Ursula Kulbach gegründete Unternehmen EKU Metallbau, Limburg, zählt sich heute zu den zehn größten Anbietern von Großküchentechnik auf dem deutschen Markt. Mit derzeit 120 Mitarbeitern erwirtschaftet EKU rund 35 Millionen DM Umsatz im Jahr.

Produziert werden in zwei Limburger Werkstellen gewerbliche Geschirrspüler, Gas- und Elektroherde, Dunstabzugshauben, Edelstahlmöbel, Pizzaöfen, Imbißgeräte, Kleinküchengeräte, Drop-In-Anlagen und Hygieneschränke. Im Bereich der China-Herde ist das Unternehmen ebenfalls einer der bedeutendsten Anbieter auf dem Markt.

Seit der Einführung einer neuen Schlagschere im vergangenen Jahr können Edelstahlabdeckungen bis zu einer Länge von 5.800 mm in einem Stück gefertigt werden. Vorher waren nur Längen bis 4.000 mm möglich. Die Abdeckungen sind den aktuellen Hygieneanforderungen (HACCP) entsprechend fugenlos mit abgerundeter Vorderkante in den Bautiefen 750, 800 und 850 mm lieferbar.

Um die Wettbewerbsfähigkeit des kontinuierlich wachsenden, mittelständischen Unternehmens auch weiterhin zu sichern, setzt die Geschäftsleitung – Egon Kulbach und Sohn Daniel – auf eine eigene Entwicklungsabteilung, die sich auf der Basis modernster CAD-Technik stetig um Produktinnovationen kümmert. Dazu gehört beispielsweise die Ende 1995 eingeführte Gaskochtechnik mit Topferkennung: Bei Anheben des Topfes wird die Energiezufuhr sofort gestoppt, was bis zu 50 Prozent Energieersparnis bringt. Zu den jüngsten Innovationen zählen weiterhin die „Top-Line" Teller-Umluftwärme-Schränke in Hygieneausführung, wahlweise mit 90° oder R 15 Vorderkante. Alle technischen Geräte sind nach europäischen bzw. nationalen Normen CE- bzw. TÜV- geprüft.

Doch nicht nur qualitativ hochwertige Materialien und modernste Produktionstechnik sind für die Limburger wichtig. Auch die Kundenberatung und -betreuung sowie der Service werden groß geschrieben. Über ein 1995 eingeführtes CAD-Computer Programm ist bis heute die dreidimensionale Küchenplanung möglich. Mit dem eigenen Fuhrpark werden die wöchentlichen Auslieferungen an die Kunden in allen Bundesländern sowie Österreich und Holland bewerkstelligt. Die geschäftlichen Kontakte sind jedoch nicht nur auf Deutschland und Europa beschränkt: Auch das „Eldorado", ein Edel-Restaurant neben dem Roten Platz in Moskau, wurde mit Elektrogeräten und der Spültechnik von EKU ausgerüstet. ■

*Das EKU-Lager in Limburg.*

**EKU-Metallbau Großküchentechnik GmbH**

EKU-Metallbau
Großküchen GmbH

Gründungsjahr:
1970

Umsatz:
35 Mio.

Geschäftsführer:
Egon und Daniel Kulbach

Mitarbeiter:
120

Hauptproduktgruppen:
Großküchentechnik
Geschirrspüler, Herde, Edelstahlmöbel, Pizzaöfen, Selbstbedienungsanlagen etc.

Anschrift:
Am Schlag 30
65549 Limburg/Lahn
Telefon (06431) 90 00
Telefax (06431) 90 05 00

# Handwerk in der Kreisstadt Limburg – in 94 Berufen beweisen Meister und Gesellen hohe Flexibilität

Wenn das Wort Handwerk fällt, verstehen viele Menschen darunter Berufe, die nur mit körperlicher und wenig mit geistiger Arbeit verbunden sind. Dieser Eindruck ist falsch und schon lange durch die technische Entwicklung überholt. Wer sich heute in einem Handwerksbetrieb umschaut, wird mit Erstaunen feststellen müssen, daß auch hier das Computerzeitalter Einzug gehalten hat. Maschinen, die computergesteuert ihre Arbeit verrichten, und modern eingerichtete Büros, die in der Lage sind, der Betriebsleitung alle Informationen schnell zur Verfügung zu stellen, gehören zum normalen Erscheinungsbild handwerklicher Betriebe.

Das Reagieren auf Veränderungen am Markt erfordert von allen Meistern und Gesellen eine große Flexibilität.

## Veränderungen

Viele Berufsbilder des Handwerks wurden in den vergangenen Jahren neu geordnet und den neuesten Anforderungen angepaßt. Das Handwerk ist kein statisches Gebilde, sondern es ändert sich, wie sich auch die Wirtschaft jeden Tag verändert. Neue Techniken, neue Materialien und neue Verfahren erfordern von den im Handwerk tätigen Menschen eine ständige Anpassung und Weiterbildung.

Alte Handwerksberufe verschwinden und neue Berufe kommen hinzu. Der Schmied und der Schlosser wurden durch den Metallbauer ersetzt. Aus dem Beruf des Kraftfahrzeugmechanikers und des Kraftfahrzeugelektrikers entstand das neue Berufsbild des Kraftfahrzeugtechnikers.

**Horst Jung**

Der Autor wurde 1939 in Elz geboren. 1967 legte er die Meisterprüfung im Zentralheizungs- und Lüftungsbauerhandwerk ab. Horst Jung ist Komplementär der Firma Josef Jung KG – Installation + Heizungsbau – in Elz. Als Obermeister der Innung für Sanitär- und Heizungstechnik Limburg-Weilburg gehört er dem Vorstand der Kreishandwerkerschaft Limburg-Weilburg an.
1997 wurde er zum Kreishandwerksmeister der Kreishandwerkerschaft Limburg-Weilburg gewählt.

*Praktische Handwerkskunst für den Alltag.*

Ebenso wurden die Berufe des Maurers und des Beton- und Stahlbetonbauers zu dem neuen Beruf Maurer und Betonbauer zusammengefaßt. Der neue Beruf des Automobilkaufmanns ist entstanden. Dies sind nur einige Beispiele von posi-

*Ein neuer Beruf: Maurer und Betonbauer.*

In der der Region stark vertreten – die Metallhandwerke.

Die Anzahl der Bäckereien ist stark gesunken.

tiven Veränderungen in der Handwerkswirtschaft. Die Veränderungen in der Wirtschaft bewirken auch eine andere Tätigkeit des Handwerkers. Nehmen wir z.B. den Beruf des Kraftfahrzeugtechnikers: Es werden kaum noch Ersatzteile selbst hergestellt, sondern der Umgang mit modernsten Testgeräten bei der Fehlersuche zeichnet den Kraftfahrzeugtechniker aus.

Wer an die Berufe des Baugewerbes denkt, hat auch den Mann am Bau vor Augen, der den „Vogel" mit Mörtel über eine Leiter schleppt, oder an andere Mitarbeiter, die Steine per Hand an ihren vorgesehen Platz transportieren. Heute stehen an jeder auch noch so kleinen Baustelle Kräne und Silos mit Fertigmörtel. Es wird kein Mörtel mehr von Hand hergestellt, ähnliches gilt auch für die Betonarbeiten. Dies alles bedeutet eine Entlastung der Fachkräfte von körperlicher Arbeit. Modernes Handwerk und Änderung der Tätigkeiten zeigen sich aber auch in den Nahrungsmittelberufen. Auch hier haben modernste Maschinen ihren Einzug gehalten. Durch diese Veränderungen werden die Arbeitnehmer von körperlicher Arbeit entlastet, dafür stellen die Berufe größere Anforderungen an eine theoretische Ausbildung.

Auch im Fleischerhandwerk gibt es den Trend zur Filialisierung.

## Große Veränderungen

So könnte man noch viele Beispiele über Veränderungen im Handwerk anführen. Die Entwicklungen vollziehen sich, ohne daß die Öffentlichkeit etwas bemerkt. Das Handwerk ist in unserer Gesellschaft ein wichtiger Faktor, nicht nur als stabilisierendes Element auf dem Arbeitsmarkt, sondern es kommt auch seiner gesellschaftlichen Aufgabe, der Bereitstellung von Ausbildungsplätzen, nach. In unserem Landkreis werden ca. 1.300 junge Menschen im Handwerk ausgebildet. Jedes Jahr beginnen ca. 450 neue Lehrlinge ihre Ausbildung.

Ausbildung von jungen Menschen ist für den Handwerksmeister von jeher eine Aufgabe, der er sich gerne stellt. Betrieb, Berufsschule und überbetriebliche Unterweisung garantieren eine hervorragende Ausbildung, auf der ein junger Mensch seine Lebensplanung aufbauen kann.
In den Mauern der Stadt Limburg unterhält die Bauhandwerksinnung Limburg-Weilburg ein Ausbildungszentrum, in dem die Lehrlinge des Baugewerbes und der Bauindustrie ausgebildet werden.

Das Handwerk ist in der Kreisstadt Limburg mit 483 Betrieben vertreten. Die Mehrzahl der handwerklichen Vollberufe finden wir in den Mauern der Stadt Limburg.

Bei einer durchschnittlichen Betriebsgröße von neun Mitarbeitern pro Betrieb stellt das Hand-

Der Kraftfahrzeugtechniker führt auch Arbeiten an der Elektrik aus.

*Maler und Lackierer – viele Werkstätten bieten verschiedene Leistungen aus einer Hand an.*

werk in Limburg über 4.000 Arbeits- und Ausbildungsplätze zur Verfügung.

Die Spitzenorganisation des heimischen Handwerks, die Kreishandwerkerschaft Limburg-Weilburg, hat ihren Sitz in der Kreisstadt.
Alle im Landkreis vertretenen Innungen lassen ihre Geschäfte von der Kreishandwerkerschaft führen.

## 94 Handwerksberufe

In der letzten Änderung des Gesetzes zur Ordnung des Handwerks wurden die ehemals 125 Berufe auf 94 Vollhandwerke reduziert. Der Strukturwandel und andere Verbrauchergewohnheiten haben einige Handwerksberufe in der Kreisstadt Limburg sehr selten gemacht. Schuhmacher, Herren- oder Damenschneiderbetriebe sind kaum noch vorhanden.

Vor einigen Jahren gab es in der Stadt Limburg noch eine große Zahl von selbständigen Bäcker- und Fleischermeistern. Heute sind es nur noch wenige Betriebe, ohne daß die Versorgung der Bevölkerung darunter leiden würde. Kleinere Betriebe haben geschlossen, die bestehenden Betriebe wurden größer, und der Trend zu einer Filialisierung ist gerade in den Nahrungsmittelhandwerken zu beobachten.

Die Bau- und Ausbaugewerbe und die Metallhandwerke sind in unserer Stadt sehr stark vertreten. Viele dieser Betriebe erwirtschaften ihren Umsatz in der Region Rhein-Main. Dies ist mit hohen Kosten und einer großen Mobilität der Mitarbeiter verbunden. Die letzte Änderung der „Handwerksordnung" und die Straffung der handwerklichen Vollberufe ermöglicht es den Betrieben, „Leistungen aus einer Hand" anzubieten und so den Bedürfnissen der Verbraucher entgegenzukommen.

*Bei jungen Leuten derzeit beliebt: Tischlerei.*

*Heizungs-Installateur bei der Arbeit.*

## Ohne Handwerk geht es nicht

Wem ist schon bewußt, daß in allen Bereichen des täglichen Lebens Handwerker tätig waren oder sind, damit alles reibungslos funktioniert?
Der Lichtschalter wird betätigt, und wir erwarten Licht. Wir drehen den Wasserhahn auf und erwarten Kalt- oder Warmwasser. Die Heizung wird in der Winterzeit angeschaltet und es verbreitet sich in den Zimmern eine wohltuende Wärme. Brötchen und Brot zum Frühstück, mit einem entsprechenden Wurstbelag, sind für uns eine Selbstverständlichkeit. Der Anlasser im Auto wird betätigt, wir erwarten ein Funktionieren des Fahrzeuges. Brauchen wir eine neue Brille oder Zahnersatz, sind Handwerker tätig. Die schönen Wohnungen und Häuser, in denen wir wohnen, wurden von Handwerkern errichtet.

Modernes Handwerk bedeutet, daß diese Annehmlichkeiten stets zur Verfügung stehen. Wer all dies bedenkt, kommt zu der Überzeugung – „Ohne Handwerk geht es nicht". Das Handwerk als vielseitigster Wirtschaftsbereich in Deutschland ist eine Notwendigkeit und bietet für alle Menschen, die im Handwerk tätig sind, hervorragende Möglichkeiten und Chancen. Keine Fließbandarbeit, sondern eine Tätigkeit, bei der man Kopf und Hand einsetzen muß, ist zum Gelingen eines Werkes notwendig.
Das Handwerk, mit seinen gut ausgebildeten Fachkräften, steht allen Verbrauchern, seien es private oder gewerbliche Nachfrager, mit seinen Dienstleistungen zur Verfügung. ■

*Inzwischen ein fast ausschließlicher Frauenberuf: Friseur.*

# Vom Feuer zum Licht

*Kompromißlose Pflege von Detail, Qualität und Langlebigkeit führten das Unternehmen an die Spitze Europas*

*Glasmacher bei der Arbeit.*

Die Glashütte Limburg zählt heute zu den größten Glashütten für Beleuchtungsglas in Europa. Im Unternehmen sind über 500 Mitarbeiter beschäftigt. Aus verschiedenen Rohstoffen wird Glas geschmolzen und nach alter handwerklicher Tradition zu vielfältigen Beleuchtungsgläsern und Leuchten verarbeitet. Die Schmelzleistung der Kristallglaswanne, Opalglaswanne sowie des Hafenofens für Farb- und Spezialgläser liegt bei ca. 3.000 Tonnen Rohglas pro Jahr. Die Hälfte dieser Menge wird für das eigne Leuchtenprogramm weiterverarbeitet, den anderen Teil liefert die Glashütte an Leuchtenfabriken in aller Welt.

Limburg mit seiner mittelalterlichen Altstadt und dem alles überragenden Dom hatte nicht nur im Mittelalter eine zentrale Bedeutung, als es an der Handelsstraße von Antwerpen nach Konstantinopel lag. Der traditionelle Standort bietet auch heute viele gute Möglichkeiten der Entfaltung. Nach dem 2. Weltkrieg haben heimatvertriebene Glasmacher hier eine neue Heimat gefunden und sich eine Existenz aufgebaut. Am 5. Juli 1947 entnahm Dr. Heinrich mit der Glasmacherpfeife das erste in Limburg geschmolzene Glas.

Das Produktionsprogramm umfaßte zunächst Trinkbecher, Krüge und andere Wirtschaftsgläser. Nach der Währungsreform, mit der auch alle hemmenden Beschränkungen aufgehoben wurden, verbesserten sich die Rahmenbedingungen enorm. In nur wenigen Jahren stieg die Glashütte Limburg mit fast 1.000 Mitarbeitern zum größten Spezialisten für Beleuchtungsglas in Europa auf.

Ende der 50er Jahre stößt die rasante Expansion an Grenzen, bis die Zusammenarbeit mit der BEGA Gantenbrink-Leuchten aus Menden im Sauerland eine neue Perspektive wies. Die Synergieeffekte führten zu äußerst günstigen Veränderungen: Die Glashütte Limburg ist heute ein führender Hersteller für Wohnraum- und repräsentative Objektbeleuchtung. .

Die Produkte überzeugen heute nicht nur durch hohe Qualität und Funktionalität, Maßstäbe setzt auch das Design. Bereits 1982 wurde einer Leuchte der Staatspreis „Gute Form“ verliehen, den der damalige Bundespräsident Dr. Carl Carstens übergeben hat. 1985 wurden Produktdesign und Produktkommunikation als unternehmerische Gesamtleistung auf der Industriemesse in Hannover mit dem „Corporate Design Preis“ gewürdigt. Bis zum heutigen Tage werden Produkte des Unternehmens immer wieder ausgezeichnet. ■

## GLASHÜTTE LIMBURG

**Geschäftsführer:**
Dipl.-Ing. Heiner Gantenbrink
Dipl.-Kfm. Bruno Gantenbrink

**Gründungsjahr:**
1946

**Mitarbeiter:**
ca. 500

**Anschrift:**
Glashüttenweg 2
65549 Limburg
Telefon (06431) 204-0
Telefax (06431) 20 41 03
e-mail: Info@Glashütte Limburg

# Region mit hoher Innovationskraft – die Beschäftigtensituation in der Kreisstadt Limburg

Die Kreisstadt Limburg an der Lahn bildet den wirtschaftlichen Mittelpunkt des Arbeitsamtsbezirkes Limburg, der flächenmäßig deckungsgleich mit dem Landkreis Limburg-Weilburg ist.

Hier in Limburg konzentrieren sich zentrale Versorgungseinrichtungen, Industrie und Verwaltung. Insgesamt verfügt Limburg über einen hohen Arbeitsstättenanteil im privaten und öffentlichen Dienstleistungssektor.

Zusammen mit der angrenzenden Stadt Diez, die dem Arbeitsamtsbezirk Montabaur zugehörig ist, bildet Limburg das Zentrum eines eigenständigen Arbeitsmarktes.

Die Betriebe und Verwaltungen in der Kreisstadt Limburg beschäftigen (Stand vom 30.06.1997) insgesamt 17.857 Arbeitnehmer (9.280 Männer und 8.575 Frauen), die der Sozialversicherungspflicht unterliegen. Nicht mitgezählt werden hierbei Selbständige, Beamte und alle anderen nicht kranken- oder rentenversicherungspflichtigen Arbeitnehmer. Gemessen an der Gesamtzahl der zu diesem Zeitpunkt im gesamten Arbeitsamtsbezirk Limburg beschäftigten sozialversicherungspflichtigen Arbeitnehmer (43.182) waren dies immerhin 41,4 Prozent.

Angelika Berbuir

Die Autorin studierte Rechtswissenschaften mit dem Abschluß als Assessorin. Mitarbeiterin der Bundesanstalt für Arbeit ist sie seit 1988. Von Januar 1989 bis Oktober 1993 war sie Abteilungsleiterin Berufsberatung im Arbeitsamt Wetzlar, danach bis Mai 1998 Abteilungsleiterin Berufsberatung und stellvertretende Direktorin im Arbeitsamt Marburg.
Seit Mai 1998 ist Angelika Berbuir Direktorin des Arbeitsamtes Limburg.

Eingangsbereich des Arbeitsamtes Limburg.

In der Stadt Limburg selbst wohnten jedoch nur 4.789 der sozialversicherungspflichtig Beschäftigten, das sind 26,8 Prozent. Limburg war also zu diesem Zeitpunkt Zielgemeinde für 13.068 Berufseinpendler, die größtenteils im Arbeitsamtsbezirk Limburg wohnten (7.088 oder 54,2 Prozent). Aus anderen Arbeitsamtsbezirken gingen 5.980 (oder 45,8 Prozent) Arbeitnehmer in der Kreisstadt einer Beschäftigung nach; das waren mehr als die Hälfte (53,1 Prozent) der von der Gemeinde außerhalb des Arbeitsamtsbezirkes Limburg einpendelnden Sozialversicherungspflichtigen. Der stärkste dieser Einpendlerströme kam aus Rheinland-Pfalz (4.917), wo alleine aus Gemeinden des Rhein-Lahn-Kreises 2.349 und des Westerwaldkreises 1.738 Berufspendler ihren Weg zur Arbeit in Limburg antraten. Im

Gegensatz zum Arbeitsamtsbezirk Limburg, der einen Auspendler-Überhang über die Arbeitsamtsgrenzen hinweg aufweist, ergibt sich für die Stadt Limburg ein Einpendler-Überhang von 7.789 Personen (Stadtgrenze). Über die Grenze des Arbeitsamtsbezirkes hinweg ergibt sich für die Stadt Limburg ein Einpendler-Überhang von 2.267 Personen.

Auch die Kreisstadt Limburg blieb in den letzten Jahren von Arbeitsplatzverlusten nicht verschont. Innerhalb der letzten fünf Jahre wurden in Limburg per Saldo 1.019 (oder 5,4 Prozent) sozialversicherungspflichtige Arbeitsplätze abgebaut. Dieser Arbeitsplatzabbau traf in erster Linie Männer (minus 817 oder 8,1 Prozent), gewerbliche Berufe (minus 1.886 oder 22,2 Prozent) und Vollzeitkräfte (minus 1.446 oder 8,9 Prozent).
Gewinner von Arbeitsplatzzuwächsen waren die Angestellten (plus 867 oder 8,4 Prozent) sowie die Teilzeitbeschäftigten (plus 427 oder 16,6 Prozent). Die Beschäftigungsmöglichkeiten im verarbeitenden Gewerbe gingen zugunsten des Dienstleistungsbereiches zurück, wobei dieser Sektor jedoch nicht alle Verluste ausgleichen konnte.

| Stichtag | Sozialversicherungspflichtig Beschäftigte - Insgesamt (Männer und Frauen) | | | | | |
|---|---|---|---|---|---|---|
| | nach dem Wohnort | Wohnort und Arbeitsort identisch | Auspendler | | | |
| | | | vom Wohnort zum Arbeitsort | davon in Gemeinden | | darunter (Spalte 5) |
| | | | | **innerhalb** des Arbeitsamtsbezirkes Limburg | **außerhalb** des Arbeitsamtsbezirkes Limburg | **außerhalb** des Landesarbeitsamtsb. **Hessen** |
| | 1 | 2 | 3 | 4 | 5 | 6 |
| 1992 | 10.307 | 5.519 | 4.788 | 1.443 | 3.345 | 993 |
| 1993 | 10.362 | 5.421 | 4.941 | 1.435 | 3.506 | 1.041 |
| 1994 | 10.347 | 5.379 | 4.968 | 1.513 | 3.455 | 1.064 |
| 1995 | 10.557 | 5.337 | 5.220 | 1.582 | 3.638 | 1.180 |
| 1996 | 10.194 | 4.917 | 5.277 | 1.594 | 3.683 | 1.154 |
| 1997 | 10.068 | 4.789 | 5.279 | 1.566 | 3.713 | 1.199 |
| Veränderung 1992/97 | | | | | | |
| absolut | -239 | -730 | +491 | +123 | +368 | +206 |
| %-ual | 2,3 | 13,2 | 10,3 | 8,5 | 11,0 | 20,7 |

Die Struktur der Arbeitsplätze stellt sich im einzelnen folgendermaßen dar:

6.613 Arbeiter/-innen, 11.244 Angestellte, 2.992 Teilzeitbeschäftigte und 1.257 Auszubildende.

Der Anteil der mit Arbeiter/-innen besetzten Arbeitsplätze lag in der Stadt Limburg mit 37,0 Prozent deutlich unter dem Anteil im gesamten Arbeitsamtsbezirk, der bei 44,8 Prozent liegt. Der Anteil der Angestellten liegt in der Stadt Limburg bei 63,0 Prozent gegenüber dem Anteil im übri-

| Stichtag jeweils Ende Juni | Sozialversicherungspflichtig Beschäftigte - Insgesamt (Männer und Frauen) | | | | | |
|---|---|---|---|---|---|---|
| | nach dem Arbeitsort | Wohnort und Arbeitsort identisch | Einpendler | | | |
| | | | vom Wohnort zum Arbeitsort | davon aus Gemeinden | | darunter (Spalte 5) |
| | | | | **innerhalb** des Arbeitsamtsbezirkes Limburg | **außerhalb** des Arbeitsamtsbezirkes Limburg | **außerhalb** des Landesarbeitsamtsb. **Hessen** |
| | 1 | 2 | 3 | 4 | 5 | 6 |
| 1992 | 18.876 | 5.519 | 13.357 | 7.684 | 5.673 | 4.824 |
| 1993 | 18.813 | 5.421 | 13.392 | 7.615 | 5.777 | 4.876 |
| 1994 | 18.889 | 5.379 | 13.510 | 7.625 | 5.885 | 4.930 |
| 1995 | 18.393 | 5.337 | 13.056 | 7.226 | 5.830 | 4.882 |
| 1996 | 17.897 | 4.917 | 12.980 | 7.119 | 5.861 | 4.847 |
| 1997 | 17.857 | 4.789 | 13.068 | 7.088 | 5.980 | 4.917 |
| Veränderung 1992/97 | | | | | | |
| absolut | -1.019 | -730 | -289 | -596 | +307 | +93 |
| %-ual | 5,4 | 13,2 | 2,2 | 7,8 | 5,4 | 1,9 |

*Seitenansicht des Arbeitsamtes Limburg.*

gen Arbeitsamtsbezirk in Höhe von 55,2 Prozent deutlich höher.

Bei den Teilzeitbeschäftigten liegt der Anteil in der Stadt Limburg als auch im Arbeitsamtsbezirk bei knapp 17 Prozent gleich hoch. Auch bei den Auszubildenden ergab sich in beiden Regionen mit 7 Prozent kein Anteilsunterschied. Insgesamt ist die Ausbildungsquote im Vergleich zu anderen hessischen Gemeinden recht günstig.

Erwähnenswert ist jedoch, daß mit 41,9 Prozent von insgesamt 3.000 Auszubildenden im Arbeitsamtsbezirk ihren Ausbildungsplatz in der Stadt Limburg hatten.

Trotz dieser Arbeitsplatzverluste konnte die Stadt Limburg Mitte des vergangenen Jahres mit 154,8 Prozent eine überdurchschnittliche Arbeitsplatzdichte aufweisen. Hierunter versteht man das Verhältnis von vorhandenen sozialversicherungspflichtigen Arbeitsplätzen zu der sozialversicherungspflichtigen Wohnbevölkerung plus Arbeitslose.

Für den gesamten Arbeitsamtsbezirk ergab sich dagegen lediglich eine Arbeitsplatzdichte von 71,8 Prozent.

Ein weiteres Merkmal der Beschäftigtensituation in der Kreisstadt Limburg ist die Dauer der Betriebszugehörigkeit. Hierdurch zeichnet sich die Region insgesamt gegenüber dem Rhein-Main-Gebiet und den anderen Großstädten aus. Wesentlich öfters kommt es hier zu Mitarbeiterehrungen nach 25 oder 40 Jahre Betriebszugehörigkeit.

Neben den sozialversicherungspflichtigen Beschäftigungen nimmt in jüngster Zeit auch die Selbständigmachung einen wesentlich größeren Platz ein als in den vergangenen Jahren. In der Kreisstadt Limburg sind im Jahr 1997/98 überdurchschnittlich Existenzgründungen zu verzeichnen gewesen. Dies ist auch ein Indiz für einen hohe Innovationskraft in der Region. ■

| Stichtag jeweils Ende Juni | **Sozialversicherungspflichtig Beschäftigte** - *nach dem Wohnort* | | | | | | |
|---|---|---|---|---|---|---|---|
| | **in der Kreisstadt Limburg** | | | | | | |
| | **Insgesamt** | **Männer** | **Frauen** | **Arbeiter** | **Angestellte** | **Auszubildende** | **Teilzeit-beschäft.** |
| | 1 | 2 | 3 | 4 | 5 | 6 | 7 |
| 1992 | 10.307 | 5.996 | 4.311 | 4.508 | 5.799 | 596 | 1.153 |
| 1993 | 10.362 | 5.990 | 4.372 | 4.404 | 5.958 | 630 | 1.284 |
| 1994 | 10.347 | 5.932 | 4.415 | 4.341 | 6.006 | 618 | 1.308 |
| 1995 | 10.557 | 6.075 | 4.482 | 4.358 | 6.199 | 697 | 1.351 |
| 1996 | 10.194 | 5.896 | 4.298 | 4.149 | 6.045 | 608 | 1.374 |
| 1997 | 10.068 | 5.753 | 4.315 | 4.056 | 6.012 | 616 | 1.406 |
| | Veränderung 1992/1997 | | | | | | |
| absolut | -239 | -243 | +4 | -452 | +213 | +20 | +253 |
| %-ual | 2,3 | 4,1 | 0,1 | 10,0 | 3,7 | 3,4 | 21,9 |

| Stichtag jeweils Ende Juni | **Sozialversicherungspflichtig Beschäftigte** - *nach dem Arbeitsort* | | | | | | |
|---|---|---|---|---|---|---|---|
| | **in der Kreisstadt Limburg** | | | | | | |
| | **Insgesamt** | **Männer** | **Frauen** | **Arbeiter** | **Angestellte** | **Auszubildende** | **Teilzeit-beschäft.** |
| | 1 | 2 | 3 | 4 | 5 | 6 | 7 |
| 1992 | 18.876 | 10.099 | 8.777 | 8.499 | 10.377 | 1.292 | 2.565 |
| 1993 | 18.813 | 9.973 | 8.840 | 7.948 | 10.865 | 1.382 | 2.772 |
| 1994 | 18.889 | 9.757 | 9.132 | 7.769 | 11.120 | 1.415 | 2.867 |
| 1995 | 18.393 | 9.622 | 8.771 | 7.300 | 11.093 | 1.302 | 2.890 |
| 1996 | 17.897 | 9.392 | 8.505 | 6.902 | 10.995 | 1.259 | 2.836 |
| 1997 | 17.857 | 9.282 | 8.575 | 6.613 | 11.244 | 1.257 | 2.992 |
| | Veränderung 1992/1997 | | | | | | |
| absolut | - 1.019 | - 817 | - 202 | - 1.886 | + 867 | - 35 | + 427 |
| %-ual | 5,4 | 8,1 | 2,3 | 22,2 | 8,4 | 2,7 | 16,6 |

# Bördner – das Beste für die Umwelt

*Mit über 50 verschiedenen Spezialfahrzeugen sowie einer modernen Müllbehälter- und Containerpalette für alle Aufgaben gerüstet*

*Die Fahrzeugflotte von BÖRDNER.*

Es begann 1958 bei Bördner mit dem Erwerb des ersten Fäkalienfahrzeuges. Schon bald schloß das Unternehmen einen Entsorgungsvertrag mit einer Nachbargemeinde – 70 Mülleimer wurden 14tägig geleert. Heute steht in den Bördner-Betrieben ein Team von 100 Mitarbeitern als kompetenter Partner für die Komplettentsorgung zur Verfügung. Mit über 50 der verschiedensten Spezialfahrzeuge und einer Abfallbehälter- und Containerpalette aller Arten und Größen sind sie für sämtliche private und kommerzielle Anforderungen bestens gerüstet. So zählen auch Spezialgebiete wie die Entsorgung von Kühlschränken, Computern oder ölbelasteten Reststoffen zur Aufgabenpalette. Sämtliche Einsätze werden durch modernste Logistik koordiniert.

So wichtig und selbstverständlich wie das technische und personelle Know-how ist für Bördner die Zusammenarbeit mit den Ansprechpartnern, den Entscheidern und Sachbearbeitern im gewerblich/industriellen und kommunalen Bereich. Mit Spezial-Verdichterfahrzeugen zur staubfreien Entsorgung werden die Privathaushalte zu festen Terminen regelmäßig angefahren, um die bereitgestellten, bedienerfreundlichen 50 bis 240 Liter-Behälter zu entleeren.

Pro Kopf fallen in der Bundesrepublik ca. 130 kg recyclingfähige Materialien an und stellen somit über 30% des gesamten Hausmülls dar. Ein noch wesentlich höherer Rohstoff- und vor allem Energieverbrauch ist notwendig, um diese Materialien herzustellen. Eine Reduzierung ist unabdingbar, denn Energie und Rohstoffe sind nicht unerschöpflich.

Im Bereich der Altpapierentsorgung wurde in Zusammenarbeit mit den Kommunen ein gut funktionierendes System geschaffen, um mit über 70.000 Behältern eine flächendeckende Sammlung zu gewährleisten. Das Altpapier wird zunächst in einer modernen Sortieranlage von Fremdstoffen befreit und nach verschiedenen Qualitäten getrennt. Auf diese Weise wurden im letzten Jahr 25.000 t verarbeitet und zur Wiederverwertung an Papierfabriken übergeben.

Mit dem Gewerbemüll-Mietservice erfüllt Bördner alle Anforderungen, die die Unternehmen der Region an ihre Abfallbeseitigung stellen.

Im Abfall lauern viele verborgene Gefahren: Farben, Lacke, Batterien, Insektenvernichtungs- und Arzneimittel, Produkte der Haus- und Gartenpflege, sowie für Reparatur- und Renovierungsarbeiten – sämtliche Stoffe, die bei unsachgemäßer Behandlung eine Bedrohung, vor allem für unser Grundwasser, darstellen. Gerade in diesem Bereich sind die Entsorger als Partner der Kommunen gefordert. Durch gemeinsame intensive Aufklärung und umfassende Entsorgungsmöglichkeiten kann Bördner hier ein komplettes „Sicherheitspaket“ anbieten. B+S, die für den Sondermüllbereich verantwortliche Tochtergesellschaft, führt die Sammlung mehrmals im Jahr mit sogenannten „Schadstoffmobilen“ durch. ■

*Die neuen BÖRDNER-Umleerbehälter im Frontloader-Verfahren erleichtern und beschleunigen die An- und Abfuhr.*

BÖRDNER STÄDTEREINIGUNG

**Bördner GmbH Städtereinigung**

**Geschäftsführer:**
Petra Wallbruch
Hans Jörg Bördner

**Gründungsjahr:**
1958

**Geschäftstätigkeit:**
Stadtwirtschaftliche Dienstleistungen

Entsorgung von
- Haus- und Sperrmüll
- Gewerbemüll
- Sondermüll

- Recycling von Wertstoffen
- Kompostierung

**Anschrift:**
Dietkircher Straße 7-13
65551 Limburg-Lindenholzhausen
Telefon (06431) 99 12-0
Telefax (06431) 99 12-20
www.boerdner.de
e-mail info@boerdner.de

# Steinbeis-Transferzentrum Limburg-Weilburg-Diez als Partner der Wirtschaftsförderungsgesellschaft

Individuelle Problemlösungen für die Unternehmen der Region leistet das:

STEINBEIS-TRANSFERZENTRUM
LIMBURG-WEILBURG-DIEZ

Die Steinbeis-Stiftung verfolgt mit ihrer regionalen Wirtschaftsförderung ein Konzept, das über die traditionellen Instrumente der Wirtschaftsförderung hinausgeht. Im Rahmen der allgemeinen Wirtschaftsförderungsaufgaben stehen klassische Themen an wie Standortberatung und Standortmarketing, Öffentlichkeitsarbeit, Unterstützung bei Regionalplanung oder regionale Fort- und Weiterbildung. Doch die Erfahrung zeigt, daß damit nur ein Teil der Bedürfnisse gedeckt werden kann, denn was die bereits bestehenden Unternehmen oder Existenzgründer dringend benötigen, sind Impulse für die Entwicklung von innovativen Technologien und Produkten und Unterstützung bei ihrer Einführung im Markt.

Das Informationsangebot in den verschiedenen Regionen ist häufig relativ gut, aber es erfordert eine Erstinitiative von seiten des Unternehmens, die im Tagesgeschäft oft untergeht. Im Rahmen der erweiterten Wirtschaftsförderung geht die Steinbeis-Stiftung, vertreten durch das Steinbeis-Transferzentrum Limburg-Weilburg-Diez, deshalb aktiv auf die Unternehmen zu. Ein Projektleiter der Steinbeis-Stiftung, der entweder als Geschäftsführer der Wirtschaftsförderungsgesellschaft oder als deren Projektmitarbeiter agiert, sucht das einzelne Unternehmen zu einem individuellen kostenlosen Beratungsgespräch auf. In diesem Erstkontakt werden prinzipielle Möglichkeiten einer verstärkten Zusammenarbeit mit Forschungseinrichtungen erörtert, über Möglichkeiten einer finanziellen Förderung durch die entsprechenden Landes-, Bundes- oder Europaprogramme informiert oder schon ganz konkret verschiedene Problemkreise eruiert und analysiert.

**Siegfried Walter**

Der Autor durchlief zunächst eine Ausbildung zum Maschinenschlosser. Nach dem Wehrdienst und mehrjähriger Tätigkeit als Maschinenschlosser erlangte er die Fachhochschulreife, um anschließend an der Fachhochschule Furtwangen den Studiengang Product-Engineering zu belegen. Im Rahmen dieses Studiums verbrachte er ein Semester an der De Montfort University in Leicester, England. Das zweite praktische Studiensemester absolvierte er bei der Steinbeis-Stiftung in Stuttgart, bei der er anschließend auch seine Diplomarbeit mit dem Thema „Benchmarking am Beispiel der Steinbeis-Stiftung für Wirtschaftsförderung" anfertigte.
Seit Juni 1996 war er als Projektleiter bei der Zentrale der Steinbeis-Stiftung tätig. Seit März 1997 leitet Siegfried Walter das Steinbeis-Transferzentrum Bad Hersfeld. In enger Zusammenarbeit mit der Wirtschaftsförderungsgesellschaft Hersfeld-Rotenburg wird den Firmen im Landkreis Know-how zur Verfügung gestellt, das für eine innovative Entwicklung der Unternehmen erforderlich ist.
Seit Mai 1998 leitet Siegfried Walter das Steinbeis-Transferzentrum Limburg-Weilburg-Diez.

*Sitz der Wirtschaftsförderungsgesellschaft und des Steinbeis-Transferzentrums.*

In einigen Fällen ist der Unternehmer damit schon einen Schritt weiter und kann die Problemlösung jetzt selbst verfolgen. Häufiger bedarf es aber externer Hilfe. Da der Projektleiter des Steinbeis-Transferzentrums in der Regel die Problemlösung nicht selber verfolgt, ist die Gefahr einer Vorprogrammierung auf bestimmte Themen nicht gegeben. Der Projektleiter des Steinbeis-Transferzentrums sucht aus einem Pool von 4.000 Experten der unterschiedlichsten Fachdisziplinen den „richtigen" Fachmann aus und vermittelt die „Spezialberatung". Kristallisiert sich aus diesem Gespräch ein umfangreicheres Vorhaben heraus, dann erfolgt – wie bei jedem anderen Unternehmen auch – ein Angebot des jeweiligen Experten der Steinbeis-Stiftung. Kommt schließlich ein Auftrag zustande, dann kann sich dieser von einer reinen Studie über die klassische Entwicklung bis zur Implementierung und späteren Projektbetreuung erstrecken.

*Beratungsgespräch.*

Über das Steinbeis-Transferzentrum Limburg-Weilburg-Diez können Unternehmen und Einrichtungen in der Region auf das gesamte Dienstleistungsangebot der Steinbeis-Stiftung zugreifen. Für die Durchführung der Dienstleistungen stehen sämtliche Steinbeis-Experten zur Verfügung.

**Allgemeine Beratung**

- Hilfestellung bei:
  - Strukturierung von Problemen
  - Existenzgründungen
  - Antragstellung zu Förderprogrammen
  - Verwertung von wissenschaftlichen Erkenntnissen
- Vermittlung von:
  - Kontakten für Firmenkooperationen
  - Kontakten zu Forschungs- und Entwicklungseinrichtungen
  - Informationen für die Wirtschaft

**Technologieberatung durch Experten**

- Problemanalysen und Lösungsvorschläge in folgenden Bereichen:
  - Gesamte Technologiebreite
  - Betriebswirtschaft
  - Design
  - Regionale Strukturprobleme
- Bewertung von Technologie und Markt
- Produktfindung und Ideenverwertung
- Diversifikationsstrategien

**Angewandte Forschung und Entwicklung**

- Auswahl und Definition von FuE-Projekten
- Planung und Steuerung des Projektablaufs
- Durchführung von FuE-Projekten im Auftrag der Unternehmen

*Seminar der WFG.*

Steinbeis-Transferzentrum
Limburg-Weilburg-Diez
Dr.-Wolff-Straße 4
65549 Limburg
Telefon (06431) 91 79-0
Telefax (06431) 91 79-20

Zentrale:

Steinbeis GmbH & Co. für Technologietransfer
Haus der Wirtschaft
Willi-Bleicher-Straße 19
70174 Stuttgart

Ein Unternehmen der Steinbeis-Stiftung
Vorstandsvorsitzender Prof. Dr. Johann Löhn

Telefon (0711) 1 83 95
Telefax (0711) 2 26 10 76
e-mail stw@stw.de
www.stw.de

# Neues Wohnen – Stadtentwicklung in Blumenrod

In der Sprache der Stadt- und Regionalplaner ist Limburg - gemeinsam mit Diez - Mittelzentrum mit Teilfunktion eines Oberzentrums. Dies bedeutet, daß die Stadt mit ihrem mittelstädtischen Charakter Standort ist für zahlreiche Einrichtungen im wirtschaftlichen, kulturellen, sozialen und politischen Bereich sowie für private Dienstleistungen.

Limburg ist ein regionales Handels- und Dienstleistungszentrum mit einem Einzugsbereich von ca. 300.000 Einwohnern.

Aufgrund der regionalen Bedeutung der Stadt nimmt sie in Teilbereichen sogar Versorgungsaufgaben für den spezialisierten höheren Bedarf wahr, die noch über diesen Einzugsbereich hinausgehen, so daß von einem teilfunktionalen Oberzentrum gesprochen werden kann.

Mit dem neuen ICE-Anschluß Limburg wird sich die ausgesprochen große Bedeutung für die Region in Bezug auf Infrastrukturausstattung, Arbeitsmarkt, Kultur- und Dienstleistungszentrum weiter verstärken.

**Annelie Bopp-Simon**

Die Autorin, Dipl.-Ing. Städtebauarchitektin, wurde 1956 geboren und hat das Studium der Stadt- und Regionalplanung an der Technischen Universität Berlin 1981 mit der Diplomprüfung abgeschlossen. Studienbegleitend war sie als Tutorin im Fachgebiet Denkmalpflege tätig.
Nach dem Studium ais freie Mitarbeiterin beim Deutschen Institut für Urbanistik und bei SenBauWohnen Berlin sowie in einem Planungsbüro in den Bereichen Regionalplanung und -entwicklung, Verkehrsberuhigung und Stadterneuerung.
Seit 1989 beim Magistrat der Stadt Limburg, Stadtplanungsamt. Dort seit 1995 Leiterin der Stabsstelle für Stadtentwicklung und Bauleitplanung.
Annelie Bopp-Simon ist Mitglied der Architektenkammer Hessen und der Vereinigung der Stadt-, Regional- und Landesplaner (SRL).

Bebauungskonzept „Wohnhof"
– Isometrie –

Staabsstelle für Stadtentwicklung und Bauleitplanung 1/99

Aufgrund der prognostizierten Entwicklungsperspektiven – hier sei zum Beispiel der Anschluß an das internationale Hochgeschwindigkeitsnetz mit dem ICE-Bahnhof Limburg-Süd genannt – wird die Einwohnerzahl von derzeit 33.438 (Stand: 30.06.1998) bis zum Jahre 2010 auf 37.000 Einwohner ansteigen.

Hierbei wird es sich überwiegend um Zuwanderungsgewinne handeln, da die Stadt über eine hohe Attraktivität verfügt. Insbesondere fin-

| Städtebauliche Orientierungswerte - Gesamtkonzept - | |
|---|---|
| Bruttobauland | 49,0 ha |
| Nettobauland | 31,6 ha |
| Anteil der öffentlichen Grünflächen | 25 % |
| Wohneinheiten | ca. 1,030 |
| Einwohner | ca. 2.550 |
| Arbeitsplätze | ca. 90 |
| Infrastruktureinrichtungen | Ladenzentrum, Altengerechtes Wohnen, kindertagesstätten, Grundschule, Friedhof, Jugend-/Gemeindezentrum |
| geplante Bauabschnitte | 3 |
| vorläufige Gesamtkosten (Erschließung) | ca. 29,5 Mio. |

den Berufspendler gute Verkehrsverbindungen zu ihren Arbeitsplätzen im Rhein-Main-Gebiet vor und können dabei, umgeben von intakter Erholungslandschaft, relativ preiswert in Limburg und Umgebung wohnen.

Durch den Erwerb der ca. 100 ha großen ehemaligen Hessischen Staatsdomäne Blumenrod hat die Stadt Limburg die Voraussetzungen geschaffen, im Süden der Kernstadt langfristig und nachhaltig durch Ausweisung von Wohnbauflächen die räumliche Entwicklung zu steuern.

Nach den Vorgaben des Regionalen Raumordnungsplanes Mittelhessen 1996 können ca. 40 ha dieses stadteigenen Geländes als Wohngebiet ausgewiesen werden.

Gerade weil aber auch in Limburg die Zeiten des Wohnungsbaubooms (vorerst) vorbei sind, wird wieder mehr Wert gelegt auf Konzepte, die zu besseren Qualitäten im Wohnungs- und Städtebau sowie zu guter Architektur führen und die ökonomische, ökologische und soziale Anforderungen gleichermaßen einbeziehen.

Hierbei kommt der Wohngebietsentwicklung in Blumenrod im Hinblick auf die Gestaltung unseres Lebensraumes und die Baukultur eine zentrale Bedeutung zu, ohne daß jedoch die Entwicklungsmöglichkeiten in den Stadtteilen für den Eigenbedarf der dort lebenden Menschen vernachlässigt werden.

Die bereits bebauten Bereiche des Stadtteiles Blumenrod waren das Ergebnis eines Gutachterwettbewerbes aus den 60er Jahren und wurden in drei Bauabschnitten erschlossen und entwickelt. Auch damals konnte die Stadt über die Fläche verfügen, indem sie das bundeseigene Gelände des ehemaligen Feldflugplatzes Lirter mit einer Gesamtgröße von 25 ha erwarb.

Blumenrod ist heute ein beliebtes Wohnviertel, innenstadtnah gelegen und trotzdem im Übergang zur freien Landschaft.

Zum neuen Siedlungsschwerpunkt wurden in den vergangenen Jahren verschiedentliche Überlegungen angestellt, wie dieser Bereich sinnvoll zu beplanen und zu nutzen sei.

Nicht zuletzt geprägt durch negative Erfahrungen mit isolierten Bebauungsplanungen in anderen Stadtteilen, erkannte man hier die Bedeutung der Stadtteilentwicklung Blumenrod für die Gesamtstadt, und es wurde 1997 ein integriertes Konzept der stadträumlichen Entwicklung (Stadtteilentwicklungskonzept Blumenrod) erarbeitet.

Die Analyse des Ist-Zustandes und das Formulieren von Leitbildern und Planungszielen waren Themen von mehreren Workshops, an denen eine Gruppe von Bürgern, Fachleute aus der Verwaltung, Kommunalpolitiker und Planer teilnahmen. Das Ergebnis wurde im Sommer 1997 von der Stadtverordnetenversammlung verabschiedet, so daß das Konzept für die Gestaltung des neuen Lebensraumes für bis zu 2.650 Menschen von einer breiten Mitwirkung verschiedener Bevölkerungsgruppen geprägt ist.

Die Möglichkeit, großflächig ein Areal zu überplanen, das vollständig im Eigentum der Kommune ist, stellt zweifellos einen Glücksfall dar. Durch die enge Verzahnung von Bau- und Freiraumplanung konnte somit eine Großzügigkeit erreicht werden, die ansonsten auf vielfältige Probleme und Widerstände gestoßen wäre.

## Blumenrod, I. Bauabschnitt Städtebauliche Erläuterungen zum Bebauungsplan

Ein erster Bauabsschnitt, der aufgrund der nummerischen Fortführung der bereits in den siebziger Jahren fertiggestellten drei Bauabschnitte etwas mißverständlich IV. Bauabschnitt genannt wird, wird im Jahre 1999 begonnen.

Der Bebauungsplan „Blumenrod, IV. Bauabschnitt" verfolgt das Ziel, den aktuell vorhandenen und mittelfristig zu erwartenden Bedarf an eigengenutztem Wohnraum, insbesondere für junge Familien aus dem Raum Limburg zu decken. Hierbei liegt der Schwerpunkt nachfrageorientiert bei freistehenden Ein- und Zweifamilienhäusern, während Geschoßwohnungsbau bzw. Reihenhäuser optional realisiert werden können.

Das städtebauliche Konzept basiert auf einem Grundgerüst, das mit einer differenzierten Bebauung, die mit den Straßen, Wegen und Plätzen korrespondiert, Identität und Orientierung vermitteln soll.

Durch die Einbeziehung landschaftlicher Elemente in die Bebauung sowie die Ausweisung von Flächen für die Versorgung mit den Gütern des täglichen Bedarfes und von Flächen für wohnungsnahe Infrastruktureinrichtungen werden die Grundbedürfnisse des Menschen an sein Wohnumfeld in harmonischer Weise zusammengefügt.

Zeichnerische und textliche Festsetzungen
Nachrichtliche Übernahmen
Fl.14
0.1 Flurnummer z. B. Flur 14
76/5
0.2 Flurstücksnummer z. B. Flurstück 76/5
0.3 Flurstücksgrenze vorhanden
0.4 Böschung vorhanden
0.5 Gebäude vorhanden
Planungsrechtliche Festsetzungen
1. Geltungsbereich (§ 9 Abs. 7 BauGB)
2. Art der baulichen Nutzung (§ 9 Abs. 1 Nr. 1 BauGB und §§ 1-15 BauNVO)
A
2.1 Bezeichnung der Planbereiche mit unterschiedlichen Arten oder Maße der baulichen Nutzung
2.1.1 Abgrenzung von Planbereichen mit unterschiedlichen Arten und Maße der baulichen Nutzung
WA
2.2 Allgemeines Wohngebiet (§ 4 BauNVO)
2.2.1 In den allgemeinen Wohngebieten sind Gartenbaubetriebe und Tankstellen nach § 4 Abs. 3 nicht zulässig. (§ 1 Abs. 5 und 6 BauNVO)
MI
2.3 Mischgebiete (§ 6 BauNVO)
2.3.1 In den Mischgebieten sind Gartenbaubetriebe, Tankstellen sowie Vergnügungsstätten im Sinne des § 6 Abs. 2 Nr. 8 BauNVO nicht zulässig. (§ 1 Abs. 5 und 6 BauNVO)
3. Maß der baulichen Nutzung (§ 9 Abs. 1 Nr. 1 BauGB und §§ 1, 16,17,19 - 21a BauNVO)
0,4
3.1 Grundflächenzahl (§ 19 BauNVO) z.B GRZ 0,4
0,8
3.2 Geschoßflächenzahl (§ 20 BauNVO) z.B. GFZ 0,8
II
3.3 Zahl der Vollgeschosse als Höchstmaß § 16 Abs. 2 Nr. 3 BauNVO) z.B. II
4. Bauweise (§ 9 Abs. 1 Nr. 2 BauGB und § 22 BauNVO)
o.
4.1 Offene Bauweise (§ 22 Abs. 1 BauNVO)
E
4.1.1 Nur Einzelhäuser zulässig
H
4.1.2 Nur Hausgruppen zulässig
ED
4.1.3 Nur Einzelhäuser oder Doppelhäuser zulässig
EH
4.1.4 Nur Einzelhäuser oder Hausgruppen zulässig
g.
4.2 Geschlossene Bauweise (§ 22 Abs. 3 BauNVO)
ANZAHL WE
2 WE
4.3 Anzahl der Wohneinheiten (§ 9 Abs. 1 Nr. 6 BauGB) Planbereiche, in denen maximal 2 Wohneinheiten pro Gebäudeeinheit zulässig sind.
5. Überbaubare Grundstücksflächen, Stellung der baulichen Anlagen (§ 9 Abs. 2 BauGB und § 23 BauNVO)
5.1 Baulinie (§ 23 Abs. 2 BauNVO)
5.2 Baugrenze (§ 23 Abs. 3 BauNVO)
5.3 Stellung der baulichen Anlagen (§ 9 Abs. 1 Nr. 2 BauGB)
5.3.1 Firstrichtung des Hauptbaukörpers entsprechend Pfeilrichtung
5.3.2 Firstrichtung des Hauptbaukörpers wahlweise
5.3.3 Abgrenzung von Flächen mit unterschiedlichen Firstrichtungen der Hauptbaukörper
5.3.4 Geplante Grundstücksgrenzen
6. Höhenlage der baulichen Anlagen (§ 9 Abs. 2 BauGB und § 18 BauNVO)
OK DACHHAUT
DREMPELHÖHE
OKRF DG
6.1 Maximal zulässige Drempelhöhe
Die maximal zulässige Drempelhöhe beträgt 1,00 m.
Die Drempelhöhe wird wie folgt gemessen:
Oberkante Rohfußboden Dachgeschoß (OKRF) bis Schnittpunkt Oberkante Dachhaut mit Außenkante Außenwand.
FIRSTHÖHE
11,00m
6.2 Maximal zulässige Firsthöhe Z.B. 11,00 m
OBERKANTE FERTIGE DACHHAUT
FIRSTHÖHE
OKVG
Die Firsthöhe wird wie folgt gemessen:
Oberkante vorhandenes Gelände (OKVG) bis Oberkante fertige Dachhaut (OKFD).
Das zulässige Maß der Firsthöhe bezieht sich auf die mittlere natürliche Geländehöhe. Als Bezugspunkt sind hierbei die eingemessenen Grundstückseckpunkte heranzuziehen.
7. Flächen für Stellplätze, Garagen und Nebenalagen (§ 9 Abs. 1 Nr. 4 BauGB sowie § 12 und 14 BauNVO)
7.1 Tiefgaragen, die vollständig unter der Geländeoberfläche hergestellt werden, sind auch außerhalb der überbaubaren Grundstücksflächen zulässig.
7.2 Die Errichtung von oberirdischen Garagen und Carports ist allgemein nur in den überbaubaren Flächen zulässig.
7.3 Flächen für Garagen oder Carports
Auf Baugrundstücken, auf denen spezielle Flächen für Garagen oder Carports ausgewiesen sind, ist deren Errichtung innerhalb der gekennzeichneten Flächen zwingend.
8. Einrichtungen und Anlagen zur Versorgung mit Gütern und Dienstleistungen des öffentlichen und privaten Bereichs, Flächen für den Gemeinbedarf (§ 9 Abs. 1 Nr. 5 BauGB)
8.1 Flächen für den Gemeinbedarf
8.1.1 Zweckbestimmung: Kindertagesstätte
8.1.2 Zweckbestimmung: Kulturellen Zwecken dienende Einrichtung
9. Verkehrsflächen (§ 9 Abs. 1 Nr. 4 und Nr. 11 BauGB)
9.1 Begrenzungslinie von Verkehrsflächen
9.2 Straßenverkehrsfläche
9.3 Straßenverkehrsfläche besonderer Zweckbestimmung
9.3.1 Zeckbestimmung: Mischverkehrsfläche
P
9.3.2 Zweckbestimmung: Öffentlicher Parkplatz
9.3.3 Fuß- und Radweg
PLATZ
9.3.4 Öffentlicher Platz
Nutzungsschablonen
M 1
M 2
M 3
M 6-7
W 1-4
W 5
W 10
W 11,16,18
W 12-13
W 15
W 17
GB1
ZEPPELINSTRASSE (K 474)
PLANSTRASSE A
PLANSTRASSE B
PLANSTRASSE C
PLANSTRASSE E
REGEN-RÜCKHALTE-BECKEN
BOLZPLATZ
KINDER-TAGES-STÄTTE
TRAFO
BHKW
BUS
PLATZ
Fl.14
Fl.62
M1
M2
M3
M4
M5
M6
M7
GB1
GB2
W1
W2
W3
W4
W5
W6
W7
W8
W9
W10
W11
W12
W13
W14
W15
W16
W17
W18
0 10 20 30 40 50 60 70 80 90 100 m
Allgemeine Hinweise
Denkmalschutz
Werden bei Erdarbeiten Bodendenkmäler wie Mauern, Steinsetzungen, Bodenverfärbungen oder Fundgegenstände (z.B. Scherben, Steingeräte, Skelettreste) entdeckt, ist unverzüglich die Dienststelle des
Landesamtes für Denkmalpflege, Wiesbaden, Schloß Biebrich,
zu benachrichtigen (Anzeigepflicht gemäß § 20 HDSchG). Funde und Fundstelle sind in unverändertem Zustand zu erhalten und in geeigneter Weise bis zu einer Entscheidung zu schützen (§ 20 (3) HDSchG).

9.3.5 Zweckbestimmung:
Bushaltestelle

9.3.6 Zweckbestimmung:
Privater Parkplatz mit Nutzungsrechten für die Gemeinbedarfseinrichtung des Domänengebäudes "Blumenrod"

9.4 Ein- bzw Ausfahrten und Anschluß anderer Verkehrsflächen

9.4.1 Zulässige Ein- und Ausfahrten von der Südseite der Zeppelinstraße

9.4.2 Bereiche in denen Ein- und Ausfahrten nicht zulässig sind

**10. Grünflächen (§ 9 Abs. 1 Nr. 15 BauGB)**

10.1 Öffentliche Grünfläche

10.1.1 Öffentliche Grünfläche
Zweckbestimmung: Parkanlage

10.1.2 Öffentliche Grünfläche
Zweckbestimmung: Spielplatz

10.1.3 Öffentliche Grünfläche
Zweckbestimmung: Bolzplatz

**11. Planungen, Nutzungsregelungen, Maßnahmen und Flächen für Maßnahmen zum Schutz, zur Pflege und zur Entwicklung der Landschaft (§ 9 Abs. 1 Nr. 20 und 25 und Abs. 6 BauGB)**

**11.1 Allgemeine Festsetzungen.**

11.1.1 Anpflanzen von standortgerechten Einzelbäumen

Abweichungen von geplanten Standorten festgesetzter Bäume, Gehölz- oder Strauchgruppen innerhalb von 5,0 m sind zulässig.

11.1.2 Erhaltung von Einzelbäumen
Abgängige Bäume sind gleichwertig zu ersetzen.

11.1.3 Erhaltung von Gehölz- oder Strauchgruppen
Abgängige Gehölz- oder Strauchgruppen sind gleichwertig zu ersetzen.

**11.2 Besondere Festsetzungen**

11.2.1 Stadtteilpark

Für die Verteilung der Biotop- und Nutzungstypen im Stadtteilpark sind folgende Prozentsätze vorgeschrieben:

| | |
|---|---|
| Regenrückhaltebecken und gestalteter Großbach | 30 % |
| Gehölze | 15 % |
| Brachen | 10 % |
| Wildwiesen | 15 % |
| Rasen | 15 % |
| Bolzplatz, Spielplätze, Wege | 15 % |

Die Pflanzfestsetzungen für den Stadtteilpark gemäß Pflanzliste 1 und 2 sind bindend. Die zusätzliche Verwendung nicht heimischer Gehölze ist bis zu einem Mengenanteil von maximal 10% zulässig.

11.2.1.1 Umgrenzung von Flächen für Maßnahmen zum Schutz, zur Pflege und zur Entwicklung von Natur und Landschaft (§ 9 Abs. 1 Nr. 20 BauGB)

- Regenrückhaltebecken
Die Gestaltung der Regenrückhaltebecken hat in landschaftsgerechter Form zu erfolgen.

- Großbach
Die Gestaltung und Bepflanzung der Groß-Bachufer ist naturnah auszuführen.

- Brachen
Die Flächen sind in Anteilen alternierend alle fünf Jahre auf Wiesenniveau zurückzuschneiden oder zu mähen, wobei einzelne Gehölze stehenbleiben dürfen.

- Wildwiesen
Die Flächen sind durch eine jahreszeitlich späte, alternativ durch eine zweimal jährliche Mahd ( die erste Mahd jedoch nicht vor dem 15. Juni) zu pflegen. Düngung ist nicht zulässig.

- Rasenflächen
Rasenflächen sind aus strapazierfähigen Saatmischungen herzustellen und entsprechend zu pflegen.

- Bolzplatz, Spielplatz, öffentliche Wege
Befestigungen sind wasserdurchlässig Auszuführen.

Zulässig sind:
Wassergebundene Decke,
Rasenpflastersteine

Ausnahmsweise zulässig sind vollversiegelte Wege mit seitlichen Versickerungsmöglichkeiten.

Pflanzliste 1
Für die öffentliche Grünfläche, Zweckbestimmung Parkanlage, hier Gehölze für den Grünbereich Großbach und die Regenrückhaltebecken:

Bäume:

| | |
|---|---|
| Schwarzerle | Alnus glutinosa |
| Esche | Fraxinus excelsior |
| Bruchweide | Salix fragilis (Leitart Großbach) |

Sträucher:

| | |
|---|---|
| Hasel | Corylus avellana |
| Pfaffenhütchen | Euonymus europaeus |
| Liguster | Ligustrum vulgare |
| Heckenkirsche | Lonicera xylosteum |
| Traubenkirsche | Prunus padus |
| Faulbaum | Rhamnus frangula |
| Grauweide | Salix cinerea |
| Mandelweide | Salix triandra |
| Korbweide | Salix viminalis |
| Gewöhnl. Schneeball | Viburnum opulus |

Pflanzliste 2
Für die öffentliche Grünfläche, Zweckbestimmung Parkanlage, hier Gehölze für die Bereiche, die nicht unmittelbar an Gewässern liegen:

Bäume:

| | |
|---|---|
| Feldahorn | Acer campestre |
| Spitzahorn | Acer platanoides |
| Bergahorn | Acer pseudoplatanus |
| Gemeine Esche | Fraxinus excelsior (Leitart Stadtteilpark in Nord/Süd Richtung) |
| Stieleiche | Quercus robur (Leitart Stadtteilpark in Ost/West Richtung) |
| Winterlinde | Tilia cordata |

Sträucher:

| | |
|---|---|
| Kornelkirsche | Cornus mas |
| Roter Hartriegel | Cornus sanguinea |
| Hasel | Corylus avellana |
| Weißdorn | Crataegus monogyna |
| Liguster | Ligustrum vulgare |
| Heckenkirsche | Lonicera xylosteum |
| Hundsrose | Rosa canina |
| Kätzchenweide | Salix caprea |
| Wolliger Schneeball | Viburnum lantana |

In der Umgebung von Spielplätzen sind wegen ihrer Giftigkeit u. a. folgende Gehölze unzulässig:

| | |
|---|---|
| Pfaffenhütchen | Euonymus europaeus |
| Liguster | Ligustrum vulgare |
| Heckenkirsche | Lonicera xylosteum |
| Faulbaum | Rhamnus frangula |
| Schneeball | Viburnum div. spec. |

11.2.2 Privater und öffentlicher besiedelter Bereich

Leitarten, vorgeschriebene Arten und Empfehlungen:

- Straßen:
Pro Straße ist ein Leitbaum aus folgender Pflanzliste zu verwenden:

| | |
|---|---|
| Spitzahorn | Acer platanoides |
| Baumhasel | Corylus columa |
| Schwedische Elsbeere | Sorbus intermedia |
| Weißdornsorte | Crataegus spec. |
| Winterlinde "Greenspire" | Tilia cordata "G." |

- Fußwege innerhalb der Siedlung

Als Empfehlung:
Obstbäume

- Hofbäume

Als Empfehlung:

| | |
|---|---|
| Baumhasel | Corylus columa |
| Birne | Pirus spec. |
| Platane | Platanus x acerifolia |
| Ginkgo | Ginkgo biloba |
| Schwedische Elsbeere | Sorbus intermedia |
| Herkömmliche Obsthochstämme | |

- Gärten:

Pro angefangene 300 m² Baugrundstück ist ein standortgerechter Laubbaum zu Pflanzen.

11.3 Zuordnungsfestsetzung Ausgleich

Die Eingriffe für Verkehrsflächen und für Versiegelung bebaubarer Flächen nach GRZ werden im Verhältnis 50 : 50 der Summe der Herstellungskosten des Stadtteilparkes (100) zugeordnet.

**12. Wasserflächen und Flächen für die Wasserwirtschaft, den Hochwasserschutz und die Regelungen des Wasserabflusses (§ 9 Abs. 1 Nr. 16 und Abs. 6 BauGB)**

12.1 Wasserflächen
Freilegung und Renaturierung des Großbaches, dargestellter Bachlauf nicht bindend

12.2 Umgrenzung von Flächen für die Wasserwirtschaft, den Hochwasserschutz und die Regelungen des Wasserabflusses Anlage von naturnahen Regenrückhaltebecken, dargestellte Flächen nicht bindend.

12.3 Sammelgräben für Niederschlagswasser

**13. Flächen für Versorgungsanlagen, für die Abfallentsorgung und Abwasserbeseitigung sowie für Ablagerungen (§ 9 Abs. 1 Nr. 12 und Nr. 14 BauGB)**

13.1 Zweckbestimmung:
Elektrizität (Transformatorenstation)

13.2 Zweckbestimmung:
Blockheizkraftwerk

**14. Regelungen für die Stadterhaltung und für den Denkmalschutz (§ 9 Abs. 6 und § 172 Abs. 1 BauGB)**

14.1 Einzelanlagen, die dem Denkmalschutz unterliegen (§ 9 Abs. 6 BauGB)

**15. Abzubrechende Gebäude**

## Bauordnungsrechtliche Festsetzungen

**1. Besondere Vorschriften über die äußere Gestaltung baulicher Anlagen (§ 9 Abs. 4 BauGB und § 87 Abs. 1 Nr. 1 HBO)**

1.1 Allgemeine Gestaltungsregelungen

Zusammenhängende Reihenhausanlagen und Doppelhäuser sowie die Gebäude innerhalb der Wohnhöfe der Baubereiche W1 - W4, W6 - W9 und W17 sollen jeweils hinsichtlich der

Traufwandhöhe, Firsthöhe, Dachneigung, Dachüberstände an Traufe und Ortgang, Material- und Farbgebung der Dacheindeckung, Material- und Farbgebung der Fassadenoberfläche sowie der Material- und Farbgebung der Fenster, Türen und Tore

einheitlich gestaltet werden.

1.2 Dachgestaltung

1.2.1 Dachformen

Allgemein zulässig sind folgende Dachformen:

- Satteldach
- Walmdach
- Pultdach

Im Planbereich M 1 sind ausnahmsweise auch Flachdächer zulässig.

1.2.2 Dachneigung

Die zulässige Dachneigung der Hauptbaukörper beträgt:

| Planbereich | Dachneigung |
|---|---|
| M1 | 0° - 20° |
| M6, M7, GB2 M2, M4, M5, | 35° - 45° |
| W 10 - W13 M3, W1 - W9, | 25° - 35° |
| W14 - W18 | 35° - 45° |

Bei untergeordneten Baukörpern wie Garagen, Gebäudeanbauten, etc. sind auch andere Dachneigungen oder Flachdächer zulässig.

1.2.3 Dachaufbauten

Dachaufbauten (Gauben und Zwerchhäuser) dürfen in der Summe ihrer Breiten eine Länge von 1/2 der zugehörigen Trauflänge der Fassade nicht überschreiten.

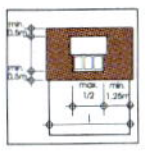

Dachgauben

Dachgauben dürfen in ihrer Breite eine Länge von 1/2 der zugehörigen Trauflänge der Fassade nicht überschreiten.

Sie müssen, gemessen in der Vertikalen, einen Abstand von mind. 0,5 m zur Vorderkante der zugehörigen Traufe (gemessen am Schnittpunkt OK Dachhaut mit der Außenkante Gebäudewand) einhalten.

Der First von Dachgauben muß, in der Vertikalen gemessen, einen Abstand von mind. 0,5 m zum Hauptfirst des Daches einhalten.

Der seitliche Abstand der Dachgauben von den Giebelseiten des Gebäudes muß mind. 1,25 m betragen.

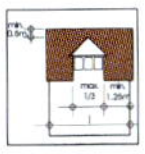

Zwerchhäuser

Zwerchhäuser dürfen in ihrer Breite eine Länge von 1/3 der zugehörigen Trauflänge der Fassade nicht überschreiten.

Der First von Dachgauben muß, in der Vertikalen gemessen, einen Abstand von mind. 0,5 m zum Hauptfirst des Daches einhalten.

Der seitliche Abstand der Zwerchhäuser von den Giebelseiten des Gebäudes muß mind. 1,25 m betragen.

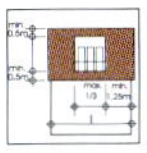

1.2.4 Dacheinschnitte

Dacheinschnitte zur Anlage von Loggien und Dachterrassen dürfen in der Summe ihrer Breiten eine Länge von 1/3 der zugehörigen Trauflänge der Fassade nicht überschreiten.

Sie müssen, gemessen in der Vertikalen, einen Abstand von mind. 0,5 m zur Vorderkante der zugehörigen Gebäudeaußenwand und einen Abstand von mind. 0,5 m zum Hauptfirst des Daches einhalten.

Der seitliche Abstand der Dacheinschnitte von den Giebelseiten des Gebäudes muß mind. 1,25 m betragen.

1.2.5 Dacheindeckung

Flachdächer und Dächer bis 7° Dachneigung sind mit Ausnahme von Flächen für Terrassen zu begrünen.

Flachdächer von Tiefgaragen sind mit Ausnahme von Flächen für Stellplätze und deren Zufahrten zu begrünen.

Dacheindeckungen dürfen nur aus Materialien mit nichtglänzenden (nichtengobierten) Oberflächen hergestellt werden. Die Dacheindeckung ist in folgenden Farbtönen auszuführen:

| Planbereich | Farbe |
|---|---|
| W1,- W4 | Graubraun gemäß RAL 8028 |
| W6 - W9, W 17 | Dunkelgrau gemäß RAL 7024 |
| M1 - M7, W5, W10 - W16, W 18 | Dunkelgrau gemäß RAL 7024 oder Graubraun gemäß RAL 8028 oder Schwarz gemäß RAL 7022 |

1.3 Fassaden

1.3.1 Fassadenoberflächen

In den Planbereichen W1 - W4, W6 - W9 und W17 sind Fassadenoberlächen aus Putz herzustellen.

1.3.2 Fassadenfarben

Die Fassadenoberfläche ist in folgenden Farbtönen auszuführen:

| Planbereich | Farbe |
|---|---|
| W1,- W4 | Weiss - Hellbeige gemäß RAL 9001, RAL 9002, RAL 1013, RAL 1014, RAL 1015 Gelb gemäß RAL 1018 Hellocker gemäß RAL 1012 |
| W6 - W9, W 17 | Weiss gemäß RAL 9001, Hellgrau gemäß RAL 9002, RAL 7035, RAL 7038 Grau gemäß RAL 7040 Blau - Taubenblau gemäß RAL 5023, RAL 5024, RAL 5014 |
| M1 - M7, W5, W10 - W16, W 18 | keine Vorgaben |

**2. Besondere Vorschriften über die gärtnerische Gestaltung der Grundstücksfreiflächen (§ 87 Abs. 1 Nr. 3, 4 und 5 HBO)**

2.1 Befestigte Flächen

Stellplätze, Terrassen, Grundstückszufahrten und -zuwege dürfen nur in der erforderlichen Breite befestigt werden. Zur Befestigung sind nur Materialien in wasserdurchlässiger Form (z. B. wassergebundene Decken, Rasengittersteine, Rasenfugensteine) zulässig.
Ausnahmsweise sind vollversiegelte Flächen mit seitlichen Versickerungsmöglichkeiten zulässig.

Die übrigen Grundstücksfreiflächen sind gärtnerisch anzulegen und zu unterhalten.

2.2 Einfriedungen

Allgemein sind in den Planbieten entlang der Grenzen zu den öffentlichen Verkehrsflächen folgende Einfriedungen einzeln und in Kombination bis zu einer Höhe von 1,50 m zulässig:

a) lebende Hecken
b) Holzzäune mit vertikaler Gliederung (z. B. Holz- zäune als Staketenzaun)
c) Drahtzäune in Verbindung mit Heckenpflanzungen oder Rankpflanzen
d) Mauern aus Naturstein bzw. verputztem Beton oder verputztem Mauerwerk bis 0,60 m Höhe
e) Mauerpfeiler von nicht mehr als 0,60 m Breite und bis zu 1,50 m Höhe
f) Metallzäune mit vertikaler Gliederung

In den Planbereichen W1 - W4, W6 - W9 und W17 sind entlang der öffentlichen Plätze und entlang deren Zufahrtswege nur folgende Einfriedungen zulässig:

a) lebende Hecken bis zu einer Höhe von 1,00 m
b) Drahtzäune in Verbindung mit lebenden Hecken bis zu einer Höhe von 1,00 m.

Entlang der Grenzen benachbarter Baugrundstücke sind lebende Hecken sowie Zäune bis 1,50 m Höhe in Kombination mit Hecken oder sonstigen Strauchpflanzungen allgemein zulässig.

Entlang der Grenzen öffentlicher Grünflächen sind nur folgende Einfriedungen zulässig:

a) lebende Hecken bis zu einer Höhe von 1,50 m
b) Drahtzäune in Verbindung mit lebenden Hecken bis zu einer Höhe von 1,50 m.

Sichtschutzwände als Teil einer Gebäudeaußenwand dürfen die Baugrenzen bis max. 2,50 m überschreiten. Die Abstände zu Nachbargrundstücken richten sich nach den Vorschriften der HBO.

2.3 Mülltonnenstandplätze

Mülltonnen sind mit einem festen Sichtschutz und zusätzlicher Bepflanzung zu umgeben.

2.4 Verwendung von Erdaushub

Erde, die nicht auf den Grundstücken eingebaut werden kann, ist auf geeigneten, von der Stadt bzw. dem Landkreis zu benennenden Flächen auszubringen bzw. zu deponieren.

**3.0 Besondere Vorschriften über die Verwendung von Heizungsarten zur rationellen Verwendung von Energie sowie über die Verwendung von Niederschlagswässern zur Entlastung von Abwasseranlagen. (§ 87 Abs. 2 Nr. 2 und 3 HBO)**

3.1 Blockheizkraftwerk

Der Anschluß an das Versorgungsnetz des geplanten Blockheizkraftwerkes ist zwingend. Andere Heizungsarten sind nicht zulässig.

3.2 Niederschlagswassernutzung

Dachflächen sind so zu gestalten, daß das anfallende Oberflächenwasser zur Verzögerung des Abflusses auf dem Grundstück in Zisternen aufgefangen und als Brauchwasser verwendet werden kann. Die Mindestgröße der Zisternen wird auf 30l/m² versiegelter Fläche festgesetzt.

Die Zisternen sind mit Überlauf an das öffentliche Trennsystem anzuschließen.

In den Fällen, in denen Dacheingrünungen das Oberflächenwasser im Abfluß verzögern, kann auf Zisternen verzichtet werden.

## Rechtsgrundlagen

Baugesetzbuch (BauGB)
in der Neufassung der Bekanntmachung vom 27. August 1997 (BGBl. I, S. 2141)

Baunutzungsverordnung (BauNVO)
Verordnung über die bauliche Nutzung der Grundstücke in der Bekanntmachung der Neufassung vom 23. Januar 1990, zuletzt geändert durch Artikel 3 des Gesetzes zur Erleichterung von Investitionen und der Ausweisung und Bereitstellung von Wohnbauland vom 22. April 1993.

Bundesnaturschutzgesetz (BNatSchG)
Gesetz über Naturschutz und Landschaftspflege in der Fassung der Bekanntmachung vom 12.03.1987, zuletzt geändert durch Artikel 6 des Gesetzes zur Änderung des Baugesetzbuches und zur Regelung des Rechts der Raumordnung (Bau- und Raumordnungsgesetz) (BGBl. I, S. 2110) vom 18. August 1997.

Hessische Bauordnung (HBO)
in der Fassung vom 19.12.1994, verkündet im GVBl. I, Seite 775 und GVBl. II, S. 361

Planzeichenverordnung (PlanzV)
Verordnung über die Ausarbeitung der Bauleitpläne und die Darstellung des Planinhaltes vom 18.12.1990.

## Verlaufsprotokoll

Ausgefertigt am: ____________

(Martin Richard)
Bürgermeister

| | |
|---|---|
| 1. Grundlage: Gesamtflächennutzungsplan genehmigt durch den RP am | 26.08.1983; Az. 34-61d 04/01 |
| 2. Aufstellungsbeschluß gem. § 2 (1) BauGB durch die Stadtverordnetenversammlung am | 22.09.1997 |
| 3. Bekanntmachung des Aufstellungsbeschlusses gem. § 2 (1) BauGB am | 20.11.1997 |
| 4. Bekanntmachung der Beteiligung der Bürger an der Bauleitplanung gem. § 3 (1) BauGB am | 20.11.1997 |
| 5. Beteiligung der Bürger an der Bauleitplanung gem. § 3 (1) BauGB vom | 24.11.1997 - 05.12.1997 |
| 6. Anhörung der Träger öffentlicher Belange gem. § 4 (1) BauGB vom | 06.07.1998 - 07.08.1998 |
| 7. Entwurfs- und Auslegungsbeschluß durch die Stadtverordnetenversammlung vom | |
| 8. Bekanntmachung der öffentlichen Auslegung gem. § 3 (2) BauGB am | |
| 9. Öffentliche Auslegung des Bebauungsplanentwurfes gem. § 3 (2) BauGB vom | |
| 10. Satzungsbeschluß gem. § 10 (1) BauGB durch die Stadtverordnetenversammlung vom | |
| 11. Ortsübliche Bekanntmachung gem. § 10 (3) BauGB am | |

## Vermerk des Katasteramtes

Es wird bescheinigt, daß die Grenzen und Bezeichnungen der Flurstücke mit dem Nachweis des Liegenschaftskatasters nach dem Stand vom ____________ übereinstimmen.

Limburg, den ____________

## Vermerk des Regierungspräsidiums

Lageplan

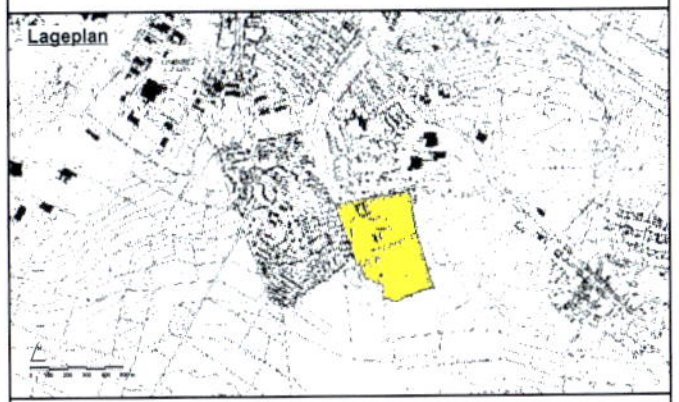

# BEBAUUNGSPLAN
MIT INTEGRIERTEM LANDSCHAFTSPLAN
# "BLUMENROD IV. BA"

**Kreisstadt Limburg a. d. Lahn**
**Der Magistrat**
Stabsstelle für Stadtentwicklungs- und Bauleitplanung

**Bebauungsplan "Blumenrod IV. BA"**

Der Kreisstadt Limburg a.d. Lahn
Limburg -

Limburg, den ____________

(Martin Richard)
Bürgermeister

Leiterin: A. Bopp-Simon
Verfahrensstand

geplant:

| ENTWURF | M. 1 : 1.000 | AZ. S 205 / 96 |
|---|---|---|
| DATUM | BEARBEITER | PLANFERTIGSTELLUNG |
| 21.10.1998 | UH | |

PLANERGRUPPE ASL
KIRSCHBAUMWEG 6
60489 FRANKFURT
TEL.: 069 / 78 88 28
FAX.: 069 / 789 62 46

## Bebauung und Nutzung

Die Bebauung ist zwei- bis maximal dreigeschossig mit maßvollen Dichten mit einer mittleren GRZ von 0,35 und einer mittleren GFZ von 0,7. Abweichend hiervon ist lediglich eine höhere Bebauung im Bereich am Quartiersplatz, dem zentralen Ort für alle Bauabschnitte. Ein- und Zweifamilienhäuser, Reihenhäuser, Einzel- und Doppelhäuser, Hausgruppen sowie Geschoßwohnungsbau geben dem Gebiet eine differenzierte räumliche und gestalterische Struktur.

Durch verbindliche Festsetzungen im Bebauungsplan hinsichtlich Dachgestaltung, Fassadengestaltung und gärtnerischer Gestaltung der Grundstücksfreiflächen wird angestrebt, bei möglichst großer Einheitlichkeit dennoch individuelle Gestaltungsfreiheiten für die Bauherren zu gewährleisten.

Wohnhöfe, in denen sich die Häuser um einen gemeinsamen Hof mit nur einer allgemeinen Zufahrt und ohne ruhestörenden Durchgangsverkehr gruppieren, bieten die besten Voraussetzungen zum nachbarschaftlichen Miteinander und Kinderspiel.

Um die Nahversorgung mit Gütern aus dem täglichen Bedarf sicherzustellen, sollen im Quartierszentrum Geschäfte, ein Café und ähnliches entstehen. Hier ist auch der richtige Standort für altengerechte Wohnformen, die älteren Menschen selbstbestimmtes Wohnen ermöglichen und zugleich die Versorgung im Notfall sichern.

Direkt an der Zeppelinstraße ist ein größerer Einkaufsmarkt vorgesehen, der den neuen Stadtteil und die umliegenden Bereiche versorgt.

Flächen für eine Kindertagesstätte und eine Nutzung der denkmalgeschützten Anlagen des Hofgutes Domäne Blumenrod für öffentliche aber auch private Zwecke sind ebenfalls vorgesehen.

## Erschließung

Das Gebiet wird von einer in Nord-Süd-Richtung verlaufenden Hauptsammelstraße mit dem städtischen Straßennetz verbunden. Das hierarchisch gegliederte Straßensystem mit Mischverkehrsflächen, Stichstraßen mit Wendehämmern und Wohnwegen wird durch ein Netz von Fuß- und

Radwegen ergänzt, die das neue Quartier mit dem Großbachpark, dem bestehenden Wohngebiet Blumenrod und der angrenzenden landwirtschaftlichen Fläche verbinden.

Mit der Vernetzung wird insbesondere auch an den nichtmotorisierten Verkehrsteilnehmer wie Fußgänger und Radfahrer gedacht. Die Straßenführung ist so angelegt, den OPNV „Stadtbus mit 2 bis 3 Haltestellen" durch das Quartier zu führen, damit kein Nutzer einen Weg von mehr als drei Minuten zur nächsten Bushaltestelle zurücklegen muß.

Da die Stadt Limburg bestrebt ist, Energieträger und Technologien einzusetzen, die die Umwelt von Schadstoffen entlasten und eine langfristige Schonung der fossilen Energieressourcen sicherstellen, wird ein Blockheizkraftwerk das gesamte Gebiet mit Nahwärme versorgen. Dazu werden sämtliche Gebäude an das Nahwärmenetz angeschlossen.

## Freiraum

Die Einbeziehung vorhandener Landschaftselemente wie z.B. Feldgehölze, die Erweiterung der vorhandenen Grünachse Großbach in südliche Richtung und die Schaffung einer Grünachse in West-Ost-Richtung bieten die Möglichkeit, Natur pur im Wohngebiet zu erleben. Landschafts- und Freiraumqualität spielten von Beginn der Bebauungsplanung an eine zentrale Rolle und vermitteln nach dem Vorbild gartenstädtischer Siedlungen Individualität und Abwechslung, hohe Gestaltungsqualität der öffentlichen und halböffentlichen Räume mit durchgängig begrünten und verkehrsberuhigter Straßen und Plätzen. Hierzu gehören auch die Hausgärten mit Vor- und Wohngärten die quartiersbezogene einheitliche und verbindende Gestaltungselemente darstellen.

Der Bachlauf des Großbaches wird durch landschaftsraumgemäß gestaltete Regenrückhaltebecken ergänzt. Die Regenwasserkanalisation des vorhandenen Trennsystems soll Oberflächenwasser der Dach- und Erschließungsflächen dorthin leiten. Über den Ablauf der Becken wird der Großbach gespeist werden.

## Zeitplan und Grundstücksvergabe

Nach der Rechtskraft des Bebauungsplanes, voraussichtlich im Mai 1999, werden die Er-

schließungsmaßnahmen wie Kanalbau, Versorgungsleitungen, Straßenbau etc. unverzüglich in Angriff genommen, so daß die ersten Grundstücke bereits in der zweiten Jahreshälfte 1999 bebaut werden können.

Der IV. Bauabschnitt Blumenrod sieht auf einer Nettobaufläche von ca. 9,6 ha neben den Flächen für die Dienstleistungseinrichtungen 89 Grundstücke für freistehende Einfamilienhäuser, 20 Doppelhaushälften und 43 Reihenhäuser vor.

Dem wohnungspolitischen Ziel, vor allem die Bildung von Wohneigentum für junge Familien, Familien mit unteren und mittleren Einkommen und kinderreichen Familien zu erleichtern, wird Rechnung getragen mit Grundstückspreisen zwischen 154 DM pro m² und 300 DM pro m² (inkl. der Erschließungsbeiträge und des Abwasserbeitrages). Die Höhe des Grundstückspreises ist abhängig von der jeweiligen Einkommenssituation des Bauherren; die Grundstücksvergabe erfolgt nach den Richtlinien über die Vergabe städtischer Wohnbaugrundstücke der Stadt Limburg.

Die Grundstücke für Reihenhäuser und für den Geschoßwohnungsbau werden an Bauträger vergeben, die ihre Wohnungsbauprojekte in Abstimmung mit der Stadt realisieren. Diese Mischung der Bebauung durch private Eigennutzer einerseits und Bauträgerprojekte andererseits eröffnet die Chance, Monostrukturen hinsichtlich Wohnformen und Wohnangebote zu vermeiden.

Unter Beachtung der städtebaulichen Prinzipien eines guten und qualitätvollen Wohnsiedlungsbaues wird die Realisierung nachfrageorientiert in Bauabschnitten erfolgen, so daß durch eine behutsame, aber auch kontinuierliche Entwicklung die Voraussetzungen geschaffen werden für des Entstehen von Nachbarschaft und intakten sozialen Strukturen. ■

**Städtebauliche Kennwerte**
**Bebauungsplan „Blumenrod, IV. Bauabschnitt"**

| | |
|---|---|
| Bruttobauland | 17,10 ha |
| Nettobauland | 9,52 ha<br>davon<br>89 Grundstücke für freistehende Einfamilienhäuser<br>20 Doppelhaushälften<br>43 Reihenhäuser bzw. Hausgruppen |
| öffentliche Grünflächen | 25 % |
| Wohneinheiten | ca. 332 |
| Einwohner | ca. 840 |
| Arbeitsplätze | ca. 90 |
| Infrastruktureinrichtungen | Einkaufsmarkt, Quartierszentrum mit kleinen Läden, Altengerechtes Wohnen, Kindertagesstätte, Gemeinde-/Jugendzentrum |
| vorläufige Gesamtkosten (Erschließung) | 8,4 Mio. |

# Mundipharma – Leistung für Arzt und Patient

*Pharmazeutischer Fortschritt aus Limburg – so läßt sich die Geschichte der Mundipharma auf einen kurzen Nenner bringen.*

Mundipharma GmbH

**Gründungsjahr:**
1967 in Frankfurt
1975 Umsiedlung nach Limburg
1985 Lagerneubau
1992 Neubau Verwaltungsgebäude

**Mitarbeiter:**
1998: 440

**Umsatz:**
1998: 174 Mio. DM

**Geschäftsfelder:**
Herstellung und Vertrieb von Arzneimitteln in den Bereichen:
- Schmerztherapie
- Antiseptik/Wundbehandlung
- Atemwegstherapie

**Anschrift:**
Mundipharma Straße 2
65549 Limburg
Telefon (06431) 701-0
Telefax (06431) 74272
e-mail: mundipharma@mundipharma.de
www.mundipharma.de

Mundipharma gehört mit einem Jahresumsatz von 174 Mio. DM zu den 40 führenden Pharmaunternehmen Deutschlands und bietet seinen mehr als 440 Mitarbeitern interessante und verantwortungsvolle Tätigkeitsfelder.

Seinen Erfolg verdankt das Unternehmen der zielstrebigen Entwicklung in den Geschäftsfeldern Schmerztherapie, Antiseptik/Wundbehandlung sowie der Atemwegstherapie.

Innerhalb dieser Indikationsgebiete hat sich Mundipharma auf die galenische Optimierung bewährter Wirkstoffe spezialisiert. So war Mundipharma das erste Unternehmen weltweit, dem es gelang, Morphin galenisch so aufzubereiten, daß es als Tablette in festgelegten Zeitintervallen verabreicht werden konnte. Damit hatte man die Möglichkeit geschaffen, die Schmerztherapie in den ambulanten Bereich zu verlagern und Morphin einem größeren Patientenkreis zugänglich zu machen.

Dieser Erfolg der Mundipharma-Forschung wurde fortgesetzt durch zahlreiche Neueinführungen, die das Angebot der bewährten Arzneimittel immer wieder ergänzen und den Ärzten neue Möglichkeiten in der Therapie bieten.

Neben qualitativ hochwertigen Medikamenten bietet Mundipharma ein breites Spektrum an Serviceleistungen, wie Fortbildungen und Informationen für Ärzte, Apotheker und Patienten.

# Zuverlässiger Partner von über 30.000 Arztpraxen und Laboren in ganz Deutschland

*Limburger Fachversand für Arzt- und Laborbedarf liefert ein 4.000 Artikel umfassendes Standardsortiment, hochwertige Geräte und Praxismöbel*

*Verwaltungs- und Lagergebäude in Limburg-Dietkirchen.*

Arztpraxen und medizinische Labore in ganz Deutschland nutzen regelmäßig den Service von *PRAXIS PARTNER*. Mehr als 30.000 Kunden erhalten ihren Bedarf – von der Einwegspritze über hochwertige Geräte und Berufsmode bis zum funktionalen Praxismöbel – von dem Limburger Unternehmen.

Seit 1984 auf dem Markt etabliert, ist *PRAXIS PARTNER* nicht nur durch die hohe Qualität seines Angebots bekannt, sondern auch durch das schnelle und zuverlässige Liefersystem. Artikel, die bis 16 Uhr bestellt werden, treffen in der Regel bereits am folgenden Tag ein, konkret trifft das für 98 Prozent der Bestellungen zu. Deshalb werden auch noch im Fax- und Internet-Zeitalter mehr als 50 Prozent der Bestellungen telefonisch aufgegeben. Von 8 bis 17 Uhr sind die Telefone in Limburg mit fachlich geschulten Beratern besetzt, aber auch bis 20 Uhr und samstags werden die Wünsche der Kunden aufgenommen, außerhalb dieser Zeit sind Faxgeräte und automatische Aufnahmetechnik geschaltet.

Zum Standardsortiment von *PRAXIS PARTNER* gehören mehr als 4.000 Artikel, die ständig im Lager zur Verfügung stehen. Hochwertige Geräte und Praxismöbel werden direkt vom Hersteller an die Kunden geliefert. Da das Limburger Unternehmen innerhalb von zehn Tagen ein Rückgaberecht garantiert, ist jede Bestellung für den Kunden ohne Risiko.

*PRAXIS PARTNER* liefert aber nicht nur den täglichen Bedarf, sondern übernimmt im starken Verbund der AMEFA-Gruppe auch die komplette Planung und Einrichtung von Praxen. Dazu gehört auch die Beratung durch Innenarchitekten, die Renovierung von Teilbereichen und die Beratung über Funktionsabläufe. Angeboten wird auch die Wartung und Reparatur von medizinischen Geräten, die Lieferung von Ersatzteilen und die Eichung von Meßinstrumenten, zur Verfügung stehen auch Leihgeräte. ■

*Die Versandabteilung von PRAXIS PARTNER.*

**PRAXIS PARTNER**
Fachversand
für Arzt- und Laborbedarf GmbH
Limburg-Dietkirchen

**Geschäftsführer:**
Ralf Dieter Helm
Dieter Heß

**Gründungsjahr:**
1984

**Mitarbeiter:**
40

**Geschäftstätigkeit:**
Versandhandel für Arzt- und Laborbedarf

**Kunden:**
bundesweit

**Anschrift:**
In den Fritzenstücker 9-11
65549 Limburg
Telefon (0 64 31) 97 80-100
Telefax (0 64 31) 97 80-120
Internet www.praxis-partner.com

# Der Masterplan: Der neue ICE-Stadtteil Limburg-Süd

Die Deutsche Bahn AG baut zur Zeit mit Hochdruck an der neuen Hochgeschwindigkeitsstrecke Köln-Frankfurt/Wiesbaden. Die einzigen neuen ICE-Haltepunkte werden Limburg und Montabaur. Diese Entscheidung ist in erster Linie strukturpolitisch begründet. Die damit verbundenen großen Entwicklungschancen für Limburg liegen in den erheblich verkürzten Reisezeiten zu den benachbarten Metropolen Frankfurt und Köln. Ab dem Jahr 2002 ist die Kölner Innenstadt nicht mehr in zwei Stunden, sondern in 40 Minuten erreichbar. Nach Frankfurt benötigt man zukünftig nicht mehr eine Stunde, sondern nur noch 20 Minuten. Durch den Bau der ICE-Neubaustrecke wird Limburg zukünftig direkt an die Räume Rhein/Main und Rhein/Ruhr angebunden. Limburg erhält somit als Entlastungsstandort für Frankfurt und als

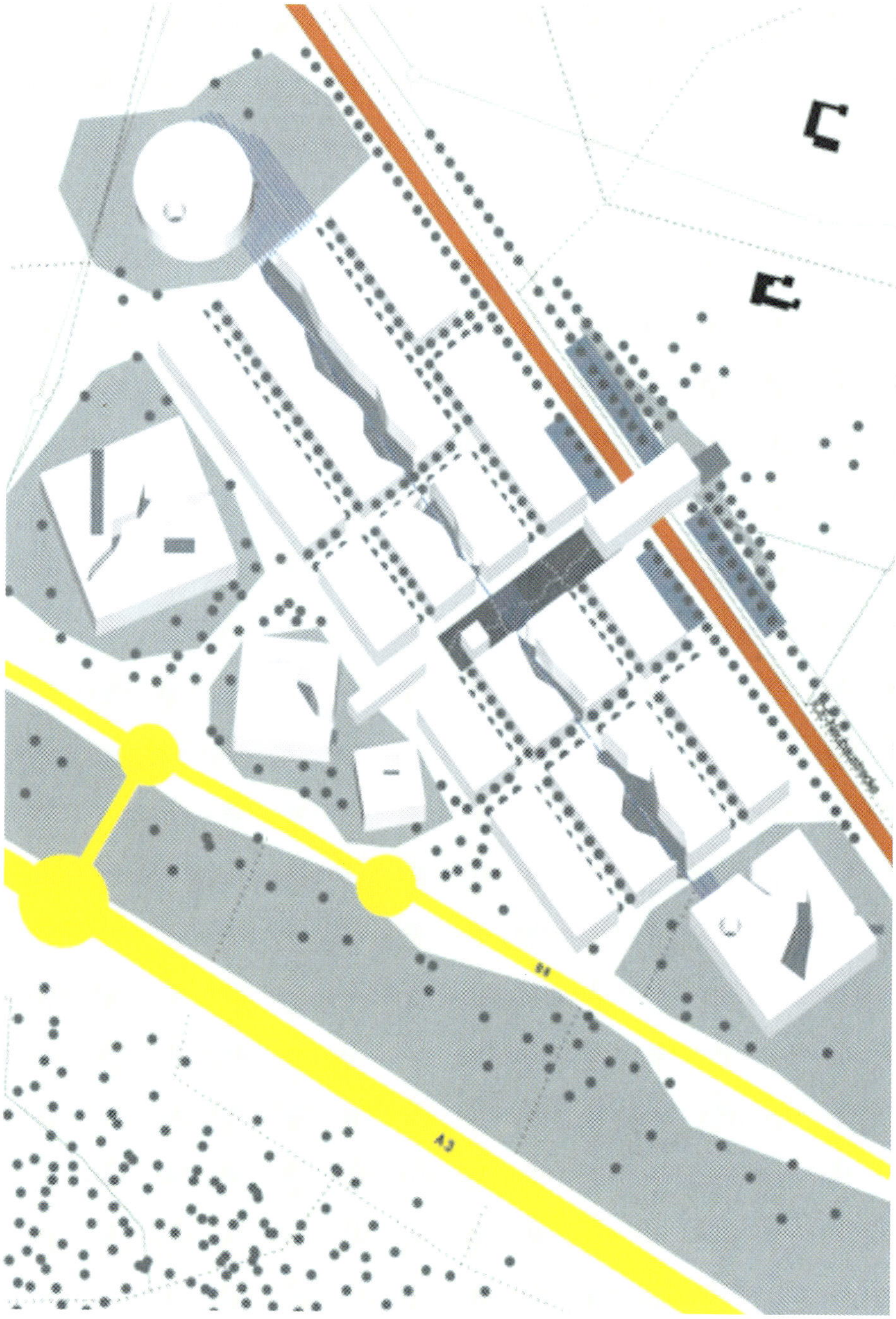


*Der Masterplan.*

**Michael Bergholter**

Der Autor (Dipl.-Ing., Stadtplaner SRL und Baudirektor a.D.) führt seit dem 01.06.1994 gemeinsam mit Frau Barbara Ettinger-Brinckmann, Dipl.-Ing. Architektin BDA, das Büro Architektur und Nutzungsplanung (ANP).
Michael Bergholter war langjähriger Leiter des Amtes für Kommunale Gesamtentwicklung und des Amtes für Stadtplanung und Stadterneuerung in Kassel.
Im Rahmen seiner Tätigkeit hat er auf allen Planungsebenen – mit Schwerpunkt in der Bauleit- und Landschaftsplanung – gearbeitet, Erfahrungen in den unterschiedlichsten öffentlich-rechtlichen Verfahren gesammelt und kennt alle relevanten Themenfelder, die eng mit dem klassischen Städtebau verbunden sind – vom Verkehr bis zum Wohnungsmarkt einschließlich der zugehörigen Wirtschaftlichkeitsfragen, Beteiligungsverfahren und der Öffentlichkeitsarbeit. Darüber hinaus hat er städtebauliche Großprojekte entwickelt und durchgeführt bzw. bei Großvorhaben von Investoren die Interessen der Stadt koordiniert und nach außen vertreten.

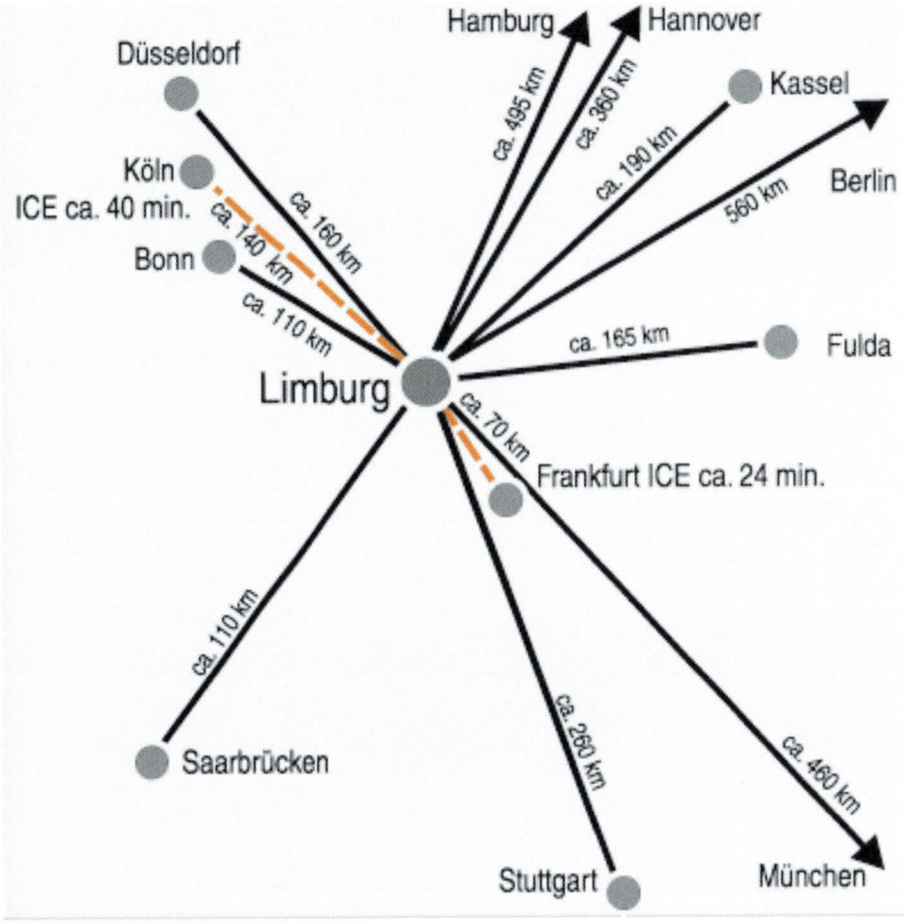


*Limburg im Raum.*

Brückenkopf nach Köln eine neue Rolle im Städtenetz. Hierdurch wird die Stadt für diese Wirtschaftszentren als Wohn- und Dienstleistungsstandort noch interessanter.

Limburg ist auf diese neue Entwicklung gut vorbereitet. Bereits heute verfügt die Stadt, in der ca. 34.000 Einwohner leben, über ein einmalig historisch geprägtes Stadtbild und eine Innenstadt, die eine große Ausstrahlung bis weit in die Region hat. Dies schlägt sich in einer sehr hohen Kaufkraftbindung und damit verbundenen Zentralitätskennziffer nieder, die zu den höchsten in der Bundesrepublik zählt.

Darüber hinaus verfügt Limburg über ein gutes Wohnungsangebot. Zur Zeit wird ein Gebiet von ca. 40 ha für eine Bebauung mit überwiegend 1- bis 2-Familienhäusern vorbereitet. Der Arbeitsmarkt ist durch geringe Arbeitslosenzahlen ebenso gekennzeichnet wie durch die Dominanz des Dienstleistungssektors. Dies begründet sich aus ihrer Rolle als Kreisstadt und Mittelzentrum mit Teilfunktionen eines Oberzentrums.

Der neue ICE-Bahnhof bietet an der Peripherie der Stadt auf einer ca. 50 ha großen Fläche, an einem hervorragend erschlossenem Standort, eine weitere Chance für eine zukunftsorientierte Siedlungsentwicklung. Die Bundesstraße 8, die Autobahn 3 Köln-Frankfurt, der ICE-Bahnhof und ein geplanter Bus-Shuttle zur historischen Altstadt und dem heutigen Bahnhof schaffen ebenso gute Entwicklungsvoraussetzungen wie die großen, weitgehend ebenen Flächen mit einer guten Fernsicht über das Lahntal.

Die Lage zur Stadt, die naturräumliche Situation und die hervorragende Erreichbarkeit haben die Stadtverordneten der Stadt Limburg bereits sehr frühzeitig dazu bewogen, die Entwicklung eines gemischt genutzten, lebendigen und dichten Stadtquartiers rund um den neuen ICE-Bahnhof, zum Schwerpunkt der Stadtentwicklung der nächsten Jahre zu machen.

Ein städtebaulicher Rahmenplan, der 1996 in einem zweitägigen Symposium auf den Prüfstand gestellt wurde, formuliert die ersten entwicklungsplanerischen Ziele. In einem ersten Praxistest ergeben die Anhörung von Experten aus der Immobilien- und Finanzwirtschaft, der Planung und Verwaltung, der Politik und den Verbänden eine grundsätzliche Bestätigung des eingeschlagenen Weges. Der anschließende

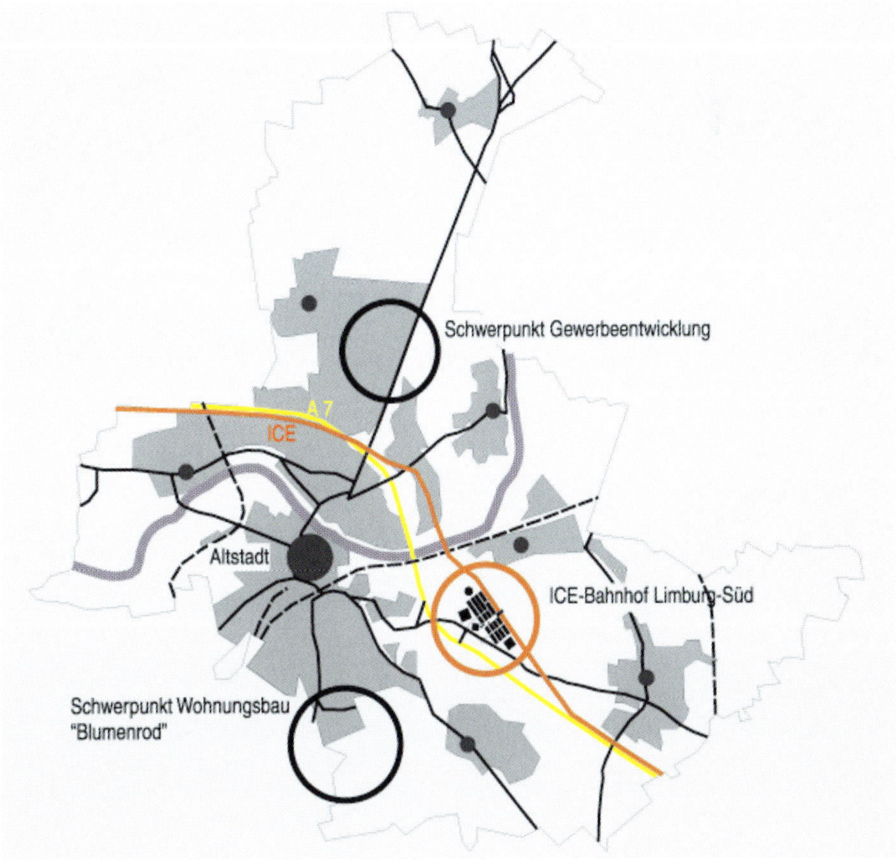


*Lage des neuen IC Bahnhofs in der Stadt.*

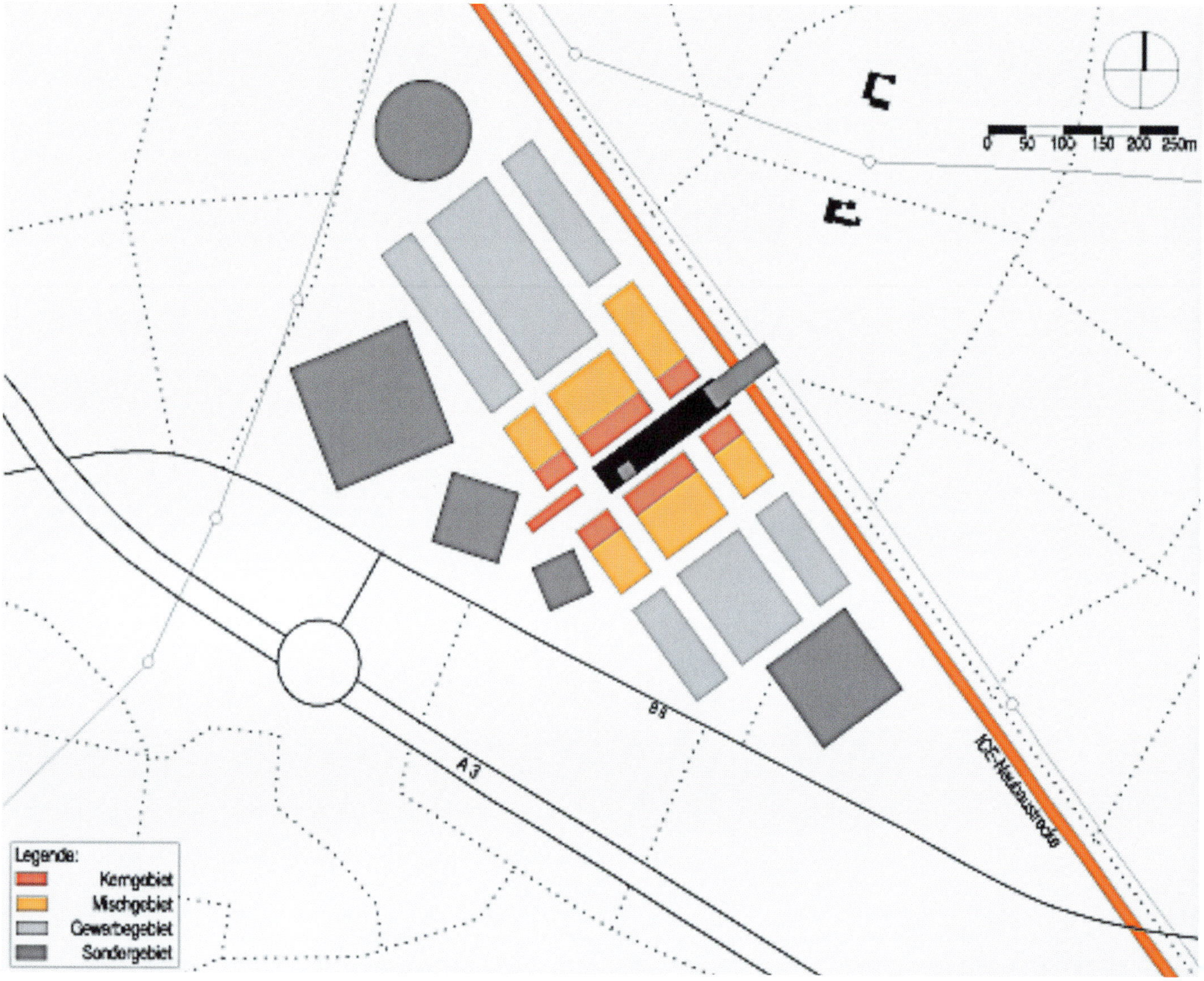


*Das Nutzungskonzept.*

Realisierungswettbewerb, der von den Schuster Architekten Düsseldorf gewonnen wurde, führte zu einer überzeugenden Architekturlösung für den neuen Bahnhof und seine Einbindung in ein modifiziertes Rahmenkonzept gefunden. Dieses zeichnet sich durch größere Signifikanz und noch höhere interne Flexibilität aus.

## Der Masterplan

Das Wettbewerbsergebnis ist die Grundlage für den von dem Planungsbüro ANP/Kassel gemeinsam mit der Stadtverwaltung erarbeiteten Masterplan. Im Ergebnis stellt er die ökonomische Optimierung und verbesserte Anpassung an die Bedingungen des Immobilienmarktes bei gleichzeitiger Sicherung der städtebaulichen Ziele und Qualitäten dar. In diesem Optimierungsprozeß ist es gelungen, die Entwicklungskosten und die stadtwirtschaftlichen Risiken zu minimieren. Dies schafft die Voraussetzung dafür, daß die Stadt im Rahmen ihrer kommunalen Planungshoheit und Gesamtverantwortung für die Stadtentwicklung die Bebauung des Gebietes selbst steuern kann. Dieses Vorgehen schließt ausdrücklich die Mitwirkung Privater im Sinne „Public Private Partnership Modellen" ein. Der Masterplan, der 1997 von der Stadtverordnetenversammlung beschlossen wurde, stellt nun den verläßlichen Orientierungsrahmen für zukünftige Investoren, Mieter, Pächter, Verwaltung, Politik, Bürgerinnen und Bürger der Stadt und der Region dar. Er ist das flexible fortschreibungsfähige Steuerungsinstrument, das sich den jeweils aktuellen Bedingungen anpassen kann, wenn die grundsätzlichen Entwicklungsziele eingehalten werden. Neben den Aussagen zur Kosten- und Finanzierungproblematik und zur konkreten Projektabwicklung enthält er folgende inhaltliche Schwerpunkte:

## Das Nutzungskonzept

Der Masterplan bietet Flächen für die unterschiedlichsten Nutzungen und deren Anforderungen an. Im Kernbereich geht er von den Elementen Straße, Block und Parzelle als Ordnungsmuster aus. Das räumliche Grundmodul für die Erschließungsplanung und Parzellierung ist das Raster 50 x 50 m. Dieses streng orthogonale System läßt eine hohe interne Flexibilität zu. So können Grundstücke ab 500 $m^2$ bis hin zu mehreren Hektar gebildet werden, ohne daß die städtebauliche Grundordnung zerstört wird. Im Randbereich des Quartiers – außerhalb dieses Ordnungsprinzips – ist Raum für großmaßstäbliche Ansiedlungsvorhaben mit hohem Grundflächenbedarf und hohen Stellplatzanforderungen. Durch diese Konzeptionen können die Anforderungen kleiner und mittlerer Unternehmen ebenso berücksichtigt werden, wie die von Großinvestoren.

*Der neue IC Bahnhof.*

**Im einzelnen geht der Masterplan von folgenden Nutzungsvorstellungen aus:**

Rund um den neuen Intercity-Bahnhof und den Bahnhofsvorplatz sind Standorte für anspruchsvolle Dienstleistungsbetriebe und spezielle Angebote im Einzelhandel vorgesehen. Darüber hinaus soll hier eine bestimmte Anzahl von Miet- und Eigentumswohnungen realisiert werden, die sich in dieser Lage lärmgeschützt auf dem großen begrünten zentralen Stadtplatz orientieren und auch nach Büroschluß für Leben im Quartier sorgen.

Die anschließenden Mischgebiete bieten Standorte für Dienstleistungs- und Gewerbebetriebe mit geringen Immissionen.

Gewerbeparks und Gewerbegebiete für kleine und mittlere Unternehmen schließen sich jeweils in den östlichen und westlichen Randbereichen an.

Sondergebiete und weitere große Gewerbegebiete werden in den Bereichen „vor der Stadt" für Großvorhaben angeboten und frei in einen Landschaftspark integriert.

## Das Freiraumkonzept

Das Freiraumkonzept bindet den zukünftigen Stadtteil in den bestehenden Landschafts- und Kulturraum, im Sinne eines Landschaftparks, großzügig ein. Das Element Grün wird zu einem wichtigen Gestaltungsmerkmal der Siedlungsplanung, wobei die erforderlichen Ausgleichsmaßnahmen in diese Konzeption unmittelbar integriert werden.

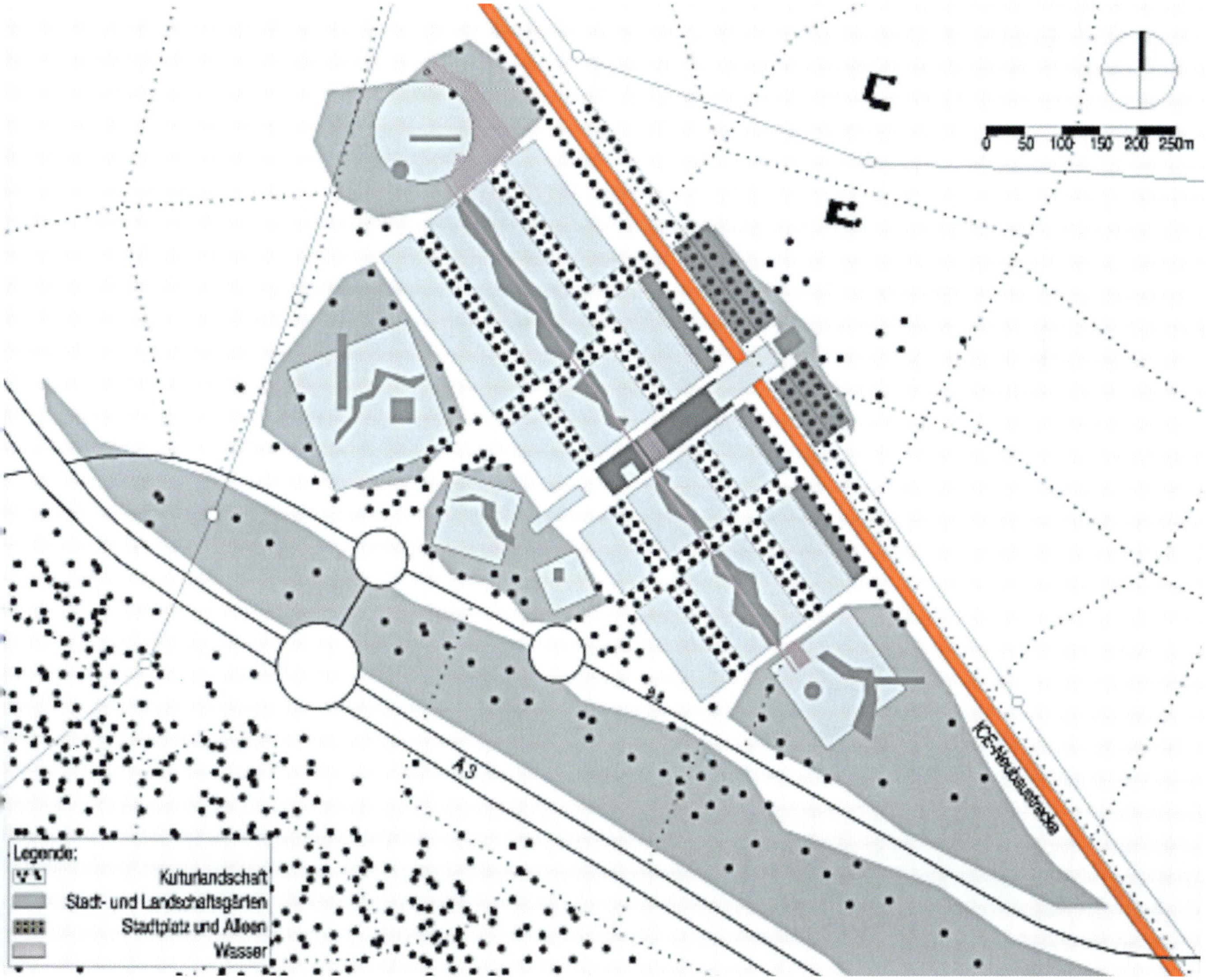


*Das Freiraumkonzept.*

Stadt-, Landschafts- und Gewerbegärten binden die Bebauung auf den Grundstücken ein, sorgen für eine hohe Aufenthaltsqualität und leisten ihren Beitrag zu einer ökologischen Stadtplanung.

Markante Stadtplätze und Alleen sind weitere zentrale Gestaltungselemente für den öffentlichen Raum und schaffen gleichzeitig die Voraussetzung für größere Baufreiheiten auf den dahinter liegenden Grundstücken.

Das Wasser wird als quartiersprägendes Element, in Form von städtebaulich integrierten Regenrückhaltebecken durch offen geführte Wasserachsen, einen weiteren Beitrag zum ökologisch orientierten Städtebau leisten.

## Das Verkehrskonzept

Die Erschließung des Gebietes erfolgt unmittelbar über den bestehenden Knotenpunkt an der B 8, der auch eine Anbindung an die A 3 sicherstellt.

Mittelfristig ist ein zweiter Anschluß an die B 8 in einer Entfernung von 350 m östlich erforderlich, um das wachsende Verkehrsaufkommen stadtverträglich abzuwickeln.

Ca. 500 Stellplätze für Park-and-Rail unmittelbar neben der ICE-Strecke bieten einen hohen Komfort für die Berufspendler.

Weitere Parkmöglichkeiten sind innerhalb des Straßenraums und in den Baublöcken auch in Form von Hoch- und Tiefgaragen vorgesehen. Die oberirdischen Parkierungsanlagen werden intensiv mit Bäumen überstellt.

Auf dem Bahnhofsvorplatz sind die Bushaltestellen, Taxenstände, die „Kiss-and-Ride-Vorfahrt" und eine Fahrradstation in unmittelbarer Nähe zum Haupteingang des Bahnhofes vorgesehen. Der ICE-Bahnhof und das gesamt neue Stadtquartier werden über einen Busshuttle mit den bestehenden Bahnhöfen Limburg und Eschhofen verbunden. Auf diese Weise ist die Anbindung an das vorhandene Nahverkehrsnetz und die Innenstadt gesichert.

Ein separates Radwegenetz ist parallel zu den Haupterschließungsstraßen mit Anbindung in die Landschaft und die nahen Stadtteile geplant.

## Das Baustufenkonzept

Das Gesamtkonzept ist so ausgerichtet, daß es in Baustufen realisiert werden kann. Dies hat den Vorteil, sehr kurzfristig und flexibel auf die Anforderungen von Nutzern und Investoren reagieren zu können. Hierdurch gelingt es, die Zwischenfinanzierungskosten für die notwendigen Entwicklungsmaßnahmen zu minimieren. Dies ist die Grundlage für eine zügige Besiedlung des Gebietes.

Die ersten Baumaßnahmen sind der Bahnhof mit seiner Haupterschließung und einer ersten Park-and-Rail-Anlage. Sie sind Schlüsselinvestitionen

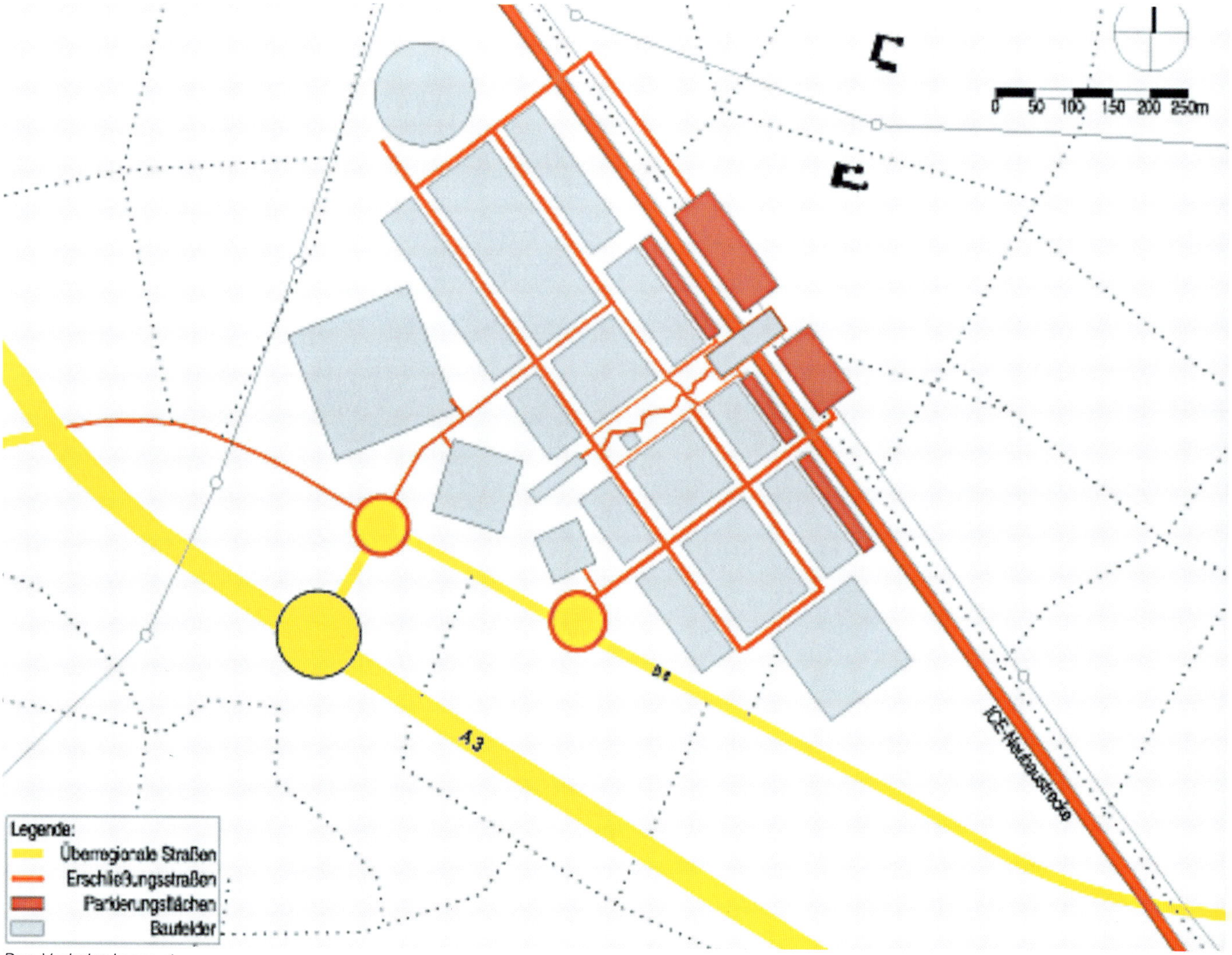


*Das Verkehrskonzept.*

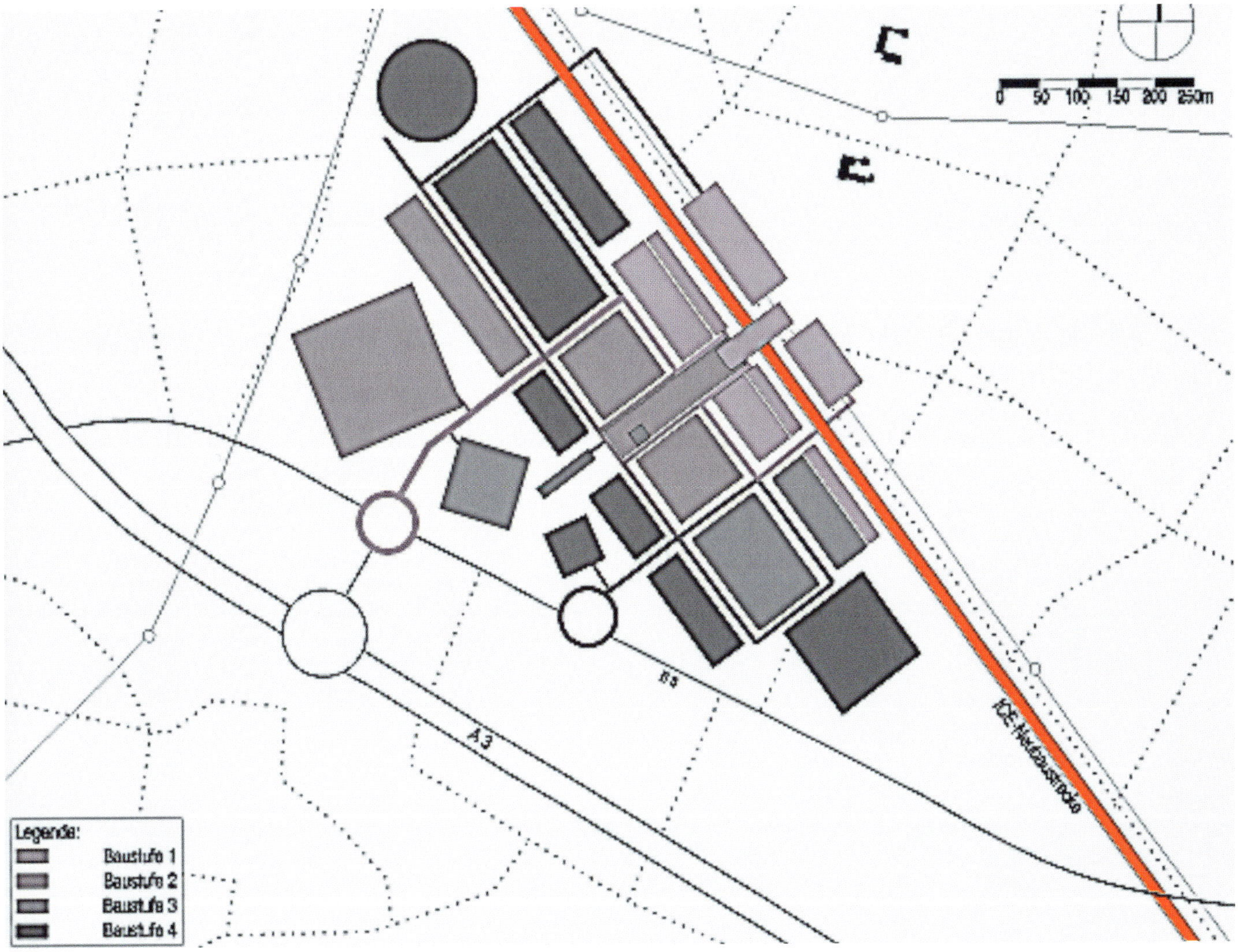


*Das Baustufenkonzept.*

für die Gebietsentwicklung und sollen bis zur Inbetriebnahme der Strecke 2002 fertiggestellt werden. Gleichzeitig setzt der Bahnhof durch seine signifikante Architektur den qualitativen Maßstab für die zukünftigen Bauvorhaben und ist somit qualitätsprägend.

Die weitere bauliche Entwicklung erfolgt abschnittsweise entlang der erschlossenen Flächen auf der Basis vorher abzuschließender städtebaulicher Verträge.

## Ausblick

Auf der Basis des Masterplans wird die Stadt für einen ersten Bauabschnitt von ca. 30 ha rund um den ICE-Bahnhof einen Bebauungsplan erarbeiten. Der Aufstellungsbeschluß ist bereits von der Stadtverordnetenversammlung gefaßt. Gleichzeitig schafft die Bahn die planungsrechtlichen Voraussetzungen, damit der neue Bahnhof, wie geplant, 2002 mit der neuen Strecke in Betrieb gehen kann. Parallel hierzu werden die Verhandlungen mit Grundstückseigentümern und Investoren zügig weitergeführt, damit neben den öffentlichen Investitionen auch erste private Bauvorhaben kurzfristig realisiert werden können. Hierbei sind die Stadtverwaltung ebenso behilflich wie der Bürgermeister, der die Entwicklung des ICE-Quartiers zur Chefsache erklärt hat.

Unabhängig von diesen Maßnahmen wird die Stadt die Erschließung über die Ansiedlung eines Factory Outled Center (FOC) treffen. Ein FOC ist ein Fabrikverkaufszentrum mit ca. 10.000 $m^2$ Verkaufsfläche, in dem hochwertige Markenartikel in erster Linie aus dem Bereich Textil und Schuhe verkauft werden sollen. Diese Entscheidung ist deshalb so schwierig, da die Ansiedlung sowohl für die Gebietsentwicklung als auch für die Stadt große Chancen eröffnet, gleichzeitig aber auch auf der anderen Seite durch Kaufkraftabflüsse zu Risiken für die Innenstadtentwicklung führen kann. Dies hat zur Folge, daß zur Zeit ein Standort im Osten des neuen Stadtquartiers für eine solche Ansiedlung zunächst noch freigehalten wird, da auch bei positiver Entscheidung der Stadtverordnetenversammlung noch schwierige planungsrechtliche Verfahren erfolgreich durchgeführt werden müssen.

Zusammenfassend ist festzustellen, daß der ICE-Bahnhof eine zentrale stadtentwicklungs- und wirtschaftförderungspolitische Chance für die Stadt Limburg darstellt. Der Masterplan und das inzwischen eingeleitete Bebauungsplanverfahren und die enge Kooperation zwischen Bahn und Stadt schaffen gute Entwicklungsvoraussetzungen dafür, daß die Limburger Bürgerinnen und Bürger und auswärtige Bauherren und Investoren einen neuen modernen lebendigen Stadtteil bauen. Dieser wird eine attraktive Ergänzung zu der historisch gewachsenen Stadt sein und gleichzeitig die Rolle Limburgs und der Region zwischen den Ballungsräumen stärken.

# Blechwarenfabrik Limburg – seit über 125 Jahren erfolgreich in der Region

Blechwarenfabrik Limburg GmbH

**Geschäftsführer:**
Hans Lechner
Paul Trost

**Gründungsjahr:**
1872

**Mitarbeiter:**
ca. 400

**Produkte:**
Feinstblechverpackungen,
Kronenkorken,
Blechplakate

**Anschrift:**
Stiftstraße 2
65549 Limburg
Tel. (06431) 299-0
Fax (06431) 299-299

*Luftaufnahme der Blechwarenfabrik Limburg.*

Wenn über die bedeutenden Unternehmen des heimischen Wirtschaftsraumes gesprochen wird, dauert es nicht lange, bis der Name der Blechwarenfabrik Limburg fällt. Über 125 Jahre hat die Blechwarenfabrik Limburg GmbH an der Limburger Geschichte mitgeschrieben und wird es auch in Zukunft tun. In Paris fing alles an:

Etwa 1860 hatte der junge Klempnergeselle Josef Heppel aus Limburg seine Lehrjahre beendet und begab sich auf Wanderschaft. Sein Weg führte ihn auch nach Frankreich. Dort arbeitete er für einige Zeit in einer Fabrik, in der Konservendosen hergestellt wurden. Josef Heppel erkannte, daß dieser Art der Lebensmittelverpackung, die 1810 in Frankreich patentiert wurde, eine große Zukunft bevorstehen würde.

Zurück in Limburg machte sich Josef Heppel selbständig und gründete 1872 die Blech-Emballagen-Fabrik, wie die Blechwarenfabrik Limburg anfänglich hieß. Damit legte er den Grundstein für eine erfolgreiche, vielversprechende Zukunft. Auch der Firmenstandort war richtig, denn die Entwicklung der Infrastruktur zwischen den großen Wirtschaftszentren, wie zum Beispiel dem Ruhrgebiet und der Region um Frankfurt, hatte schon 1877 Formen angenommen. Der spätere Bau der Autobahn Köln-Frankfurt brachte der Blechwarenfabrik Limburg eine optimale Anbindung an internationale Märkte.

Mit der Produktion von Konservendosen hatte Josef Heppels Blech-Emballagen-Fabrik ein sicheres Standbein im Markt, denn verderbliche Lebensmittel haltbar zu machen, war ein Gebot der Zeit. Gegen Ende des 19. Jahrhunderts wurde Werbung zu einem Wirtschaftsfaktor. So begann die Blechwarenfabrik Limburg auch mit der Herstellung von Reklameschildern aus Blech. Nicht nur am „Point of sale" prangten diese Schilder, die heute Sammlerwert besitzen, sie warben auch an Hauswänden, Mauern, Bahnhöfen und Zäunen.

Inzwischen hat die Weißblechverpackung eine beachtliche Karriere hinter sich, denn von der anfänglich runden Konservendose hat sie sich bis heute bei ständig reduzierter Materialstärke zu einer großen Verpackungsfamilie gemausert. Weißblech, Stahl mit einem hauchdünnen Überzug aus Zinn, eignet sich nämlich vorzüglich zum Verpacken von chemisch-technischen Stoffen. So fertigt die Blechwarenfabrik Limburg gegenwärtig hauptsächlich Verpackungen in Form von runden, eckigen und ovalen Dosen für Farben, Lacke, Kleber und Holzschutzmittel über Mineralöle und Verdünnungen, bis hin zu gefährlichen Füllgütern. Dabei kann die Weißblechverpackung ihre angestammten Vorteile, die sonst kein Packmittel auf sich vereinigt, voll ausspielen: Sie ist leicht, die Güter sind dauerhaft, hygienisch und bruchsicher verpackt, sie überzeugt durch Formstabilität und brillante Erscheinung, die Außenseite läßt sich für Werbung oder zur Produktinformation optimal bedrucken. Da bestimmte Stoffe zum Schutz von Mensch und Umwelt nur in sicheren, geprüften Verpackungen transportiert werden dürfen, steht ein umfangreiches Programm an Flaschen, Eimern und Kanistern zur Auswahl, die nach international gültigen Transportvorschriften RID/ADR und UN für den Gefahrguttransport auf Schiene und Straße, zu Wasser und in der Luft zugelassen sind.

Auch nach Gebrauch stellt die Weißblechverpackung ihre Vorzüge unter Beweis. Bereits ohne die 1991 von der Bundesregierung erlassene Verpackungsverordnung, die die Verwertung gebrauchter Verpackungen zur Pflicht macht, hatte Recycling bei Weißblech eine lange Tradition. Dabei kommt dem Material eine Eigenschaft besonders zugute: Es läßt sich selbst aus vermischten Abfällen durch Magnete leicht aussortieren. Voraussetzung für ein umweltschonendes Recycling ist jedoch, daß die Verpackungen ordentlich restentleert sind, bevor sie im Stahlwerk der Verwertung zugeführt werden. Bereits 1996 lag die Recyclingquote für Weißblechverpackungen bei stolzen 81%, mit steigender Tendenz! Der Slogan „Weißblechverpackungen – voll gut, leer gut" hat also durchaus seine Berechtigung.

Ein weiteres Standbein der Blechwarenfabrik Limburg stellen die 1890 erfundenen Kronenkorken dar. Sie bieten einen sicheren, hygienischen Verschluß, ob nun für Bier, Fruchtsäfte, Mineralwasser oder Limonaden. Modernste Produktionsanlagen mit einer Tagesleistung von bis zu 6,5 Millionen Kronenkorken garantieren den Kunden termingerechte Auslieferung, gleich welcher Stückzahl.

Doch der Erfolg kommt nicht von allein. So ist es mit Sicherheit ein Zeichen hoher unternehmerischer Leistung und Qualität, die Blechwarenfabrik Limburg im Verlaufe der über 125-jährigen Tradition den sich ständig verändernden Märkten anzupassen und das Unternehmen sicher durch die weltweiten, umwälzenden wirtschaftlichen Ereignisse zu manövrieren.

Im 2. Weltkrieg wurden die Fabrikgebäude fast vollständig zerstört. Der Wiederaufbau war, ein Neubeginn. Die Produktions- und Lagerfläche an der Limburger Stiftstraße hat die Blechwarenfabrik im Laufe der Jahre auf 30.000 qm erweitert. Zwischen 1975 und 1997 wurden rund 75 Mio. DM investiert, um wettbewerbsfähig zu bleiben. Davon entfielen allein 4 Mio. DM auf den Umweltschutz. Eine Erweiterung um weitere 7.000 qm steht unmittelbar bevor. 125 Jahre Erfahrung in der Verarbeitung von Weißblech, ein Stamm von ca. 400 motivierten und qualitätsbewußten Mitarbeitern, eine durch ein zertifiziertes Qualitätsmanagementsystem unterstützte konsequente Kundenorientierung, sowie die personelle Kontinuität in der Geschäftsführung, die in den Händen von Hans Lechner und Paul Trost liegt, bilden ein solides Fundament für eine gesicherte Zukunft der Blechwarenfabrik Limburg. ■

# DANOBAT-BIMATEC – das Innovationsunternehmen

*Die DANOBAT-BIMATEC GmbH arbeitet im gesamt deutschsprachigen europäischen Raum*

DANOBAT BIMATEC

DANOBAT-BIMATEC
Werkzeugmaschinen
Handelsgesellschaft mbH

**Gründungsjahr:**
1991

**Geschäftsführer:**
W.J. Markuske,
F. Bisgwa,
R. Barrenechea

**Mitarbeiter:**
43

**Umsatz (1998):**
ca. 52 Mio.

**Geschäftstätigkeit:**
Entwicklung, Vertrieb und servicemäßige Betreuung von CNC-gesteuerten Fräs- und Bohrmaschinen für die Metallzerspanung

**Adresse:**
In den Fritzenstücker 13-15
65549 Limburg
Telfon (06431) 9782-0
Telefax (06431) 71102
e-mail bimatec@t-online.de

*Der Firmensitz in Limburg.*

Das Unternehmen wurde im Jahre 1991 durch die Gesellschafter Fred Bisgwa und Walter Markuske als BIMATEC Werkzeugmaschinen GmbH gegründet. Das Unternehmen beschäftigte sich von Anfang an mit der Entwicklung, dem Vertrieb und der servicemäßigen Betreuung von CNC-gesteuerten Fräs- und Bohrmaschinen für die Metallzerspanung. Kunden sind die gesamte Automobilindustrie, allgemeine Maschinenbaubetriebe sowie Werkzeug- und Apparatebau.

Bei der Entwicklung der Maschinen wurden die Marktkenntnisse der beiden Gründer konsequent eingebunden. Die Maschinen werden bei dem größten spanischen Werkzeugmaschinenhersteller der DANOBAT-Gruppe, SORALUCE gefertigt unter der Verwendung von hochwertigen, meist deutschen Bauelementen, wie z.B. Siemens Steuerungen etc.. Die Maschinen werden unter dem Markennamen SORAMILL vertrieben.

Die Firma SORALUCE ist Mitinhaberin des Unternehmens und steht mit dem angeschlossenen Forschungszentrum IDEKO bei der Entwicklung Innovativer Produkte unterstützend zur Verfügung.

Seit Gründung des Unternehmens wurden weit über 300 CNC-gesteuerte Fräs- und Bohrmaschinen installiert, darunter Maschinen mit einer Gesamtlänge von ca. 30 m. Zum Kundenkreis gehören renommierte Firmen wie z.B. Mercedes Benz, Ford, MAN, Linde, Still, Siemens, Mannesmann u.v.a.. Die marktführende Position, die heute erreicht ist, ist nicht zuletzt einer von Anfang an konsequenten servicemäßigen Betreuung unserer Kunden zu verdanken.

Es beschäftigt heute 43 Personen sowie vier Subunternehmungen.

Der Gebäudekomplex Vorführraum beläuft sich auf 1.500 m², die Gesamtbürofläche beträgt 1.200 m². Es werden regelmäßig Hausausstellungen durchgeführt, die sich jeweils einer großen Besucherzahl erfreuen. Hier können individuelle Fragen der Kunden praxisnah beantwortet und Problemlösungen vorgeführt werden.

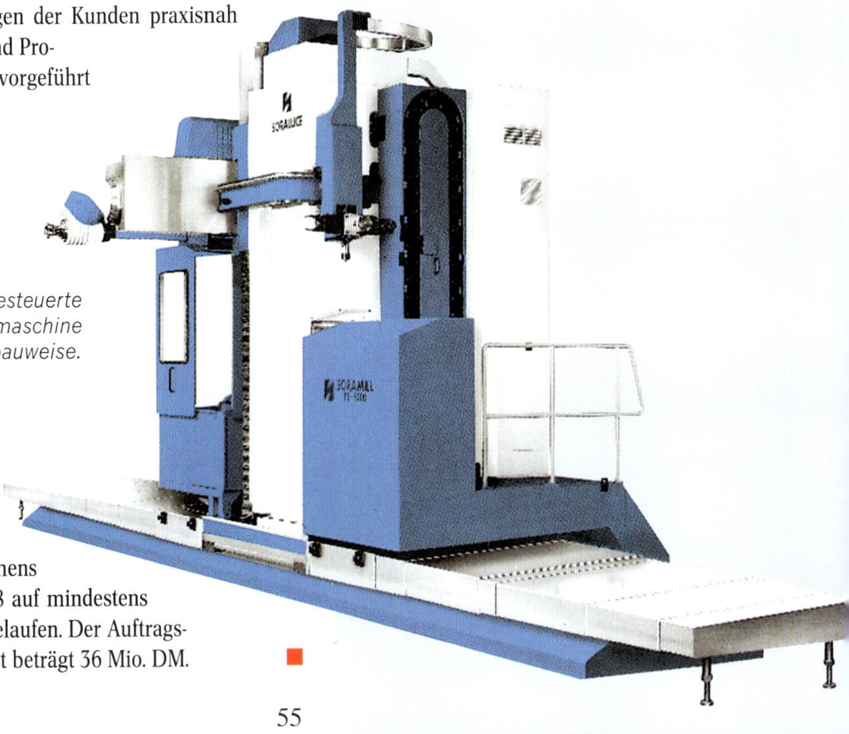

*CNC-gesteuerte Werkzeugmaschine in Modularbauweise.*

Der Umsatz des Unternehmens wird sich 1998 auf mindestens 52 Mio. DM belaufen. Der Auftragsbestand derzeit beträgt 36 Mio. DM. ■

# Präzisionsgetriebe aus Limburg für Maschinenbau, Medizintechnik, Luft- und Raumfahrt

Das international agierende Unternehmen Harmonic Drive Antriebstechnik GmbH ist seit 1988 in seine neuen Verwaltungs- und Fertigungsgebäude in Limburg umgezogen. Das Unternehmen selbst wurde Anfang der siebziger Jahre gegründet, um Präzisionsgetriebe in Deutschland und ganz Europa zu vertreiben. Heute arbeiten in Limburg 84 Personen. Viele kleine und mittelständische Unternehmen rund um Limburg sind inzwischen zu festen Partnern für diverse Dienstleistungen bzw. Lieferungen von Komponenten geworden. Für viele Bürger aus Limburg und Umgebung wie Westerwald und Taunus ist Harmonic Drive ein Arbeitgeber mit Perspektive.

## Die Firmengeschichte

Harmonic Drive ist nicht nur der Name des Unternehmens, sondern gleichzeitig der Name des Produktes. Das Harmonic Drive Getriebeprinzip wurde 1955 im Auftrag der NASA durch Walter Musser in den USA erfunden und patentiert. 1967 erwarb die japanische Harmonic Drive Incorporated, welche in Tokyo und Hotaka /Matsumoto – ca. 300 km von Tokyo entfernt – ansässig ist, die Lizenz zur Fertigung der Harmonic Drive Getriebe. 1970 wurde in Japan eine Firma zur Produktion und zum Vertrieb dieser Getriebe gegründet. Gleichzeitig wurde in Deutschland eine Vertriebsfirma gegründet, welche diese einzigartigen Getriebe in Europa vermarkten sollte. Dieses Unternehmen ist die heutige Harmonic Drive Antriebstechnik GmbH in Limburg. 1998 erwirtschaftete die Firma Harmonic Drive ca. 43 Mio. DM Umsatz. Der Exportanteil beträgt ca. 40 %. Alleiniger Gesellschafter und Geschäftsführer der deutschen Firma ist Reinhard Ernst, welcher das Unternehmen von einer kleinen Vertriebsgruppe bis hin zu einem leistungsfähigen Antriebstechnikunternehmen mit Vertrieb, Marketing, Produktion und Entwicklung führte.

**Dr.-Ing. Matthias Mendel**

Der Autor studierte Maschinenbau in der Spezialisierungsrichtung Antriebstechnik an der Technischen Universität Otto-von-Guericke, Magdeburg. Seit 1990 ist er für die Harmonic Drive Antriebstechnik GmbH in Limburg tätig. Als Leiter des Bereiches Produktmanagement und Verkaufsförderung ist er gleichzeitig für den Produktbereich Mechanische Getriebe verantwortlich.

*Firmensitz der Harmonic Drive.*

## Harmonic Drive Getriebe - was ist das?

Harmonic Drive Getriebe sind spielfreie Präzisionsgetriebe, welche nach einem einzigartigen Funktionsprinzip arbeiten. Durch die hohe Untersetzung der Getriebe wird die schnelle Drehzahl von Elektromotoren in eine nutzbare langsamere Drehzahl umgewandelt. Gleichzeitig wird das Drehmoment, welches ein Ausdruck für übertragbare Kräfte ist, um ein vielfaches erhöht. Die Basisteile des Getriebes sind:

1. Der Wave Generator, eine elliptische Stahlscheibe mit zentrischer Nabe und aufgezogenem, elliptisch verformbaren Spezialkugellager.

2. Der Flexspline, eine zylindrische, verformbare Stahlbüchse mit Außenverzahnung.

3. Der Circular Spline, ein zylindrischer Ring mit Innenverzahnung.

Wichtigstes und interessantestes Bauteil ist der sogenannte Flexspline. Einzigartig in der

Getriebetechnik ist hier, daß dieses Zahnrad elastisch verformt wird. Diese elastische Verformung ermöglicht es, einzigartige Getriebeeigenschaften zu realisieren.

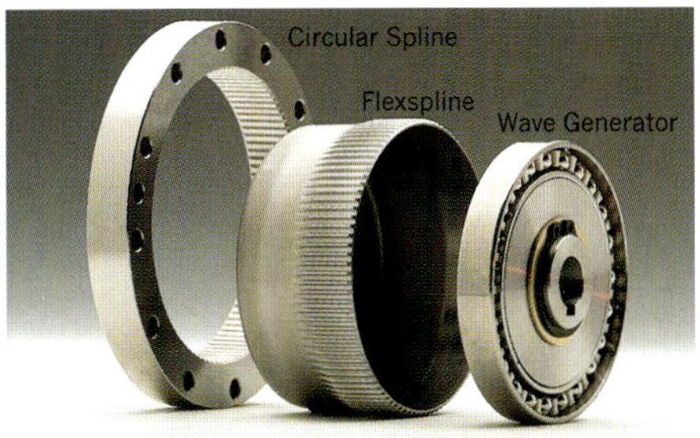


Harmonic Drive Getriebe.

**Wie funktioniert das Getriebe?**

Der elliptische Wave Generator als angetriebenes Teil verformt über das Kugellager den Flexspline, der sich in den gegenüberliegenden Bereichen der großen Ellipsenachse mit dem innenverzahnten, fixierten Circular Spline im Eingriff befindet. Mit Drehen des Wave Generators verlagert sich die große Ellipsenachse und damit der Zahneingriffsbereich. Da der Flexspline zwei Zähne weniger als der Circular Spline hat, vollzieht sich nach einer halben Umdrehung des Wave Generators eine Relativbewegung zwischen Flexspline und Circular Spline um die Größe eines Zahnes und nach einer ganzen Umdrehung um die Größe zweier Zähne. Selbstverständlich werden bei diesem Getriebeprinzip auch außergewöhnliche, nicht standardisierte Zahnformen genutzt. Zur Optimierung des Getriebeprinzips entwickelte Harmonic Drive die sogenannte IH-Verzahnung, welche weltweit patentiert ist.

**Die Haupteigenschaften der Harmonic Drive Getriebe lassen sich wie folgt zusammenfassen:**

- Spielfreiheit
- Positioniergenauigkeiten $< 1$ Winkelminute
- Wiederholgenauigkeiten $< 5$ Winkelsekunden
- Hohe Drehmomentkapazität
- Kompakte Bauform
- Hohlwellenbauform möglich
- Hohe Torsionssteifigkeit
- Hohe einstufige Untersetzung $i = 50$ bis $i = 320$
- Hoher Wirkungsgrad
- Kein Stick-Slip-Effekt, welcher bei Schneckengetrieben und Zykloidengetrieben typisch ist

Um diese Getriebe in den genannten sehr hohen Genauigkeiten zu entwickeln und herzustellen, ist höchstes Qualitätsbewußtsein in allen Bereichen des Unternehmens notwendig. Das Arbeiten nach einem Qualitätsmanagementsystem, nach ISO EN 9001 ist somit selbstverständlich.

## Die Produktpalette

In den letzten Jahren wurden konsequent neue Produkte entsprechend den Erfordernissen des Marktes entwickelt. Grundlage hierfür ist eine effektive Marketing- und Vertriebsarbeit, welche zu einem hervorragenden Kenntnisstand über die potentiellen Märkte führt. Inzwischen hat sich das Unternehmen von rein mechanischen Produkten wie Einbausätzen (einzelne Zahnräder), Getriebeboxen mit Gehäuse und Abtriebslagerung auch im Bereich der Servoantriebstechnik etabliert.

Komplette Servoantriebe, welche aus einem Harmonic Drive Getriebe, leistungsfähigen Elektromotoren in AC- oder DC-Technik und entsprechenden Gebersystemen für die Motorkommutierung und Lagerregelung bzw. Positionserkennung notwendig sind, wurden entwickelt und erfolgreich in den Markt eingeführt. Als inzwischen eines der wichtigsten Standbeine der Produktpalette gelten die kundenspezifischen Sonderlösungen. Entsprechend der in der Regel sehr komplexen Anforderungen der Kunden aus den verschiedensten Industriebereichen werden komplette Sonderantriebssysteme in sehr enger Zusammenarbeit mit den Kunden konzipiert, entwickelt und produziert.

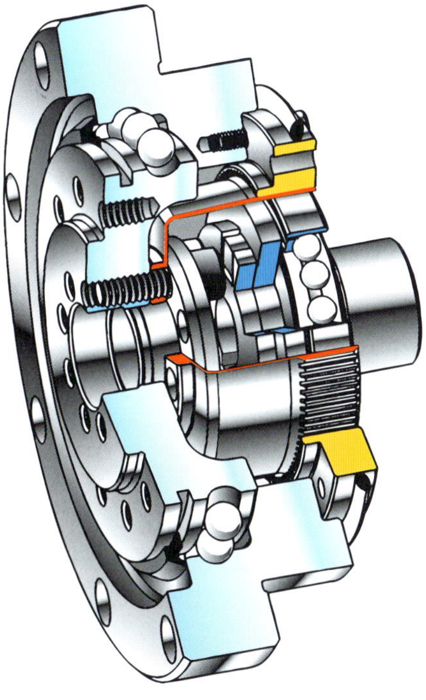

*Harmonic Drive Getriebebox.*

Wo werden Harmonic Drive Getriebe eingesetzt? Die derzeitigen Haupteinsatzgebiete sind im Werkzeugmaschinenbau, in der Robotik, in Papiermaschinen, im Druckmaschinenbereich, in der Medizintechnik und in der Luft- und Raumfahrt zu finden. Durch aktives Marketing werden ständig neue Einsatzgebiete und Detailanwendungen für Harmonic Drive Getriebe in allen erdenklichen Bereichen der Industrie gefunden.

*Einsatz in Satellitensystemen zur Nachstellung der Sonnensegel.*

## Luft- und Raumfahrt

Ein typisches Einsatzgebiet, bei welchem extrem hohe Anforderungen an die Zuverlässigkeit und Präzision der Harmonic Drive Getriebe gestellt werden, ist die Luft- und Raumfahrt. So werden zum Beispiel im Airbus A320 in den Tragflächen Harmonic Drive Getriebe eingesetzt, welche die Position der Landeklappen erfassen. Selbst bei - 50 °C, der Außentemperatur bei einer Flughöhe von ca. 10 km, müssen die Getriebe zuverlässig arbeiten.

Neben dem Einsatz in Satellitensystemen, zum Beispiel Sonnensegelnachstellung, führte die letzte und weiteste Mission der Harmonic Drive Getriebe auf den Mars. Nachdem die Landekapsel erfolgreich auf dem Mars landete, mußten sich die drei dreieckigen Klappen automatisch öffnen. Der Öffnungsmechanismus wurde durch Harmonic Drive Getriebe angetrieben. Nach dieser Aktion konnte das Fahrzeug, der Marslander, seine Erkundungsreise auf dem Mars beginnen.

*Auf dem Mars.*

## Roboter

Eines der typischsten Einsatzgebiete für Harmonic Drive Getriebe ist die Robotik. Industrieroboter werden vor allem im Kraftfahrzeugbau für Schweiß- und Montagearbeiten in sehr großen Stückzahlen eingesetzt. Die Belastungen auf die Getriebe in den Robotern sind extrem groß. Trotz dieser großen Belastung werden sehr hohe Anforderungen an die Präzision gestellt. Harmonic Drive Getriebe erfüllen diese problemlos. Zum Beispiel werden diese auch in Robotern eingesetzt, welche in Laserschweißanlagen für das Fügen von Karosserieteilen konzipiert wurden.

Ein interessanter, zukunftsweisender Bereich ist ebenfalls die Servicerobotik und Laborautomation. Ob Rohrinspektion, Fassadeninspektion, Gebäudereinigung oder medizinische Betreuung (Rehabilitation), dieser Bereich der Robotik wird zukünftig im industriellen und gesellschaftlichen Umfeld mehr und mehr zum Einsatz kommen. Neben Präzision und hoher Leistungsdichte werden in diesen Anwendungen extrem hohe Forderungen an die Gewichtsarmut der Getriebe gestellt. Hierfür ist es notwendig, vollkommen neue, leichtbauende Materialien zu untersuchen. Die Fertigungstechnologie für die Bearbeitung solcher neuen Materialien ist ebenfalls ein wichtiges Betätigungsfeld für die Zukunft von Harmonic Drive.

## Werkzeugmaschinen

Als Beispiel für ein kundenspezifisch entwickeltes, hochkomplexes Antriebssystem, welches im Werkzeugmaschinenbau eingesetzt wird, sei der Präzisionslinearantrieb HDPL genannt. Dieser Antrieb wandelt eine präzise Drehbewegung des Harmonic Drive Getriebes in eine hochpräzise Linearbewegung eines Stößels um. Somit können mit Linearantrieben Positioniergenauigkeiten von wenigen Mikrometern erreicht werden. Dieser Antrieb wird für die elektrische Werkzeugverschleißkompensation in Mehrspindeldrehautomaten eingesetzt. Dies bedeutet, daß, sobald Verschleiß des Werkzeuges im Mikrometerbereich festgestellt wird, der Linearantrieb das Werkzeug entsprechend neu positioniert, um eine gleichbleibende Qualität der Endprodukte zu garantieren.

## Meßtechnik

Auch im Bereich der Meßtechnik erfüllen Harmonic Drive Getriebe die Anforderungen an höchste Präzision. In den Meßköpfen zur Positionierung der Meßtaster sind die kleinsten Harmonic Drive Getriebe untergebracht. Bei einem Durchmesser von nur 20 mm und einem Gewicht von gerade 15 g ist es gut vorstellbar, wie präzise und hochspezialisiert die Zahnradfertigung bei Harmonic Drive arbeiten muß. Die Zahnhöhe bei einem solchen Minigetriebeeinbausatz beträgt ca. 0,15 mm. Moderne automatische Gebäude- und Raumvermessungssysteme, welche schnell und präzise vollautomatisch das Aufmaß von den zu messenden Räumlichkeiten der Gebäude nehmen und diese in entsprechende Zeichnungen und Grundrisse übertragen, werden ebenfalls mit Harmonic Drive Getrieben angetrieben. In diesem Falle nicht nur durch ein Getriebe, sondern durch einen kompletten Servoantrieb, bestehend aus Präzisionsgetriebe, AC Hohlwellenmotor und Encoder.

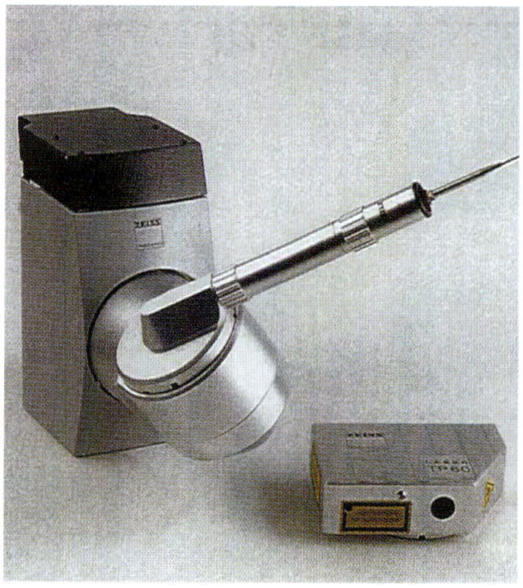

*Meßtaster.*

## Medizintechnik

Ein weiteres typisches Einsatzgebiet ist die Medizintechnik. Komplett in Limburg entwickel-

*Meßmaschine.*

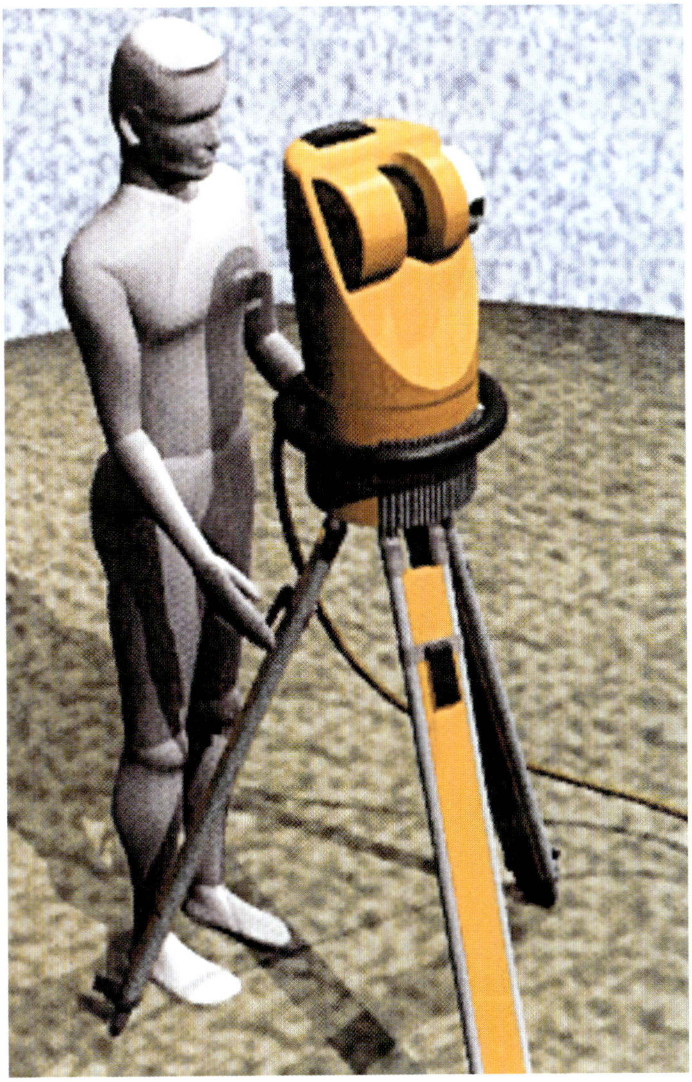

Raum-Vermessungssystem.

te Servoantriebe treiben zum Beispiel alle sechs Achsen eines Mehrkoordinatenmanipulators MKM der Firma Carl Zeiss in Oberkochen an. Die Aufgabe des Manipulators ist die aktive Unterstützung des Gehirnchirurgen während der Operation. Über ein Operationsmikroskop, welches im Laufe des operativen Eingriffes mit höchster Genauigkeit an verschiedene Positionen bewegt werden muß, kann der Chirurg die Eingriffsstelle aus jedem beliebigen Blickwinkel betrachten und beurteilen. In diesem Fall ist nicht nur ein Höchstmaß an Präzision gefordert, sondern auch eine extrem hohe Laufruhe, welche im Operationsumfeld zwingend notwendig ist. Grundlagen für den chirurgischen Eingriff mit dem MKM Mehrkoordinatenmanipulator sind Diagnoseergebnisse, die durch Computer- oder Kernspintomographie ermittelt wurden. Anhand dieser Daten kann der Chirurg beispielsweise Gehirntumore genau lokalisieren und den gesamten Operationsverlauf planen. Schon vor der Operation wird unter anderem der genaue Eintrittspunkt in die Schädeloberfläche sowie das Zielgebiet im Gehirn und der Weg mit dem medizinischen Gerät dorthin festgelegt. Höchste Anforderungen an die Zuverlässigkeit bei diesem Anwendungsfall sind Grundvoraussetzung für das Antriebssystem.

## Personenaufzüge

Eines der neuesten Anwendungsgebiete für die Harmonic Drive Getriebe sind völlig neue Generationen von Personenliften. Das neue Antriebskonzept der Firma Schindler sieht einen fest installierten Antrieb an der Bodenplatte des Kabinenkörpers vor. Aufwendige Seilführungen, welche in konventionellen Antriebssystemen den Lift über ein stationär angeordnetes Antriebssystem bewegen, entfallen. Eine Art Antriebsachse wird durch einen Hohlwellenmotor und ein Hohlwellengetriebe von Harmonic Drive angetrieben. Die über Reibschluß an die Fahrschienen angepreßten Antriebsräder bewegen zuverlässig und ruhig den Lift. Das Harmonic Drive Getriebe wurde nach unzähligen Tests für diese Anwendung ausgewählt und hat sich inzwischen in vielen Wohn- und Geschäftsgebäuden bestens bewährt.

Um auch zukünftig die geschäftlichen Erfolge weiter zu garantieren, ist es eine der wichtigsten Aufgaben der Firma Harmonic Drive ständig neue Anwendungsgebiete zu erschließen, marktgerechte neue Produkte zu entwickeln und zu produzieren.

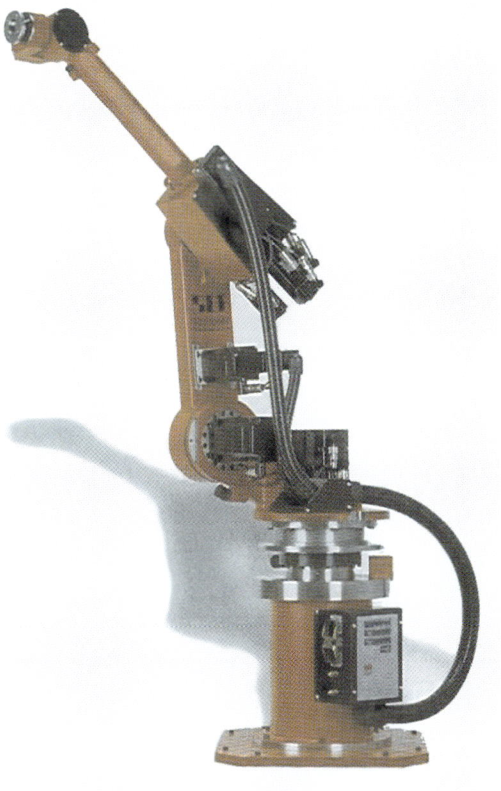

Roboter.

Kundenzufriedenheit durch partnerschaftliche Zusammenarbeit mit den Kunden und ein gut organisierter Service sind hierfür die Voraussetzung. Die Mitarbeiter der Firma Harmonic Drive stellen sich engagiert diesen Erfordernissen des Marktes. ■

Präzisionslinearantrieb HDPL.

# Präzisionsantriebe für Raumfahrt und Chirurgie

*Das Limburger Unternehmen ist gefragter Partner, wenn es um Antriebe mit besonderen Anforderungen geht*

Harmonic Drive Antriebstechnik GmbH

**Geschäftsführender Gesellschaftler:**
Reinhard Ernst

**Gründungsjahr:**
1970
1988 Errichtung des Firmengebäudes in Limburg

**Mitarbeiter:**
82

**Umsatz:**
43 Mio. DM

**Geschäftstätigkeit:**
Entwicklung und Herstellung von Antriebskomponenten nach dem Harmonic-Drive-Prinzip für die Feinwerktechnik mit hohen Präzisionsansprüchen:

- Getriebeeinbausätze
- Getriebeboxen
- Planetengetriebe
- Servoantriebe
- Sonderantriebe nach Kundenspezifikation

**Anschrift:**
Harmonic Drive Antriebstechnik GmbH
Hoenbergstraße 14
65555 Limburg/Lahn
Telefon (06431) 50 08-0
Telefax (06431) 50 08-18
Internet http://www.harmonicdrive.de

Das neue Unternehmensgebäude in Limburg.

Das Harmonic-Drive-Getriebe basiert auf einem Prinzip, welches in den USA von Walter Musser für die NASA entwickelt wurde. Hauptanforderungen waren, hohe Untersetzungsverhältnisse auf kleinstem Raum zu realisieren und bei extrem geringem Gewicht hohe Leistungen zu übertragen. Das damals Spannungswellgetriebe genannte und patentierte Produkt hatte mit den bis dahin eingesetzten Getriebetypen nur wenig gemeinsam.
1967 wurde eine Lizenz erworben, und man begann mit der Entwicklung universell einsetzbarer Getriebe. Heute bietet Harmonic Drive Antriebstechnik in Limburg ein lückenloses Programm von Antriebskomponenten von Getriebeeinbausätzen über Getriebeboxen, Planetengetriebe bis zu Sonderantrieben nach Kundenspezifikation.
Harmonic Drive ist der Name des Unternehmens, der Name des Produktes und der Begriff für Präzision.

### Wie alles entstanden ist

Das Harmonic-Drive-Getriebe verdankt seinen Namen der unkonventionellen Art des Zahneingriffverhaltens. Dazu erklärt Dr. Rolf Slatter, Leiter Marketing und Vertrieb bei Harmonic Drive in Limburg: „Aufgrund der elastischen Deformation eines dünnwandigen Zahnrades wird ein definiertes Eingriffsverhalten mit Hilfe entsprechender Bahnkurven der Zähne realisiert. Dies bezeichnet man als „harmonisch". Das Harmonic-Drive-Getriebe ist ein spielfreies, torsionssteifes Kompaktgetriebe mit einer hohen Übersetzung ins Langsame. Eine außenverzahnte Stahlbüchse, der sogenannte Flexspline, wälzt in einem starren innenverzahnten Ring, dem sogenannten Circular-Spline ab. Eine elliptische Scheibe, der sogenannte Wave-Generator, erzeugt die nötige Deformation."
Das 1988 errichtete neue Firmengebäude in Limburg an der Lahn wurde entsprechend der expandierenden Firmenpolitik großzügig geplant und kann nun zur Zufriedenheit der Mitarbeiter und Kunden auch für spezielle Aufgaben genutzt werden.

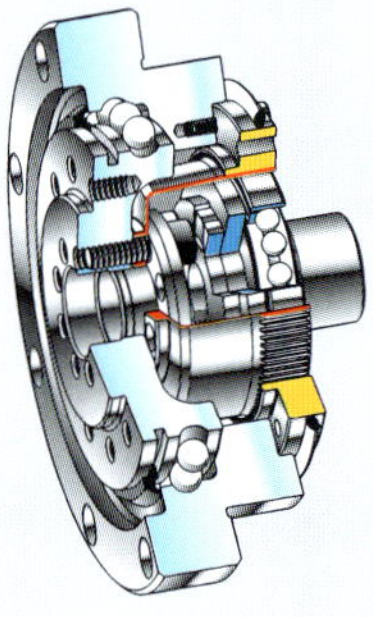

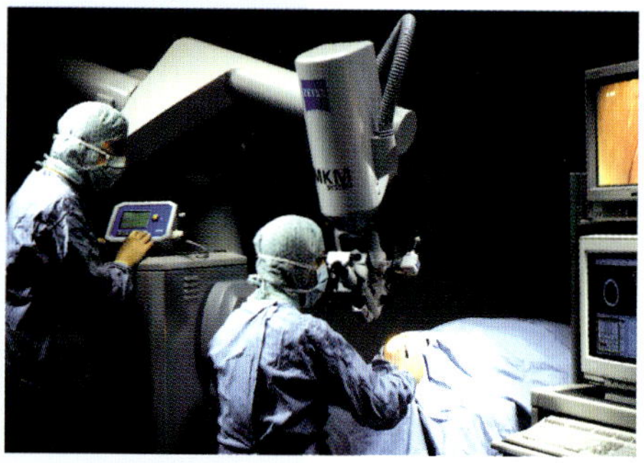

Harmonic-Drive-Getriebe, eingesetzt in einem Flugsimulator und in einem Roboterstativ MKM der Fa. Zeiss bei der Gehirnchirurgie.

### Zuerst im Robotereinsatz

Verkürzte Bauform, spielfrei, präzise und hochuntersetzend: In den Konstruktions- und Entwicklungsprozeß sind bei Harmonic Drive von Anfang an erfahrene Spezialisten eng mit eingebunden. So ist es möglich, in kürzester Zeit kundenspezifische Sonderlösungen von Antrieben und Antriebssystemen von der Aufnahme des Pflichtenheftes bis hin zur Auslieferung des fertigen Produktes zu realisieren.

### Kompakte Hohlwellenantriebe

Ein weiterer wichtiger Entwicklungsschritt in die Zukunft wurde 1990 mit der Entwicklung von Hohlwellen-Servoantrieben durchgeführt. Sie zeichnen sich durch eine kurze Bauform, ein besonders großdimensioniertes Kreuzrollen-Abtriebslager und einen Hohlwellendurchmesser von bis zu 30 % des Außendurchmessers aus.
Warum 1990 diese Antriebe entwickelt wurden, erklärt Dr. Rolf Slatter: „Die Tendenzen des Marktes gehen verstärkt in Richtung komplette Antriebssysteme bestehend aus Getriebe, Antriebsmotor und zugehöriger Servoregelung. Speziell für diese Anwendungen haben wir eine Reihe von Hohlwellenantrieben entwickelt, deren Kernelemente ein Getriebe des Harmonic-Drive-Typs ist. Dabei erfolgt der Antrieb über einen bürstenlosen AC-Hohlwellenmotor, an dem ein Encoder angebracht ist. Die Hohlwellenbauform als herausragendes Merkmal ermöglicht die Durchführung von Kabeln, Spindeln oder beispielsweise Laserstrahlen."

# Der Software-Spezialist für Logistik und Fertigungsprozesse

Das Firmengebäude In den Fritzenstücker 2 in Limburg.

Seit der Gründung im Jahre 1988 hat sich die BRAIN Limburg GmbH, vormals Rembold + Holzer EDV-Beratung GmbH, als einer der führenden Anbieter von Softwarelösungen für die mittelständische Fertigungs- und Zulieferindustrie im Markt etabliert. Der Spezialist in der Beratung, Entwicklung und Installation von Softwaresystemen für Logistik und Fertigungsprozesse entwickelte sich vom Ein-Mann-Unternehmen hin zu einem Beratungs- und Softwarehaus mit heute 80 Mitarbeitern und betreut von Limburg aus Teile von Hessen, Rheinland-Pfalz und Nordrhein-Westfalen. BRAIN Limburg GmbH, ein Mitglied der BRAIN International AG mit Sitz in Breisach, unterhält dazu noch Außenstellen in Dortmund, Köln und Remscheid. BRAIN International AG, entstanden durch die Fusion von biw, Weinstadt und R+H Holding und Software GmbH in Breisach am Rhein, ist einer der führenden internationalen Anbieter von Standardsoftware für die mittelständische Fertigungs- und Zulieferindustrie. Weitere Anteilseigner sind die IBM Deutschland GmbH und die Wirtschaftsprüfungsgesellschaft Schitag Ernst & Young.

Die Standardsoftware BRAIN AS und MAS90 von biw sowie das auf Serienfertiger und Zulieferer ausgerichtete XPPS von R+H zählen zu den anerkannten und am weitesten verbreiteten IBM AS/400-Lösungen im Mittelstand. Weltweit betreuen über 800 BRAIN International-Mitarbeiter in Breisach, Dortmund, Filderstadt, Hannover, Limburg, München und Weinstadt sowie in Argentinien, Brasilien, Frankreich, Großbritannien, der GUS, Italien, Mexiko, Österreich, Portugal, Schweiz, Spanien, Tschechien, Ungarn und in den USA rund 1.400 nationale und internationale mittelständische Unternehmen.

Angefangen hatte alles 1988, als sich die damalige R+H Holding und Software GmbH in Breisach und Walter Heck, heutiger Geschäftsführer der Limburger Niederlassung, zusammentaten, um in Limburg eine Geschäftsstelle aufzubauen: „Eine Entscheidung mit besonderer Tragweite", wie Thomas Holzer, einer der Firmengründer in Breisach und jetziger Vorstand der BRAIN International AG, im Rückblick bemerkt. Als im Jahre 1992 die Räume in der Elzer Straße immer enger wurden, entschied sich Walter Heck, eigene Büroräume zu beziehen. Dies gelang auch im Oktober 1993, nachdem die Stadt Limburg ein entsprechend großes Grundstück im Gewerbegebiet Dietkirchen, In den Fritzenstücker, zur Verfügung gestellt hatte.

Die Kundenbasis wuchs in den zehn Jahren von 0 auf mehr als 150; im gleichen Zeitraum stiegen die Umsätze auf 20 Millionen Mark. Dazu Walter Heck: „Bis zum Jahr 2002 peilen wir ein Umsatzwachstum von rund 40 Millionen Mark an. Um das zu erreichen, werden in den nächsten Jahren 45 bis 50 neue Stellen besetzt, d.h. die Mitarbeiterzahl wird von heute 80 auf mindestens 130 wachsen."

Unterstützung erhält Heck dabei von Bernd Brombach, seit Januar 1998 ebenfalls Geschäftsführer R+H Limburg und verantwortlich für Beratung, Implementierung von Lösungen und Betreuung der Kunden vor Ort. „Wir erkannten frühzeitig", kommentiert Thomas Holzer in diesem Zusammenhang, „daß man dauerhaft nur dann erfolgreich im nationalen und internationalen Markt tätig sein kann, wenn man möglichst nahe – wie z.B. unsere Geschäftsstelle Limburg – an den Kunden und potentiellen Interessenten ist." ■

Die Empfangshalle.

BRAIN
Software & Consulting

**BRAIN Limburg GmbH**
**Software & Consulting**

**Geschäftsführung:**
Bernd Brombach
Walter Heck

**Gründungsjahr:**
1988

**Mitarbeiter:**
80

**Planumsatz 1998:**
20 Mio. DM

**Kundenstamm:**
150

**Außenstellen:**
BRAIN Limburg GmbH
An der Hasenjagd 4
42897 Remscheid

BRAIN Limburg GmbH
Morsestr. 9 a
50769 Köln

BRAIN Limburg GmbH
Martin-Schmeißer-Weg 11
44227 Dortmund

**Mitglied von:**
BRAIN International AG
Gerberstr. 11
79206 Breisach

**Vorstand:**
Thomas Holzer
Dr. Helmut Polzer
Kurt Rembold

**Anschrift:**
BRAIN Limburg GmbH
Software & Consulting
In den Fritzenstücker 2
65549 Limburg
Telefon (06431) 97 87-0
Telefax (06431) 97 87-25
Internet:www.brainag.com

# Das Limburger Schulwesen – weit über dem Standard vergleichbarer Kommunen

Aufgrund der günstigen geographischen Lage zwischen den Ballungsräumen Rhein-Main und Ruhrgebiet, verbunden mit einer guten Verkehrsanbindung durch vier Bundesstraßen, die Autobahn A 3 Frankfurt – Köln sowie ein Bus- und Bahnzentrum hat sich Limburg zu einem Mittelzentrum mit Teilfunktionen eines Oberzentrums entwickelt. Trotz einer vergleichsweise bescheidenen Einwohnerzahl von 35.000 ist Limburg für rund 250.000 Menschen aus dem Umland zu einem Knotenpunkt für Kommunikation, Handel, Verkehr und Dienstleistung geworden.

Dieser Trend hat auch die Entwicklung des Schulwesens maßgeblich beeinflußt. Vor allem die Angebote an wohnortnahen Grundschulen, Gymnasien und Berufsschulen wurden ständig der steigenden Nachfrage angepaßt und liegen heute weit über dem Standard vergleichbarer Kommunen. Die Attraktivität des Limburger Schulwesens ist auch der Grund dafür, daß täglich hunderte von Schülern aus dem benachbarten rheinland-pfälzischen Rhein-Lahn-Kreis und dem Westerwaldkreis nach Limburg pendeln.

## Kooperation und Kommunikation

Die Limburger Schulen pflegen eine intensive Zusammenarbeit untereinander und mit anderen Organisationen. Der daraus resultierende Informations- und Erfahrungsaustausch trägt wesentlich zur Optimierung des schulischen Angebots bei. So erschließen z. B. viele gemeinsame Projekte mit der Kreismusikschule den Schülern schon früh den Zugang zu spezifischer und qualifizierter Musikausbildung, die die Möglichkeiten des Musikunterrichts übersteigt. Die Kooperation mit der Kreisvolkshochschule konnte in vielen Fällen die Aus-, Fort- und Weiterbildung von jungen Menschen verbessern und dadurch zur beruflichen Qualifizierung beitragen, die die wesentliche Voraussetzung für ein späteres Beschäftigungsverhältnis ist. Durch Arbeitsgemeinschaften mit Limburger Sportvereinen profitieren die Schulen vom „Know how" der qualifizierten Sportvereinstrainer, deren spezielle Kenntnisse in den einzelnen Sportarten den alltäglichen Sportunterricht ergänzen. Die

**Dr. Christoph Wörsdörfer**

Der Autor wurde 1956 in Limburg geboren. Studium Lehramt an Gymnasien an der Johannes-Gutenberg-Universität Mainz, 1. Staatsexamen 1982, 2. Staatsexamen am Studienseminar Wiesbaden 1984; Promotion zum Dr. phil. an der Heinrich-Heine-Universität Düsseldorf im Jahr 1991. Seit 1984 beim Landkreis Limburg-Weilburg beschäftigt, bis 1995 Leiter des Kreissportamtes, ab 1995 Leiter des Amtes für Schule, Kultur und Sport, ab 1999 zusätzlich verantwortlich für das Verkehrswesen mit dem Öffentlichen Personennahverkehr (ÖPNV) und dem Fremdenverkehr.

*Gesamtübersicht aller Limburger Schulen*

| Grundschulen | Grund- und Hauptschulen | Grund-, Haupt- und Realschulen | Haupt- und Realschulen |
|---|---|---|---|
| Grundschule Linter | Grund- und Hauptschule Eschhofen | Theodor-Heuss-Schule Limburg mit F rderstufe | Johann-Wolfgang-von-Goethe-Schule Limburg |
| Lindenschule Lindenholzhausen | | Leo-Sternberg-Schule Limburg | |
| Grundschule Ahlbach | | | |
| Grundschule Offheim | | | |
| Erich-K stner-Schule | | | |
| Grundschule Staffel | | | |

| allgemeinbildende Gymnasien | berufliche Gymnasien (Oberstufe) | berufliche Schulen (Vollzeitschulen und Berufsschulen) | Sonderschulen |
|---|---|---|---|
| Tilemannschule Limburg | Marienschule (Fachrichtung Wirtschaft) | Marienschule Limburg | Astrid-Lindgren-Schule f r Praktisch Bildbare |
| Marienschule Limburg (private M dchenschule) | Peter-Paul-Cahensly-Schule (Fachrichtung Wirtschaft und Technik) | Peter-Paul-Cahensly-Schule (kaufm.) | Albert-Schweitzer-Schule f r Lernhilfe und Erziehungshilfe |
| | Adolf-Reichwein-Schule (Fachrichtung Ern hrung) | Adolf-Reichwein-Schule (allg. gewerbl.) | |
| | | Friedrich-Dessauer-Schule (gewerbl.-techn.) | |

wöchentlichen Hockey-AGs mit dem amtierenden Bundestrainer der Herren, Paul Lissek, sind nur ein Beispiel für viele. Daß dabei Talente entdeckt werden, die später vielleicht zum Nationalspieler avancieren, versteht sich von selbst.

## Das Limburger Schulnetz

Für die Ausbildung junger Menschen ist die ständige Anpassung der Unterrichtsinhalte an die Entwicklung des technischen Fortschritts von elementarer Bedeutung. Dieses Ziel stößt spätestens dann an seine Grenzen, wenn die finanziellen Ressourcen nicht ausreichen. Der Einsatz des Internet ist hierfür ein gutes Beispiel: Einzelanschlüsse könnten die Schulen nicht bezahlen. So entstand die Idee einer Vernetzung und eines gemeinsamen Zugangs zum Internet, der dank der Finanzierung durch die Kreissparkasse und die Bereitstellung aller Standleitungen durch die Energieversorgung Limburg (EVL) keine Kosten für die Schulen verursacht.

*Das Limburger Schulnetz*

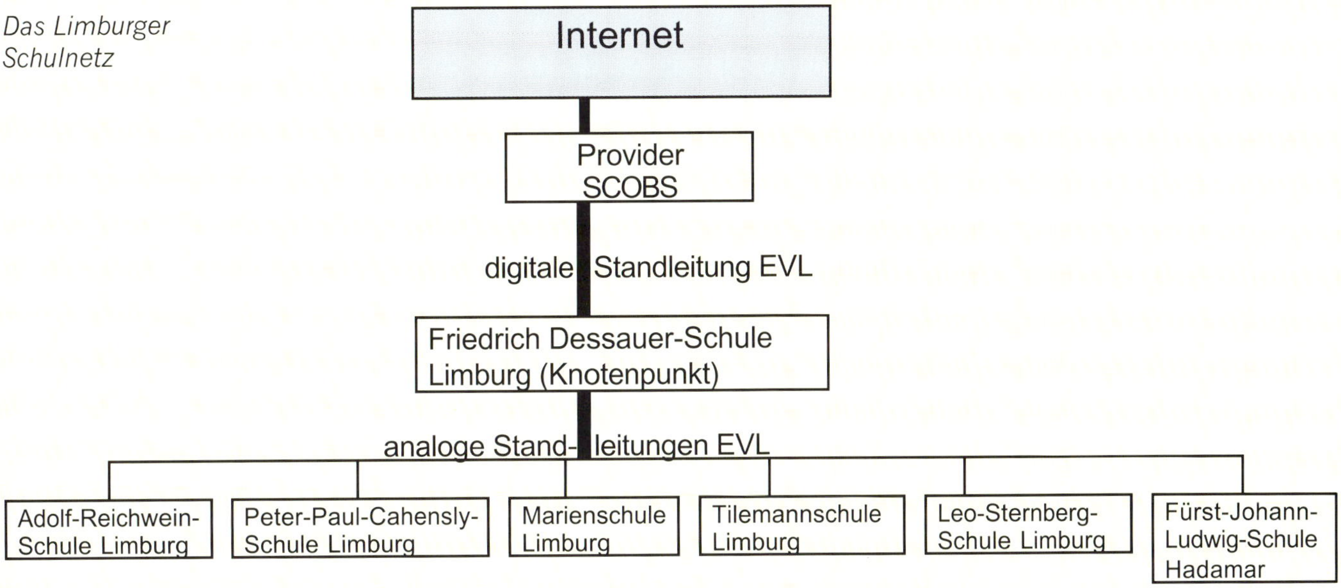


## Grundschulen in der Nähe

Für Schulanfänger beginnt mit dem ersten Schultag in der Grundschule ein neuer Lebensabschnitt, während dem sie sich allmählich vom Elternhaus lösen. In dieser Entwicklungsphase ist es besonders wichtig für die Kinder, daß „ihre" Schule in der unmittelbaren Wohnumgebung liegt. Da ist es gut zu wissen, daß Limburg zusammen mit den Stadtteilen über insgesamt neun Grundschulen verfügt, die gut erreichbar sind.

*Betreuende Grundschule an der Theodor-Heuss-Schule.*

## Betreuende Grundschulen

In der heutigen Zeit wird von Arbeitnehmern ein hohes Maß an Flexibilität und Einsatz gefordert. Dadurch haben es gerade Alleinerziehende auf dem Arbeitsmarkt besonders schwer, ihre Arbeitszeiten mit den zum Teil wechselnden Schulanfangszeiten und Schulschlußzeiten in Einklang zu bringen. Diesem Bedürfnis entspricht das Konzept der Betreuenden Grundschule, bei dem die Schüler täglich von der ersten bis zur letzten Stunde außerhalb des normalen Unterrichts durch ausgebildete Erzieher und Pädagogen betreut werden. Das Betreuungsprogramm, das die schulische Angebotspalette um zahlreiche kreative Elemente – wie z. B. Basteln, Kochen, Backen, Theater, Musik, Werken, Spielen etc. ergänzt, wird an fünf Grundschulen angeboten und erfreut sich größter Beliebtheit.

## Breites Mittelstufenangebot – viele Wege führen zum Abitur

In Limburg können Schüler zwischen einem breiten Mittelstufenangebot von Haupt- und Realschulen wählen. Wer sich bereits früh sicher ist, daß er das Abitur machen möchte, findet in der Tilemannschule, einem alt- und neusprachlichen Gymnasium, oder in der Marienschule, einer staatlich anerkannten katholischen Privatschule für Mädchen, gute Entwicklungsmöglichkeiten. Die Entwicklung und der Bedarf auf dem Arbeitsmarkt verändern das Anforderungsprofil der allgemeinen Hochschulreife. Neben der humanistischen Bildung werden verstärkt praxis- und berufsbezogene Hochschulabschlüsse verlangt. Dieser Nachfrage entsprechen die Oberstufen an drei beruflichen Gymnasien mit den Fachrichtungen Ernährung und Hauswirtschaft, Wirtschaft sowie Technik. Vier Berufsschulen und berufliche Vollzeitschulen ergänzen das umfassende Angebot.

*Marienschule.*

*Peter-Paul-Cahensly-Schule.*

## Sonderschulen

Die Integration von Menschen, die den Auswahlkriterien unserer Leistungsgesellschaft, die sich natürlich in den Schulen widerspiegelt, aufgrund ihrer fehlenden geistigen oder körperlichen Voraussetzungen nicht entsprechen können, wird zu einer wichtigen Aufgabe des nächsten Jahrhunderts werden. In der Astrid-Lindgren-Schule, einer Schule für Praktisch Bildbare, und der Albert-Schweitzer-Schule, einer Schule für Lern- und Erziehungshilfe, sowie einem sonderpädagogischen Beratungs- und Förderzentrum werden behinderte Schüler bzw. Schüler mit Verhaltensauffälligkeiten und Lernschwächen im Rahmen ihrer Möglichkeiten auf die künftigen Aufgaben in unserer Gesellschaft vorbereitet.

# Sportstadt Limburg

Im Zuge einer „Entkörperlichung" der täglichen Lebensabläufe gewinnt das Sporttreiben als Ausgleichsfunktion an Bedeutung. Neben dem Gesundheitsaspekt entspricht der Sport auch dem zunehmenden Wunsch nach aktiver Freizeitgestaltung. Mit Sport werden positive Attribute wie Kommunikation, Erlebnis, Spaß, Bewegung, Rhythmus oder auch soziales Lernen bei Kindern und Jugendlichen assoziiert.

In Limburg findet der Sportinteressierte ein reichhaltiges vereinsgebundenes und kommerzielles Sportangebot, das das gesamte Spektrum der Sportarten abdeckt.

Dafür stehen u. a. zehn kommunale Sporthallen zur Verfügung. Aufgrund der geographischen Lage zwischen den Naherholungsgebieten des Westerwaldes und des Taunus' bestehen zahlreiche Möglichkeiten des Sporttreibens in der freien Natur. Limburg ist darüber hinaus Ziel und Ausgangspunkt eines komplexen Rad- und Wanderwegenetzes. In der Nähe befindet sich ein Golfplatz mit Sporthotel am Wiesensee.

## Parkbad – Raum für Freizeit, Erholung und Wettkampf

Am Fuße eines ausgedehnten, mit zahlreichen alten Baumbeständen bewachsenen Westhangs liegt das im Jahr 1997 völlig neu sanierte Parkbad, das dem Besucher durch seine multifunktionale Konzeption Raum für Freizeit, Erholung und Wettkampfsport bietet.

In einem 50m-Becken mit separatem Sprungbereich, einem Kinderbecken mit drei Ebenen, einem Erlebnisbecken, einer Schaukelgrotte oder auf Sonnenfelsen, die in die Wasserzonen integriert sind, findet jeder Besucher etwas für seinen Geschmack. Die 50m-Wasserrutsche aus einer Höhe von fünf Metern läßt jedes Kinderherz höher schlagen. Eine Beach-Volleyball-Anlage und eine Street-Basketball-Anlage runden den Charakter eines modernen Freizeiterlebnisbades ab.

Sollte das Wetter nicht zum Baden unter freiem Himmel einladen, stehen den Besuchern drei Hallenbäder zur Verfügung, die zum Teil über Erlebnisbadeinrichtungen, Solarium und Sauna verfügen.

*Moderne Großsporthalle mit internationalen Maßen für 2.000 Zuschauer .*

Parkbad.

## Sportvereine – das Herz des Sports

Neben den kommerziellen und sonstigen Sportanbietern bleibt der ehrenamtlich organisierte Vereinssport auch in Zukunft die Keimzelle des Sports. Das besondere Interesse der Limburger Bevölkerung am Vereinssport wird durch Mitgliederzahlen von über 40 Prozent in Bezug auf die Gesamteinwohnerzahl deutlich, die damit erheblich über dem Landes- und Bundesdurchschnitt liegen. Auch die Zahl von 48 Sportvereinen dokumentiert die Vielfalt und die Breite des sportlichen Angebots.

Drei Vereine, die sich durch die Vernetzung von Leistungssport und vorbildlicher Jugendarbeit auszeichnen, konnten bisher das „Grüne Band der Dresdner Bank für Talentförderung", eine bundesweit begehrte Auszeichnung, erhalten: der Tischtennisclub Staffel, der Limburger Hockey-Club und der Limburger Club für Wassersport.

Beim Tischtennisclub Staffel, der das „Grüne Band" bereits zum 2. Mal erhielt, finden alle Mitglieder, vom Anfänger bis zum Leistungssportler, vom Schüler bis zum Rentner, ein adäquates Angebot, bei dem auch Freizeitaktivitäten, die über den Tischtennissport hinausgehen, an der Tagesordnung sind. Besonderes Merkmal beim Tischtennisclub Staffel sind die Patenschaften der Spitzenspieler für die jugendlichen Nachwuchsspieler, wodurch einerseits die jungen Talente gefördert und motiviert werden und andererseits eine große Identifikation innerhalb des Vereins erzeugt wird.

Der Limburger Hockey-Club, der in seiner Vereinsgeschichte unzählige Meistertitel, nationale und internationale Erfolge erzielen konnte, zählt unbestritten zu den Aushängeschildern Limburgs. Aus seinen Reihen kam der frühere Hockey-Bundestrainer der Herren, Klaus Kleiter, und kommt auch der zur Zeit amtierende Bundestrainer Paul Lissek. Natürlich waren an den zahlreichen internationalen Erfolgen des Deutschen Hockey-Bundes, der in Limburg einen Bundesstützpunkt unterhält, auch viele Talente und Nationalspieler des Limburger Hockey-Clubs beteiligt.

Limburg liegt an der Lahn, einem Fluß, der ideale Bedingungen für Wassersport bietet. Dies alleine ist sicher nicht der Grund dafür, daß der Limburger Club für Wassersport zu den bundesweit erfolgreichsten Rudervereinen zählt. Ein ausgezeichnetes Vereinsmanagement, verknüpft mit hochqualifizierten Trainern und einer systematischen und vorbildlichen Jugendarbeit, sind der Grund für Goldmedaillen bei Weltmeisterschaften, internationalen und nationalen Wettkämpfen. Aber auch der Sportinteressierte, dessen Voraussetzungen für absolute Spitzenleistungen nicht ausreichen, findet beim breiten Angebot des Limburger Clubs für Wassersport eine Möglichkeit, sich zu betätigen. ■

*Bootshaus des Limburger Clubs für Wassersport.*

# Limburg – jährlich besuchen über 500.000 Touristen die Perle im Lahntal

Sicher hat das Lahntal viele sehenswerte Perlen – Limburg ist jedoch zweifelsohne die am besten erreichbare.

Dies hat zur Folge, daß die Stadt ein gern und oft angesteuertes Ziel vieler Tagestouristen und Kurzzeiturlauber ist.

Fachwerkhaus in der Limburger Altstadt.

**Hilmar Frhr. Schenck zu Schweinsberg**

Der Autor wurde 1962 geboren. Bis 1984 absolvierte er ein Studium an der Verwaltungsfachhochschule in Giessen und schloß es mit dem Diplom zum Verwaltungswirt (FH). Seit 1991 ist er Leiter des Amtes für Fremdenverkehr, Sport, Bäder und Vereine beim Magistrat der Kreisstadt Limburg a.d. Lahn.

Durch die in ihrem unzerstörten Ensemble einzigartig erhaltene und beispielhaft sanierte Altstadt, in Kombination mit dem altehrwürdigen Dom, der Lahn mit dem lieblichen Lahntal, der Nähe zu Westerwald und Taunus, sowie einem attraktivem Angebot an Boutiquen, Kaufhäusern, Gaststätten und Beherbergungsbetrieben wurde Limburg zum touristischen Spitzenreiter der Region. Deutlich über 500.000 Tagestouristen entdecken jährlich die Reize dieser Stadt für sich aufs Neue.

Dem eindeutigen und traditionellen Interessenschwerpunkt unserer Stadtbesucher folgend ist Limburg in die „Deutsche Fachwerkstraße", - Teilstrecke West- und Mittelhessen - eingebunden, die neben attraktiven alten Städten mit liebevoll restauriertem Fachwerk auch herrliche Landschaften miteinander verbindet.
Gerade das idyllische Lahntal – eingebettet zwischen Westerwald und Taunus – gilt nicht nur unter Paddlern und Kanuten, sondern auch unter Wanderern und Radfahrern als Geheimtip.
Die besondere Lage Limburgs wird dabei durch die Anbindung an die beliebten Lahnhöhen

Wanderwege und zwei Fern-Radwanderwege berücksichtigt. Doch auch per Eisenbahn, der Lahntalbahn, und mit dem Auto auf der Lahn-Ferienstraße, sowie der in Limburg ansässigen Fahrgast-Schiffahrt lassen sich die Schönheiten des Limburg umgebenden Lahntals bequem erschließen.

Um das steigende Interesse der Besucher an dieser Landschaft umweltverträglich zu gestalten, hat die Stadt – in Zusammenarbeit mit den in einer bundesländerübergreifenden Kooperation zusammengeschlossenen Fremdenverkehrsämtern entlang der Lahn – in den letzten Jahren behutsam den Aufbau einer touristischen Infrastruktur im Lahntal in Angriff genommen.
Die strategisch günstige Lage zwischen den Ballungszentren Rhein-Main und Rhein-Ruhr sowie die hervorragenden Anbindungen durch Autobahn, Bundesstraße und Schienen haben die alte Handelsstadt Limburg aber auch zu einer bevorzugten Adresse für Geschäftsreisende gemacht. Die Beherbergungsbetriebe haben sich dieser Entwicklung angepaßt und bieten ein qualitativ und quantitativ ansprechendes Angebot. Diese Kombination von guter Erreichbarkeit gepaart mit einem ordentlichen Angebot hat es der Stadt ermöglicht, ihre Stellung am umkämpften Beherbergungsmarkt nicht nur zu halten, sondern sogar noch ausbauen zu können. So konnten allein 1998 über 100.000 Übernachtungen verbucht werden.

Daß diese im Grunde erfreuliche Entwicklung aber auch Probleme für die Stadt mit sich bringt, soll jedoch nicht verschwiegen werden: Ein Plus an Besuchern der Stadt bedeutet eben auch ein Plus an Verkehr. Den gilt es in vernünftige Bahnen zu lenken.

Die verantwortlichen Stellen und Gremien unserer Stadt haben die Probleme glücklicherweise frühzeitig erkannt und behutsam, aber

*Campingplatz Limburg an der Lahn.*

gezielt regelnd und ordnend eingegriffen: Parkhäuser wurden gebaut, Parkplätze eingerichtet.

Die Altstadt wurde weitestgehend als verkehrsberuhigter Bereich ausgewiesen, was letzlich beiden Seiten – nämlich Touristen und Bewohnern – zugute kommt.

Für die zahlreichen Busreisenden wurde zudem bereits vor etlichen Jahren eigens eine Busempfangsstation mit angeschlossenem Busparkplatz eingerichtet.

Den Campern bietet der unmittelbar an der Lahn und dem Parkbad gelegene Campingplatz nicht nur einen eindrucksvollen Dom- und Schloß-Blick, sondern auch eine zeitgemäße Ausstattung.

Doch nicht nur den Touristen und Besuchern bietet die Stadt einen angenehmen Aufenthalt. Auch den Bewohnern steht ein facettenreiches, attraktives – vor allem aber gut und kurzfristig erreichbares – Freizeitangebot zur Verfügung:

Die zentrale Lage im Lahntal und die quasi vor der Haustür liegenden Naherholungsgebiete von Taunus und Westerwald laden zu Ausflügen und Touren ein, sei es in Wanderschuhen, per Fahrrad, im Kanu oder auf dem Rücken eines Pferdes.

Wer es sportlich liebt, findet bei den fast 50 örtlichen Sportvereinen mit Sicherheit die ihm zusagende Sportart und die entsprechende Sportanlage. Drei Hallenbäder, ein Freibad sowie zahlreiche gewerbliche Fitness- und Sportzentren runden das Angebot ab. Auch ausgefallenere Freizeitgestaltungen, wie zum Beispiel Segelfliegen und Heißluftballon-Fahrten lassen sich im nächsten Umfeld unserer Stadt realisieren.

Auch der Kunst- und Kulturinteressierte kommt in Limburg auf seine Kosten. Seien es die Meisterkonzerte in der Stadthalle, die Orgelvespern im Dom oder auch die wechselnden Ausstellungen der Galerien und städt. Kunstsammlungen, das alles ergänzt vom vielfältigen Angebot der rund 60 kulturtreibenden Vereine.

Und wer es bunt und gesellig liebt und gerne feiert, kommt in Limburg ebenfalls auf seine Kosten: Frühlingsfest, Altstadtfest, Rheingauer Weintage – das größte Weinfest außerhalb des Rheingaues –, das Oktoberfest sowie die traditionellen Kirchweih-Feste in allen Stadtteilen laden, neben zahlreichen anderen High-Lights und Märkten, ein.

Limburg – eine liebens- und lebenswerte Stadt! ■

# Über das Lebensgefühl eines Limburgers

Zunächst muß ich gestehen, daß ich mich in dem gestellten Thema sehr wenig zu Hause fühle. Zum einen bin ich kein waschechter Limburger, zum anderen habe ich keinen Einblick in das gesamte Spektrum der Aktivitäten in und um Limburg.

Die Wahl, mich, den Vorsitzenden des Fördervereins der Freunde der bildenden Kunst zu bitten, einen Artikel unter den Schlagwörtern „Kultur und Kunst in Limburg“ zu verfassen ehrt mich, gleichzeitig beginnt die Suche, was ist erwähnenswert, was kann ich berichten. Reifliche Überlegungen führten mich zu der Erkenntnis, das gewünschte Loblied in ganz persönlicher Einschätzung anzustimmen.

*Klaus Pazner „Blick zur Plötze“, Radierung, color., 1991.*

**André Kramm**

Der Autor lebt und arbeitet als selbstständiger Architekt seit sieben Jahren in Limburg. Ehrenamtlich ist er seit drei Jahren der 1. Vorsitzende des Förderkreises der Freunde der bildenden Kunst.
Geboren wurde Kramm am 30.11.1962 in der Nähe von Limburg, besuchte das Gymnasium in der Kreisstadt, studierte Architektur an der Gesamthochschule Siegen und Kassel.
Bevor er seinen Wohnort nach Limburg verlegte, war er zehn Jahre lang in Frankfurt und Kassel beruflich tätig.

Limburg ist meine Heimat geworden, mein berufliches und privates Zuhause. Die Kleinstadt ist eine überschaubare und liebenswerte Bühne mit zahlreichen Bühnenbildern. Das Leben, in dem von mittelalterlicher Architektur geprägten Stadtzentrum, findet auf den Plätzen und Straßen statt.

Der Limburger, der sogenannte Säcker, zeigt sich und will gesehen werden. Die Struktur der Altstadt, liebevoll und stilsicher saniert, ist Ausdruck der intakten Gemeinschaft.

Im Wissen um die Tradition der mittelalterlichen Handelsstadt und geprägt, wenn auch heute dem Zeitgeist folgend, unbewußt und/oder nicht bekennend, als Bürger einer Bischofsstadt von christlichem Glauben, hat der Limburger ein ge-

Josef Eberz „Tänzerpaar", 1918.

sundes Selbstbewußtsein. Die freundliche Tonart des nassauischen Dialektes untermalt das offene Wesen. Der Umgangston ist ohne Umwege, gerade heraus.

Limburg ist eine Kleinstadt, die durch den Bahnhof mit Anschluß an die ICE-Strecke Paris/Köln/Frankfurt zwischen Rhein – Ruhr und Rhein-Main infrastrukturell besser plaziert sein wird. Das Leben der Metropole wird verfügbarer. Zu hoffen bleibt, daß das Leben in Limburg durch werterhaltendes Denken inspiriert, seinen beständigen und ruhigen Rhythmus beibehält.

Das Leben in Limburg funktioniert. Der Limburger weiß zu leben, er richtet sich die Zimmer, sprich die Plätze, so ein, wie es die Jahreszeiten zulassen. Hektisches Treiben herrscht in den Wohnzimmern der Stadt an den Tagen, an denen die Stadt sich und ihren Wohlstand feiert.
Der traditionelle Flohmarkt zieht alljährlich Hunderttausende Besucher an. Gaukler, Schaulustige, Musiker und Artisten bieten ein Schauspiel besonderer Art. Der Limburger selbst taucht

Josef Eberz „Segelschiffe", 1920.

Adam Wolf „Brücke und Brückentor", Ölgemälde, 1955.

in die Masse, steht als Verkäufer von aus der Mode gekommenem Hausrat hinter dem Campingtisch. Der sonst immer korrekt mit Anzug und Krawatte gekleidete Bankangestellte vergißt den Alltag, zeigt sich marktschreierisch als Händler und freut sich wie ein kleiner Junge, beim letzten Kunden wieder prima gefeilscht zu haben. Die gesamte Stadt ist und bietet Theater. Spät am Abend, die städtischen Bediensteten beseitigen die letzten Spuren, liegt ein Stück von Traurigkeit über der Stadt.

Die traumhaften Kulissen der Fachwerkhäuser mit ihren Gewölbekellern trösten den Limburger, seine Besucher von nah und fern schon bald beim nächsten Großereignis der Stadt: das Altstadtfest, weit über die Grenzen hinaus bekannt. Es gehört neben dem Weinfest zu den festen Größen im Jahreskalender. Verschiedene Musikgruppen konkurrieren mit Straßentheatern. Kulinarische Kostbarkeiten sind über die gesamte Stadt verteilt, kurz gesagt, es gibt nichts, was dem ausgelassenen Besucher nicht geboten werden kann. Die Szenerie der mittelalterlichen Stadt ist an diesen öffentlichen Festtagen von einer entsprechenden Geräuschkulisse geprägt, die leisen Töne sucht der Limburger an anderen Tagen.

Der Dom mit seiner spätromanischen Architektur, nicht erst nach seiner Sanierung in den 80iger Jahren von der Fachwelt beachtet, ein weithin sichtbares und bekanntes Baudenkmal, ist Ausgangspunkt von einem Spaziergang, der in einen besinnlicheren Teil des Limburger Kulturlebens führt.

Das Stadtarchiv, durch das gewissenhafte und ehrenamtliche Engagement von Herrn Heinz Maibach mit Leben gefüllt, bietet im Limburger Schloß, welches zusammen mit dem Dom hoch über der Stadt thront, neben dem Einblick in die Limburger Stadtgeschichte ein abwechslungsreiches Ausstellungsprogramm. Limburger Persönlichkeiten, wie der Kunsterzieher Peter Aßmann und der jüdische Richter und Dichter Leo Sternberg werden in ihrem Wirken und ihrem künstlerischen Schaffen gewürdigt. Die Revolution von 1848 sowie Limburg in der Literatur und in der bildenden Kunst (1600-1900) sind weitere Themen, die nach gründlicher Recherche und liebevoller Zusammenstellung dem Besucher einen neuen Blick auf die Limburger Stadtgeschichte geben. Selbst der Struwwelpeter im Wandel der Zeit, der politischen und pädagogischen Konzepte, war Gegenstand einer Ausstellung.
„Kunst in der Mittagspause", so lautet eine der ungewöhnlichen Führungen, die Dr. Gabriel Hefele als Leiter des Diözesanmuseum anbietet. Der Domschatz und die byzantinische Staurothek kann genauso Thema seiner Erläuterungen sein wie der Einblick in die Geschichte der Engel. Das Diözesanmuseum ist neben dem Dom der Besuchermagnet auf dem Domberg.

Ebenso zu Füßen des Domes befindet sich das historische Rathaus mit seinen Ausstellungsräumen der städtischen Kunstsammlungen. Jährlich werden bis zu sieben Ausstellungen durchgeführt, finanziell getragen von der Stadt Limburg und dem Förderverein der Freunde der bildenden Kunst. Das Fördern von Kunst kann bekanntlich selbst zur Kunst werden. In Limburg wird entgegen den Trends seit 1996 ein mit DM 10.000 dotierter Kunstpreis vergeben. Darüber hinaus besitzen die Kunstsammlungen einen reichen Fundus von Schenkungen. Regional und überregional bekannte Künstler wie Josef Eberz (1880 - 1942), Karl Baumann (1947 - 1997), Ernst Moritz Engert (1892 - 1986), Rudolf Fuchs (1892 - 1985), Josef Kiefer (1906-1965), Josef Müller-Pauly (1917 - 1994), Klaus Panzner (geb. 1943), Adam Wolf (1893 - 1968) sind mit zahlreichen Arbeiten archiviert. Die wohl bedeutenden Künstler Eberz (Malerei) und Engert (Scherenschnitte) sind dem Expressionismus zuzuordnen. Sie gehören zu den wichtigsten Vertretern ihres Faches. Limburg würdigt diese beiden prominenten Söhne der Region von Zeit zu Zeit mit thematischen Ausstellungen. Selbstverständlich wird das Material zu den Ausstellungen in Katalogform gebracht, die dokumentarische Wirkung reicht über den Tag hinaus. Diese Form der Kunstförderung wäre ohne finanzielle und ideele private Hilfe nicht machbar. Das kulturelle Leben wäre um viele Facetten ärmer.

„Lebendiges Theater", so die Überschrift eines Textes, den Werner Schmich, seines Zeichens 1. Vorsitzender der Limburger Kulturvereinigung, verfaßt hat, um auf die Ziele und Aufgaben seines sehr engagierten Vereins aufmerksam zu machen. Seit 1946 ist die Limburger Kulturvereinigung Initiator und Veranstalter von Konzerten und Theateraufführungen. Die Liste der Veranstaltungen ist lang. Werner Schmich schreibt hierzu: „Mit Schauspiel, Komödie oder Musical, be-

*Josef Müller-Pauly „Domvikarie", 1978.*

1. Katzenturm
Bauwerk der ehemaligen Ringmauer des 13. Jhs. an der früheren Niedermühle. 1432 erstmals erwähnt. Mauerstärke 2,0 m; Durchmesser 10,0 m. Der stark zerstörte Rundturm mit gut erhaltenem Kreuzgewölbe wurde durch den Aufbau des eingezogenen Obergeschosses in den Jahren 1985 - 86 wieder instandgesetzt.

2. Alte Lahnbrücke
Erste steinerne Brücke, 1315 - 1354 erbaut; 1945 teilweise zerstört, 1946/47 Wiederaufbau und Verbreiterung.

3. Brückenturm
Äußerer Wehrturm der Brücke. Erbaut 1. Hälfte 14. Jh. Quadratischer Grundriß 12 m x 12 m. Höhe bis Traufgesims 14 m. Ursprünglich mit hohem Zeltdach.

4. Haus Brückengasse 2
Dreigeschossiger klassizistischer Bau. Von 1739 - 1774 Postverwaltungsstelle der Thurn und Taxischen Post. Das dem Original im Bundespostmuseum Frankfurt am Main exakt nachgebildete Wappenschild – über dem Portal des Hauses angebracht – zeigt in der oberen Hälfte das Kaiserliche Wappen, darunter jenes der Fürsten von Thurn und Taxis.

5. Haus Brückengasse 9
Haus der sieben Laster, erbaut 1567. Die in die Balkenköpfe geschnitzten Figuren stellen dar – von rechts nach links – Hoffahrt, Geiz, Neid, Unkeuschheit, Unmäßigkeit, Zorn und Trägheit.

6. Ehemaliger Hof des Zisterzienserklosters Eberbach im Rheingau
Eingerichtet um 1300; Kapelle 1322 begonnen. Wohnbau 1777 errichtet (z. Z. Katasteramt). Ab 1378 von hier Armenunterstützung aus der Stiftung des Limburger Bürgers Rulemann. Die Johanneskapelle dient heute der ev.-luth. Gemeinde als Gotteshaus.

7. Gotisches Haus Römer 2-4-6
Nationales Denkmal, erbaut 1289. Typus des gotischen Hallenhauses. Nach umfangreichen Forschungsarbeiten unter Befundsicherung restauriert und 1989 wiedereröffnet. Dokumentation zweier Umbauphasen: von 1581 - 1583 und um 1610. Im Hofbereich Dokumentation der Funde der Bauarchäologie: Speichertürme, sog. Gaden und eine „Mikwe“ (jüd. Ritualbad).

8. Haus Römer 1
Typischer Burgmannenhof; nördlicher Teil erbaut 1296, südlicher Teil um 1500. Anbau des Treppenturmes und der Galerie im Rahmen der Restaurierung; heute als großzügiges Wohnhaus genutzt.

9. „Staurothek“ – Diözesanmuseum/Domschatz
Das Diözesanmuseum besitzt die bedeutendste sakrale Kunstsammlung zwischen Köln und Frankfurt. Gezeigt werden Glaubenszeugnisse und Sakralkunstwerke aus 12 Jahrhunderten. Wertvollstes Ausstellungsstück ist die „Dembacher Beweinung“, eine Figurengruppe aus der

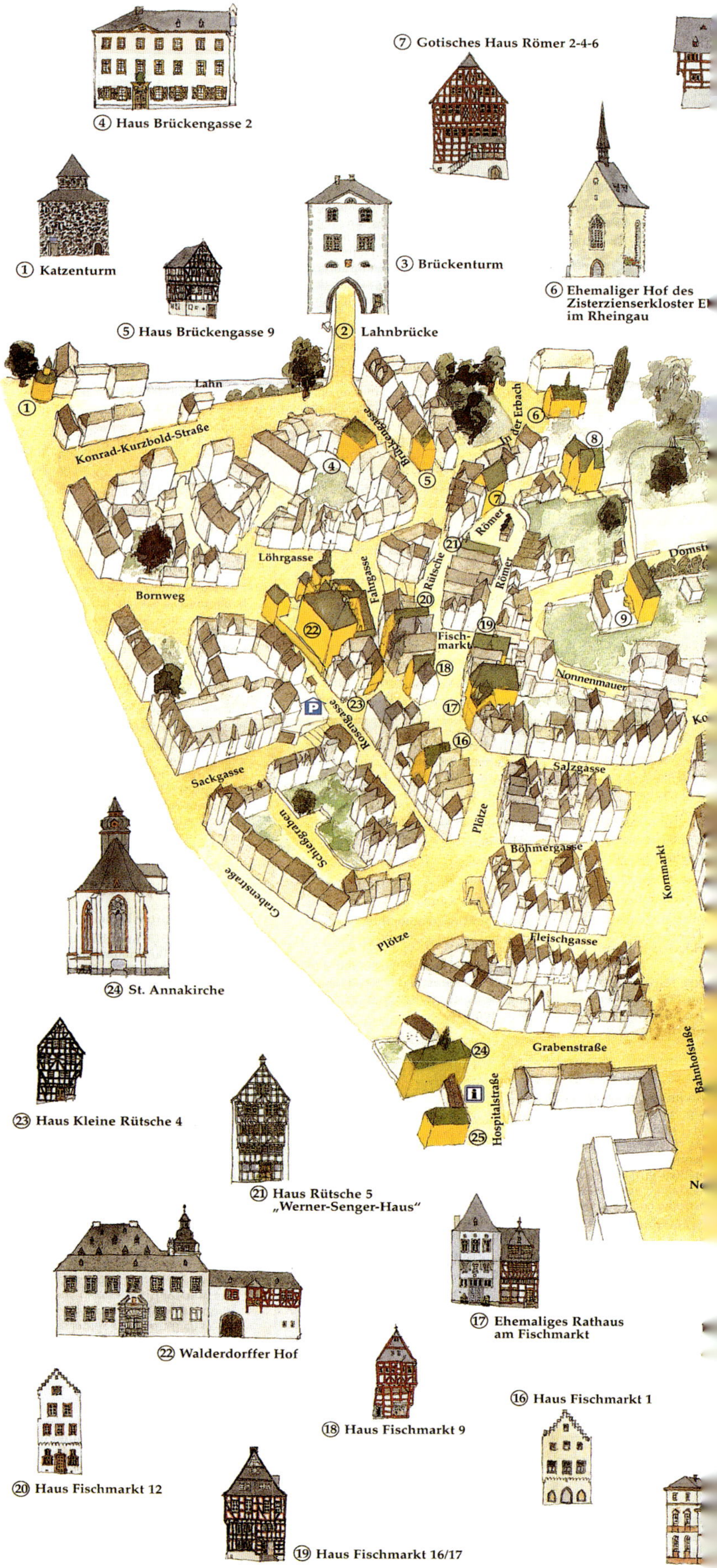

⑨ „Staurothek" - Diözesan-museum/ Domschatz

ömer 1

Alte Stiftsvikarie

⑫ Schloß

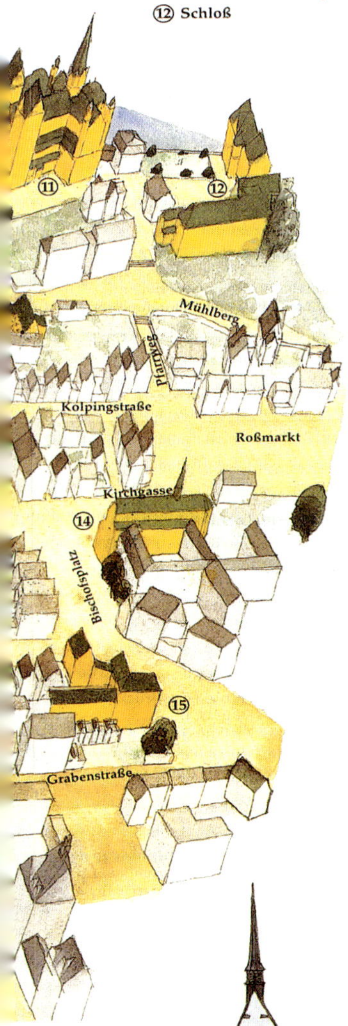


lte Scholasterei,
omplatz 5

⑭ Stadtkirche

betta
r Straße 2

*Zeit des Weichen Stils. Im Limburger Domschatz befinden sich bischöfliche Insignien, Altargefäße sowie Reliquiare aus ehemals kurtrierischem Besitz. Mittelpunkt der Sammlung ist die berühmte Staurothek, ein byzantinisches Kreuzreliquiar. Ihr Name steht heute sinnbildlich für das gesamte Museum.*

*10. Alte Stiftsvikarie*
*Erbaut um 1515, innerhalb der alten Burganlage, Burgmannenhaus der Herren von Staffel. Am Frontgiebel schöner Erker mit Pfosten und Bögen über Konsolstein; seitlicher achteckiger Fachwerktreppenturm.*

*11. St. Georgs Dom*
*Innerhalb der Burganlage. 910 Gründung des Stiftes St. Georg durch Gaugraf Konrad Kurzbold. Dessen Kirche stand vermutlich an der Stelle des heutigen Domes: um 1206 begonnen, 1235 (Weihe) fertiggestellt. In großartiger Weise sind französische Frühgotik und rheinische Spätromanik in eigenständiger Formensprache vereint: eines der faszinierendsten Sakralgebäude des europäischen Hochmittelalters. Von 1967 - 1973 äußere Rekonstruktion und farbige Fassung nach Originalbefund. Von 1974 - 1991 Restaurierung der inneren Raumschale mit wertvoller Befunddokumentation.*

*12. Schloß*
*Romanischer Mittelbau Anfang 13. Jh. von Gerlach von Ysenburg erbaut. Nach 1289 unter Johann 1. von Limburg Kapellenbau. Im Erdgeschoß Kapelle St. Peter mit wertvollen spätmittelalterlichen Wandmalereien. Um 1380 unter Johann III. begonnener Saalbau, der südliche Flügel der Anlage. Abgebrannt im Winter 1929, wiederaufgebaut 1934 - 35. Im 16. Jh. Errichtung des Fachwerkbaues mit polygonalem Fachwerktreppenturm im nördlichen Teil des Ostflügels. Heute befindet sich im Schloß unter anderem das Stadtarchiv.*

*13. Alte Scholasterei, Domplatz 5*
*Burgmannenhof. 1420 erstmals urkundlich erwähnt, Sitz des Stiftsscholasters bis 1803. Aufteilung in Kleinstwohnungen im 18. Jh. Nach Befundsicherung und Restaurierung heute Einfamilienhaus und Privatarchiv.*

*14. Stadtkirche*
*Erbaut um 1300. Franziskanerkirche bis 1813. Barocke Umgestaltung des Innenraumes 1742. Anschließende Gebäude: Ehemaliges Kloster der Franziskaner (Barfüßer) 1232-1813. Barocker Umbau 1738 - 1743. Bischofshaus und Bistumsverwaltung.*

*15. Haus Trombetta, Frankfurter Straße 2*
*Baugruppe bestehend aus dem Fachwerkbau des 17. Jh. mit Hofportal von 1769 und dem klassizistischen Gebäude auf Resten der Stadtmauer des 13. Jh.; Mittelbau von 1885. Von 1769 bis 1960 Sitz der alten Limburger Handelsfamilie Trombetta.*

*16. Haus Fischmarkt 1*
*Steinernes gotisches Hallenhaus als „domus lapidea" urkundlich erwähnt 1350, mit profilierter Mittelsäule aus Eiche im Erdgeschoß aus dem Jahre 1555.*

*17. Ehemaliges Rathaus am Fischmarkt*
*Im Jahre 1399 von den Geschwistern Sybold an Bürgermeister, Rat und Bürgschaft verkauft. Rathaus bis 1899. Sehr altes Kellergewölbe (13. Jh.). Hohe gotische Erdgeschoßhalle mit mächtigen Unterzügen, schöne Wendeltreppe. Heute Standesamt und zusammen mit dem Nachbargebäude Fischmarkt 22 „Städtische Kunstsammlungen".*

*18. Haus Fischmarkt 9*
*Hallenhaus erbaut 1542. Wiederherstellung der im 18. Jh. durch Einziehen eines Zwischengeschosses verbauten Halle. Rekonstruktion der Fassade und der farbigen Fassung nach Befund.*

*19. Haus Fischmarkt 16/17*
*Historisches Hallenhaus; vermutlich im 15. Jh. erbaut, später unter dem First geteilt; im 18. Jh. Einbau eines Zwischengeschosses in der Halle. Bei den Restaurierungen Wiederherstellung des alten Charakters.*

*20. Haus Fischmarkt 12*
*Steinernes gotisches Hallenhaus, vermutlich um 1300 erbaut; aufwendige Umbauarbeiten sind auf 1552 datiert. Handwerklich hervorragend gestaltete Bronzetafeln in der Haustür (seit 1989) geben Zeugnis zu wesentlichen Daten der Stadtgeschichte.*

*21. Haus Rütsche 5 „Werner-Senger-Haus"*
*Gotisches Hallenhaus, im 13. Jh. erbaut. Die heutige Fassade des Fachwerkhauses wurde im 16. Jh. eingestellt und farbig gestaltet: Diamantquaderbemalung nach Befund restauriert.*

*22. Walderdorffer Hof*
*Erbaut 1359, gotischer Turm noch erhalten. Neuerbaut 1665 durch Baumeister Angeb Barella von Wilderich Freiherr von Walderdorff, Fürstbischof zu Wien, Reichskanzler unter Leopold 1. Familienbesitz der Grafen von Walderdorff bis 1989; heute in Privatbesitz.*

*23. Haus Kleine Rütsche 4*
*1289 erbautes Hallenhaus, 1670 durchgreifend umgebaut, steht an der engsten Stelle der Stadtdurchfahrt auf dem alten Handelsweg Flandern-Byzanz.*

*24. St. Annakirche*
*Zu Beginn des 14. Jh. erbaut. Chorfenster von 1380, das in 18 Medaillonbildern Stationen aus dem Leben Jesu darstellt. 1650 barocke Umgestaltung von Decke, Orgel und Kanzel.*

*25. Anlage des Hospitals zum Heiligen Geist*
*Von 1319 - 1568 Wilhelmitenkloster. Von 1573 bis ca. 1840 Bürgerhospital, ausgestattet mit dem großartigen Vermächtnis des Limburger Schöffen Werner Senger. Ab 1721 Neubau der Anlage. Die Räume werden heute teilweise von der Stadtverwaltung genutzt.*

*Blick auf Rathaus und Dom.*

sonders auch für junge Menschen und Kinder, wird lebendiges Theater geboten, das man so unmittelbar nur auf der Bühne erleben kann. Viele bekannte Künstler gastieren mit Tourneetheatern in der Josef-Kohlmaier-Halle. Mit den Limburger Meisterkonzerten bieten wir eine Möglichkeit klassische Musik höherer Qualität zu erleben. Familienkonzerte in der Form von Gesprächskonzerten, die als Sonntagsmatinee angeboten werden, sollen Kindern die Welt der Musik erschließen. Die dritte Säule unserer Arbeit sind Opernfahrten zu den Opernhäusern in Mainz, Düsseldorf, Köln, Trier, Aachen, Heidelberg, Mannheim, Ludwigshafen, Gießen, Wiesbaden und Frankfurt."

Dieses reichhaltige Programm, überwiegend im großen Saal der Josef-Kohlmaier-Halle dargeboten, ist Anziehungspunkt für die gesamte Region.

Eine weitere Initiative, die von Privatleuten gestaltet und seit Jahren das kulturelle Leben prägt, ist die Kleinkunstbühne „Thing", welche ebenfalls in der Josef-Kohlmaier-Halle beheimatet ist. Das Programm reicht vom Jazz-Frühschoppen bis hin zu Comedy, immer durch die hohe Qualität und eine intime Atmosphäre, die die Veranstaltungen zu einem sehr direkten Erlebnis werden lassen, beeinflußt.

In den Sommermonaten geht, wie eingangs erwähnt, der Limburger nach draußen. Die Zeit des Sommertreffs, eine Veranstaltungsreihe der Stadt mit Musikkonzerten der unterschiedlichsten Strömungen, ist ein Muß am Samstagabend. Der Hof am Standort des Wilhelmitenklosters seitlich der Annakirche bietet nicht nur einen hervorragenden historischen Bühnenraum, die Zentralität des Standorts verführt dazu, das Konzert in der ei-

*E.-M. Engert „Handkuß", Scherenschnitt, 1919.*

*E.-M. Engert „Bogenschütze".*

nen oder anderen gastronomischen Besonderheit ausklingen zu lassen. Das umgebaute gothische Hallenhaus mit seinem Fachwerk, das Weinhaus mit seinem traditionellen und unverfälschten Ambiente bei gleichbleibender Qualität der Speise- und Getränkekarte, selbstverständlich der Italiener oder der Grieche, die Kneipe im Tonnengewölbe, der Biergarten an der Lahn, dies alles sind beliebte Ausflugziele der unternehmungslustigen Kleinstadtbewohner.

Die Palette der Veranstaltungen, neudeutsch „Events" genannt, ließe sich um internationale Chorfestivals, den Limburger Jugendbuchpreis – ebenfalls mit DM 10.000 dotiert –, sportliche Großereignisse – der Limburger Hockeyclub gehört zu den Spitzenvereinen in Deutschland – und viele mehr fortsetzen. Vollständigkeit und eine qualitative Bewertung sind nicht Gegenstand dieses Artikels.

Etwas ist aus meiner Sicht aber eines der höchsten Kultur- und Kunstgenüsse, die Limburg zu bieten hat: Die Landschaft, das Lahntal und den mittelalterlichen Städtebau.

Besser als dies Dostojewski 1874 während seines Bad Emser Kuraufenthaltes nach einer Lahnreise formulierte, kann dies nicht gesagt werden: „Alles, was man sich verlockendes, sanftes, phantastisches unter einer bezaubernden Landschaft vorzustellen vermag: Solche Hügel, Berge, Schlösser und Städte wie Marburg, Limburg mit den prachtvollen Türmen, dabei in so wechselnder Folge von Berg und Tal, hatte ich bisher noch nicht gesehen."

Dieses heimatstiftende Ambiente schafft eine Kultur, die einfach und kostenlos vorhanden ist. Limburg und seine Umgebung ist für ein gesichertes und geordnetes Leben bestens geeignet. Diese kleinstädtische Ordnung bietet selbst dem, der scheinbar aus der Ordnung ausbricht, Raum. Eine kulturelle Nische für die Jugend und Musikszene, seit kurzem auch für Varieté und Experimentelles Theater, bietet das Kalkwerk: Höhepunkt des Jahreskalenders ist das dreitägige und unter freiem Himmel stattfindende Festival für Groß und Klein.

Limburg bietet für jeden etwas, selbst für den, der nichts findet, bietet es die Chance durch ehrenamtliches Engagement an der Gestaltung des eigenen Lebensgefühls mitzuwirken.

Einen verbalen Rundumschlag mit dem Tenor „Limburg ist langweilig" wie seinerzeit, 1925, der später berühmt gewordene Schriftsteller und Philosoph Ludwig Marcuse, als Journalist des Frankfurter Generalanzeiger zu Papier brachte, wäre heute nicht denkbar bzw. ungerecht.
Unter anderem heißt es dort:
„Ich weiß nicht genau, weshalb ich nach Limburg fahren wollte. Ich hatte einen herrlichen Traum von Limburg. Es lag in meiner Phantasie wie ein

*Limburger Dom.*

*Sakraler Domschatz.*

spanisches Felsennest hoch über der Lahn, etwa wie Sagunt. Es war ein katholischer Feiertag, als wir in Limburg ankamen. Die Leute hatten nichts zu tun und gafften uns an als wären wir Kamtschadalen. Der Ort ist langweilig. Ich werde von jetzt ab in allen langweiligen Stunden an Limburg denken müssen. Limburg ist unbeschreiblich, weil es ohne Physiognomie ist. Doch dort, wo die letzten Häuser stehen, liegt hoch oben über der Lahn der Dom. Steile Felswände klettern die Augen hinauf. Der Traum hat nicht gelogen, wenn man nur dies Limburg nennt. In der Nähe des Himmels eine graue vieltürmige Steinmauer, gestützt von stark zerklüfteten, verwitterten Steinbergen. Wir suchten ein Gasthaus an der Lahn. Wir gingen den schmalen Fußpfad am Fluß entlang, und dann suchten wir uns die Stelle aus, wo ein schönes Hotel mit breiten Veranden stehen müßte, damit wir Freude hätten an Limburg, an der Lahn, am schönen Sommertag."

Ob Marcuses vernichtende Beurteilung angemessen war, läßt sich nicht mehr feststellen.
Für die heutige Zeit kann sie keinesfalls zur Beurteilung Limburgs herangezogen werden.
Selbst wenn meine lokalpatriotische Brille beim Optiker zur Reparatur ist, bleibt mein Blick scharf und der Eindruck deutlich.
Die Kleinstadt Limburg ist lebenswert und liebenswert.

Sie kann, will und sollte nicht dem Angebot der Metropole hinterherlaufen. Limburg bleibt eine beschauliche Stadt, in der das Leben lohnt. ■

# Die Limburger Altstadt: Sanierungsgebiet, Lebensraum, Wirtschaftsstandort, Gesamtkunstwerk

Es ist heute – im letzten normalen Zähljahr vor der Millenniumswende – knapp über ein Vierteljahrhundert her, daß in Limburg mit der förmlichen Festlegung eines parzellenscharf umrissenen Sanierungsgebietes am 20. Juni 1972 der Startschuß erging für eine der erfolgreichsten Stadtsanierungen nach Städtebauförderungsgesetz in der alten Bundesrepublik, ein Verfahren, das in Limburg besonders in der Anlaufphase von starker Dynamik, hoher Risikobereitschaft der politischen Administration und gemeinsamem Engagement der Mehrheit der Bürger getragen war.

Und es ist knapp über zwei Jahrzehnte her, daß sich die Stadt 1978, gerade sechs Jahre nach dem spektakulären Start, in dem großen, bundesweiten Wettbewerb „Stadtgestalt und Denkmalschutz im Städtebau" nicht nur auf Landesebene erwartungsgemäß hervorragend plazierte, sondern sich auch auf Bundesebene, wo dies angesichts einer Reihe starker Konkurrenten nicht so selbstverständlich war, für die erfolgreichen Bemühungen um die erhaltende Erneuerung der Altstadt mit einer Goldmedaille schmücken konnte.

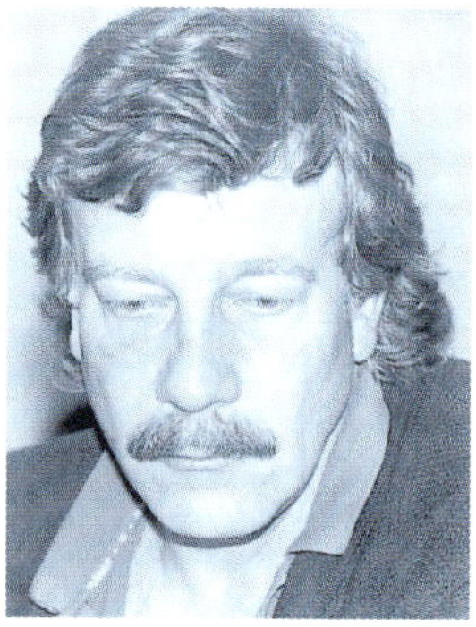

**Dr. Reinhard Bentmann**

Der Autor, Jahrgang 1939, studierte Kunstgeschichte, klassische Archäologie und Germanistik in Frankfurt, Heidelberg und München, Promotion über das Gesamtkonzept der Palladio-Villa Barbaro in Maser („Die Villa als Herrschaftsarchitektur" 1970). Veröffentlichungen zu Themen der Kunstgeschichte, Denkmalpflege und Tourismuskunde. Seit 1973 tätig am Landesamt für Denkmalpflege Hessen in Wiesbaden und dort als Hauptkonservator Leiter der Abteilung Bau- und Kunstdenkmalpflege. In den 70er und 80er Jahren als Bezirksdenkmalpfleger zuständig u.a. für Limburg und eine Reihe weiterer Sanierungsgebiete in Mittelhessen.

*Nonnenmauer 7, vermutlich ehemaliges Stiftsherrenhaus, 1584 auf den Fundamenten eines älteren Hauses erbaut. Auffällig der schön geschweifte Giebel.*

Sicher spielte dabei das in Deutschland, aber auch im europäischen Vergleichsrahmen einzigartige Stadtbild eine entscheidende Rolle – mit der unverwechselbaren Stadtkrone von Burg und Dom auf dem steilen Lahnfelsen, mit der dicht um den Domberg gedrängten, in ihrer Erscheinung noch weitgehend homogenen Fachwerkaltstadt und mit dem reizvollen, parkartigen Grünraum der Lahnpartie am Rande der Altstadt.
Zweifellos hat sich Limburg durch seine natürlichen Vorgaben bei der strengen Jury gut verkaufen können.

*Hausgruppe an der Plötze. In der Bildmitte Haus Nr. 14 (noch verputzt) mit Erker auf geschnitzten Konsolen (Jonas und der Wal).*

Doch brachte diese besondere historisch-topographische Situation auch bestimmte Probleme mit sich, die Limburg mit anderen eng am Lahnufer zusammengedrängten alten Siedlungen in Hessen teilt, etwa mit Marburg, Wetzlar, Weilburg oder Runkel. Diese Altstädte sind buchstäblich eingeklemmt zwischen dem Flußlauf, den fallweise steil eingeschnittenen Talhängen, modernen Straßen und Autobahnsystemen, älteren Eisenbahnsträngen, Brückenköpfen, früheren vorstadtartigen Erweiterungen auf der anderen Flußseite und Resten historischer Stadtmauerringe und Befestigungsanlagen. Diese ökonomisch, strategisch und verkehrstechnisch signifikante Lage an Flußübergängen und den Kreuzungspunkten alter Straßen und alter politischer und wirtschaftlicher Kraftlinien machte die genannten Lahnsiedlungen zwar zu idealen Standorten im Mittelalter, und entsprechend dynamisch entwickelten sie sich damals. Doch meist war schon am Ende des Mittelalters ihre beste Zeit vorüber, und der Übergang von der Feudalepoche ins Nachmittelalter und in die Moderne vollzog sich nur äußerst krisenhaft. Limburg macht da keine Ausnahme. Die hohe stadträumliche, städtebauliche und infrastrukturelle Verdichtung, die noch aus dem Mittelalter überkommen war und die im Mittelalter erhebliche Vorteile geboten haben mochte (zum Beispiel durch die kurzen Kommunikationswege für Waren, Menschen, arbeitsteilige Dienstleistungen innerhalb der Stadt und durch die komprimierten Verteidigungslinien), – diese ursprünglichen Vorteile verkehrten sich nun in Standortnachteile und wirkten in nachmittelalterlicher Zeit als hemmende Faktoren. Die Stadt hatte es schwer, den Anschluß an die neue Zeit zu gewinnen, sich von ihrem einst schützenden und hegenden Gewand zu befreien, das sich zunehmend als einengendes Korsett erwies. Es zeigte sich als fast unmöglich, den im Mittelalter gesetzten Grenzen von Topographie, Stadtgrundriß, Infrastruktur, Bevölkerungsanzahl und – nicht zuletzt -aufgeklärtem, innovationsbereitem Bewußtsein in die Moderne hinein zu entwachsen.

Zwar konnte sich Limburg wie auch Marburg, Runkel oder Weilburg schon seit dem 19. Jahrhundert hoher Wertschätzung durch Maler, Dichter, gebildete Touristen erfreuen, die sich begeisterten an dem in hohem Maße malerischen und ausdrucksstarken historischen Stadtbild. Doch waren dies ästhetische Qualitäten einer liebenswerten Idylle, die auch malerischen Verfall, wirtschaftlichen Niedergang und Züge musealer Erstarrung einschlossen. Die romantischen Reisenden trugen zwar den Ruhm von Limburg als typisch deutsche Stadtschönheit nach England und Frankreich, doch reich wurden Limburgs Wirte und Krämer nicht von ihnen, und einen massenhaften Tourismus als Wirtschaftsfaktor gab es damals noch nicht. Die politischen Veränderungen ab der Mitte des vorigen Jahrhunderts verstärkten die Marginalisierung der alten Städte. Durch die preußische Hegemonie, die sprunghafte wirtschaftliche Entwicklung der Gründerzeit und die Reichsgründung 1870/71 mit ihren neuen industriellen Ballungsgebieten, Rohstoffzentren, Finanzplätzen, politischen Metropolen und kulturellen Brennpunkten verlagerten sich die Akzente vollkommen, und Plätze wie Limburg, Weilburg oder Marburg gerieten weiter ins Abseits.

Es waren die Fern- und Nachwirkungen dieses Marginalisierungsprozesses, auf die man um 1970 mit dem Städtebauförderungsgesetz reagierte, und es war dabei erklärtes städtebaupolitisches Ziel, die inzwischen in über einem Jahrhundert und länger akkumulierten Standortnachteile der alten Städte durch eine bundesweite „konzertierte Aktion“ unter Aufbietung hoher finanzieller und administrativer Energie in Standortvorteile zu verwandeln. Nach 1945 hatte man in beispielloser kollektiver Anstrengung die von den Bomben ruinierten Großstädte wiedererschaffen. Nun ging es darum, die vom Zahn der Zeit, sozialen und wirtschaftlichen Fehlentwicklungen ruinierten Altstädte in der Provinz aus ihrem Dornröschenschlaf zu erwecken und sie zu reanimieren. Die Chancen dafür standen um 1970 nicht schlecht. Denn inzwischen war eingetreten, was Soziologen und Städtebaukritiker schon länger prognostiziert hatten: die urbane „Krise der Metropolen“, die sich – so Alexander Mitscherlich damals – zu immer deutlicherer „Unwirtlichkeit“ hin entwickelten. Die historisch geprägten Klein- und Mittelstädte mit ihren überschaubaren sozialen Zusammenhängen, scheinbar intakten baulichen Strukturen und deutlichen Identifikations-, Erlebnis- und Gemütswerten boten eine Alternative, und sie stellten sich dieser Herausforderung. Zudem war inzwischen die Motorisierung der Republik mit den entsprechenden Verkehrsträgersystemen weit fortgeschritten, und es bedeutete nicht mehr hinter dem Mond zu leben, wenn man in Limburg oder Weilburg wohnte und zum Beispiel zur Arbeit in den Rhein-Main-Ballungsraum pendelte.

Limburg hat in über zwei Jahrzehnten Sanierungsgeschichte bewiesen, daß die Anstrengungen nicht vergeblich waren, denn die Limburger Altstadt wurde nicht nur museal als große, bunte Bildpostkarte konserviert, sondern sie wurde als neuer, wirtschaftlich leistungsfähiger Standort revitalisiert. Es bleibt also auch aus heutiger Sicht und mit zwanzig Jahren Abstand außer Zweifel, daß die damals – 1978 – verliehene Goldmedaille vorzeigbare Sanierungsleistungen honorierte und in Limburg als ein Wechsel auf die städtebauliche Zukunft bewertet wurde. Denn man hat sich in Limburg nicht wohlig auf den errungenen Lorbeeren ausgeruht, sondern das Werk fortgeführt – bis zum heutigen Tag und unter inzwischen erheblich erschwerten Bedingungen. Das Sanierungsgeschäft erforderte langen Atem, Hartnäckigkeit, Gelassenheit vor allem bei der Verwaltung, denn es mußten in oft vielfachen, geduldigen Einzelerörterungen mit Bauherren, Erbengemeinschaften, Ministerialen, Architekten, Handwerkern zähe Widerstände überwunden, Vorurteile beseitigt, es mußte Grundlagenarbeit geleistet und das richtige Sanierungsbewußtsein geschaffen werden. In zwei Jahrzehnten wurde ein feines Netz wechselseitiger Einwirkung und Mitwirkung gesponnen – mit vielerlei Synergie-Faktoren und mit präzis definierten Rollen der am Sanierungsgeschehen Beteiligten seitens der Bauleitplanung, der Finanzierung, der Bürgerberatung, der Bauforschung und nicht zuletzt eines kleinen, im Laufe der Sanierungsarbeit am Patienten Altstadt zunehmend kompetenteren Kreises ortsansässiger Architekten, die sich auf die spezifischen Probleme des mittelalterlichen und nachmittelalterlichen Fachwerkbaues spezialisierten. Millionäre sind diese Fachplaner alle nicht geworden, und ihr Stundenlohn lag häufig unter dem eines Bauhilfsarbeiters, hätte man ihre Leistungen nach Stundennachweis abrechnen wollen.

Der Lohn für die Plackerei im Sanierungsgeschäft lag mehr im ideellen als im materiellen Bereich. Im Innenverhältnis zwischen Verwaltung, Planern und betroffenen Bürgern, also den Bauherren, entstand Vertrauen, und dieses Vertrauen wuchs stetig wie die Jahresringe eines Baumes. Wobei diese Ringe als ein Abbild der politischen und wirtschaftlichen Turbulenzen je nach mageren oder reichen Jahren kräftiger oder dünner ausfielen. Sie liefern, so gesehen, das Dendrochronogramm von nunmehr 27 Jahren Limburger Sanierungsgeschichte, vergleichbar der Altersbestimmung der in Limburgs Häusern verbauten Eichenstämme nach der Zahl und Dicke ihrer Jahresringe. Inzwischen kann aus einer zeitgeschichtlichen Perspektive vom „Modellfall Limburg" gesprochen werden, zu vergleichen mit ähnlich erfolgreichen Sanierungen wie dem „Modell" Herborn oder Alsfeld.

## Die Limburger Altstadt: Gesamtkunstwerk und Geschichtsraum

Die erhaltende Altstadtsanierung stellt den Kunstgeschichtler und Stadttheoretiker wie den Städteplaner und Denkmalpfleger vor eine neue Situation: nämlich die Konservierung eines komplexen, in sich uneinheitlichen, allenfalls in seiner Gesamtgestalt, also in der Gesamtschau seiner differenzierten ästhetischen Einzelgestalten einheitlichen Gebildes, das eben nicht nur aus Fachwerkfiguren, Dach- und Hausformen, aus Gassenführungen und farbig gefaßten Fassaden, sondern auch aus einer Vielzahl sozialer Strukturen und Verflechtungen besteht, aus geschichtlich Gewordenem und geschichtlich Gewesenem, aus höchst lebensfähiger, vitaler Substanz und aus Material, das inzwischen nicht nur gesellschaftlich und wirtschaftlich inhaltlos wurde, sondern das auch bauphysikalisch und nutzungstechnisch zum Absterben verurteilt ist. Kann man ein so komplexes Gebilde, kann man den in Teilen bereits toten Organismus eines historischen Stadtquartiers überhaupt in toto erhalten? Wo hier beginnen, wo enden? Die Limburger Altstadt in ihrer dichten Fügung aus Vielfalt und Einheit, aus Bauwerken höchsten Kunst- und Kulturwerts und aus Schuppen, Garagen, Hütten und Hühnerställen, für die man keinen Pfifferling geben möchte, Limburgs Gestaltkern als ästhetische wie emotionale, geschichtliche und (einstmals) wirtschaftliche Keimzelle bietet sich zur Demonstration dieses Problems an wie kaum eine zweite deutsche Altstadt.

*Erker am Walderdorffer Hof, Fahrgasse 5, geschmückt mit Bildnissen, dem Hauswappen, Säulen, Tellerornamenten, Gesimsen und Konsolen.*

Die theoretische Grundlegung für die Total-, zumindest Teilerhaltung historischer Quartiere erfolgte schon zu Beginn der neuzeitlichen Stadttheorie und Denkmalpflege. Beide Forschungs- und Arbeitsbereiche sind unlösbar an diesem Punkt miteinander verknüpft, seit den grundlegenden Gedanken von Camillo Sitte, Dvorák und Clemen zu diesem Thema. Die Grundüberlegung war dabei, ein homomorphes Stadtgebilde gleich einer barocken Residenz, einer mittelalterlichen Klosteranlage, gleich einem aus vielen Einzeleinheiten zur Gesamtheit komponierten Gebilde wie z. B. der Wiener Karlskirche, dem Versailler Schloß und Park oder gleich einer römischen Kardinalsvilla als eine prägnante Gestalteinheit, als Gesamtkunstwerk zu begreifen. In der Bewertung einer Altstadt als geschichtlich gewachsener wie bewußt komponierter Gestalteinheit wurzelt auch die Notwendigkeit, sie als Einheit zu schützen, zu bewahren und zu sanieren. Erhaltende Stadterneuerung ist nicht zu trennen vom Milieu- und Ensemblegedanken, der die moderne Stadttheorie ebenso kennzeichnet wie die moderne Denkmalpflege. Denn Denkmalschutz kann heute sein Bewenden nicht mehr nur in der Erhaltung vereinzelter und städtebaulich zusammenhangloser Stardenkmale wie der großen Dome, Burgen und Rathäuser finden.

Mag es noch relativ naiv zu bewerkstelligen und theoretisch problemlos zu begründen sein, ein Kunstwerk wie den Limburger Dom durch die Restauratoren „realisieren" zu lassen (um einen Gedanken Michael Groblewskis aufzugreifen), so erscheint es ungleich problematischer, auch methodisch verzwickter, ein Gesamtkunstwerk wie die Limburger Altstadt über Jahrzehnte hinweg durch Planer, Architekten, Verwaltungsfachleute, durch Ministerialbeamte, Kommunalpolitiker, Denkmalpfleger und nicht zuletzt durch die Betroffenen, nämlich die Hauseigentümer, Besitzer, Nutzer, Mieter und Gewerbetreibenden, zu „realisieren".

So banal es klingen mag: Im Limburger Dom wird weder gearbeitet noch Geld verdient, wird weder gewohnt noch gelebt, sondern als Gotteshaus ist er alltäglichen Nutzungsvorstellungen ebenso entrückt wie die „ästhetische Kirche" des Museums. Sein besonderer Charakter als Kunstwerk entspricht seiner besonderen, der Alltagswelt fernen Nutzung als sakrales Gehäuse. Im Gesamtgebilde wie in den Einzelgebilden der Limburger Altstadt aber wird gewohnt und gelebt, wird gewirtschaftet, geliebt und gestorben, wird studiert und geschachert, dies mit vorgefundenen Deckenhöhen von zum Teil weniger als zwei Metern, mit Plumpsklos über den Hof, mit winzigen Fenstern, vorsintflutlichen Heiz- und Sanitäreinrichtungen und mit einer permanenten sozialen Kontrolle auf engstem Raum, die zwar als unmittelbare Nachbarschaft ihre positiven Seiten hat, als Mangel an Abkapselungsmöglichkeiten, an Möglichkeiten sozialen Für-sich-Seins aber auch negativ empfunden werden mag. Für den mittelalterlichen Stadtbürger, noch für den Menschen des Barock mochte dies eine adäquate und bergende architektonische Hülle und gesellschaftliche Bestimmungsform gewesen sein. Aber für den Zeitgenossen von 1979 oder 1999?

Diese Fragen stellen sich bei Altstadtsanierungen generell, in besonderem Maße in Limburg, weil hier der Kunstwert unzweifelhaft hoch, der Störgehalt beneidenswert gering und damit die Erhaltungsnotwendigkeit besonders umfassend ist. Soweit dies nach inzwischen fast einem Vierteljahrhundert ernsthafter Sanierungsarbeit zu beurteilen ist, hat man in Limburg auf diesen Fächer von Fragen einen Fächer von Antworten gefunden. Die von der Denkmalpflege, auch vom Sanierungsplaner verfolgte Leitlinie hieß dabei: Respekt vor der Vergangenheit, doch keine falsche Devotion, kein Kotau vor ihr!

Der Grundkonflikt lag klar zutage, in Limburg wie anderswo, hier allerdings besonders konturscharf: Es ist der Konflikt zwischen der Altstadt als Gegenwärtigem, zwischen der alten Stadt als in Stein, Fachwerkholz und Naturschiefer anschaulich und zum Demonstrationsobjekt gewordener Historie und der Altstadt als Gesellschafts- und Wirtschaftsraum. Wird dieser Konflikt nicht aufgelöst, dann hat die Altstadt im Widerspruch zwischen ihrer eigenen Vergangenheit und einer zweifelhaften Gegenwart keine Zukunft.

*Hausgruppe am Bischofsplatz.*

## Methodenvielfalt: Konservierung, Restaurierung, Renovierung, Rekonstruktion, Objektsanierung, Neues Bauen in alter Umgebung

Eine praktikable methodische Grundlage bildeten in Limburg „flexible Standards": Nicht jedes Altstadthaus muß im Inneren Superkomfort bieten, nicht jede Fachwerkbutze muß in ihrer äußeren Erscheinung wie ein Schnitzaltar museal bewahrt und in ihrem Innenleben nach den Stereotypen von „Schöner Wohnen" ausgerichtet werden. In Limburg war man von Anfang an auf einem vernünftigen Weg, und Abstriche waren dabei an beiden Zielforderungen zu machen, der Forderung nach der archäologischen Totalkonservierung wie der Forderung nach aktuellstem Ausstattungsluxus. Nicht jede abenteuerliche und nicht mehr trittsichere Altstadttreppe ist erhaltenswert, sondern sie kann von Fall zu Fall durch ein brandsicheres, modernes Massivtreppenhaus oder einen angeschobenen Treppenturm ersetzt werden. Der Sanitärkomfort im Altstadthaus muß nicht dem der Hollywood-Villa entsprechen, und ein Privatschwimmbad wird in Alt-Limburg schwer zu realisieren sein, auch die Wohnhalle mit über 100 Quadratmetern Grundfläche. Nur wenn sich die unterschiedlichen Interessen von den Enden her annähern, wird man zu dauerhaft lebensfähigen Lösungen kommen. Aus einem solchen Annäherungsprozeß resultiert letztlich der Charakter von Prozeßhaftigkeit, der der Stadt überhaupt, der Altstadt in besonderem Maße entspricht und unter dessen Zeichen sie sich auch in vergangenen Jahrhunderten veränderte, erneuerte, wuchs und steigerte.

*Verwaltungs- und Kulturzentrum. Vorn links altes und neues Rathaus. Mitte: Josef-Kohlmaier-Halle (Stadthalle). Hintergrund: Dom, Schloß und Altstadt.*

Künstliche Beschleunigung oder krampfhafte Verlangsamung dieses Prozesses bringen Mißklänge, Fehlentwicklungen mit sich: Die Beschleunigung macht aus der Altstadt einen nostalgischen Vergnügungspark, die Verlangsamung läßt sie zum überdimensionalen Heimatmuseum erstarren.

Der Stadtplaner, die Bauausschuß-Mitglieder und Sanierungskommissare, der Denkmalpfleger, nicht zuletzt die Verwaltungsrichter (wenn es zu Sünden wider die Ortssatzung und das Sanierungsziel kommt) schweben – je nachdem – als Schutzgeister oder als Vollstreckungsdämonen über der Altstadt, und wenn sie ihre Sache nicht gut machen, schwebt der Pleitegeier einträchtig neben ihnen. An der Basis aber, fern der grauen Planungstheorie, im Fachwerkdickicht, wirkt der Sanierungsarchitekt, der Altstadtbaumeister. Wo der Städteplaner großflächige Korrekturen an der Stadtstruktur vornimmt, Strukturen verstärkt, verbessert, verändert, wo er den Stadtgrundriß nach den Richtlinien der Verkehrsgesetzgebung, der Reichsgaragen- und Stellplatzverordnung und nach Straßen-DIN-Normen zu einem Erschließungsnetz ausbaut, ohne dessen historisch gewachsene Gestalt zu vernichten, da arbeitet der Objektsanierer an der Mikrostruktur der Stadt, an Grundrissen, Geschoßgestalt, Neu- und Umnutzung der einzelnen Häuser. Diese ergeben in ihrer Gesamtheit die Altstadt, die – folgend der Architekturlehre der italienischen Renaissance – nichts anderes ist als ein einziges großes Haus, mit ihren Plätzen als „Sälen“, ihren Gassen als „Korridoren“ oder „Galerien“, mit ihren Häuserzeilen als Raumfolgen, ihren Gaststätten als Küchen, ihren Gemüsehandlungen als Lager- und Vorratsräumen, ihren Herbergen als Schlafzimmern, ihren öffentlichen Bibliotheken als Studierkammern. La città una casa grande, la casa una piccola città, so schon bei Alberti, Palladio und Scamozzi nachzulesen.

In der Sanierungsarbeit am Einzelobjekt tritt die Altstadtsanierung ihre Nagelprobe an. Bunt und wünschenswert vielfältig wie die Gestalt der alten Stadt sind die Bauaufgaben in der Altstadt, sind die Lösungsversuche und planerischen wie technischen Lösungsmöglichkeiten. Stets muß dabei das geometrische Mittel zwischen der (wirtschaftlichen und sozialen) Lebensfähigkeit der Altstadt und ihrer (künstlerisch und geschichtlich) schutzwürdigen Gesamt- wie Einzelgestalt gesucht werden.

Die methodisch am leichtesten zu begründende Bauaufgabe ist das Konservieren. Die Limburger Altstadt verfügt über einen harten Kern baulicher Einzelerscheinungen, an die niemand rührt, weil sie infolge ihrer hohen künstlerischen und stadtbaugeschichtlichen Bedeutung unbedingten Denkmalschutz genießen und weil sie als Gestaltgerüst der Altstadt unverzichtbar sind. Hier ist die äußere Erscheinung unantastbar, meist auch das Innenleben, die spezifische Raumfolge und Raumerscheinung mitsamt Stuckdecken, Innendekor und Fußböden. Dieses unbedingte Konservierungsgebot war zu Beginn des institutionalisierten Denkmalschutzes die Hauptaufgabe der Denkmalpfleger und Denkmalarchitekten und erstreckte sich vor allem auf die Großmonumente, auf Dome, Stadtpfarrkirchen, Burgen, Schlösser, Rathäuser, auch auf Ruinen und Reste von Stadtbefestigungen mit ihrer ortsbildprägenden Folge von Wehrtürmen. In Limburg gehören in dieses erlauchte Kollegium neben Dom, sämtlichen Kirchen und Klöstern, neben der bedeutenden, 1341 vollendeten Lahnbrücke und den Resten der Stadtumwehrung von 1225-30 auch mehrere opulente Kloster- und Adelshöfe, so der Erbacher Hof und der Walderdorffer. Es kommt eine Reihe besonders wertvoller Bürger- und Handelsherrenhäuser hinzu.

Der Regelfall von Altstadtbau in Limburg wie anderswo ist die Objektsanierung. Mit der Sättigung an Neubaubedarf wird sie mehr und mehr zur Hauptaufgabe der heutigen und der kommenden Architektengeneration. Die Altbausanierung meint durchgreifende Umgestaltung unter Respektierung der vorhandenen Hauskonstruktion, Ausstattung und Erscheinung. Meist geht sie –

wie in Limburg – Hand in Hand mit einer Restaurierung, also Wiederherstellung der äußeren Fassadengestalt, auch mit einer Modernisierung, d. h. Anpassung an heutige Nutzungsanforderungen, oder mit einer Umnutzung, d.h. mit der Schaffung neuer gewerblicher und wirtschaftlicher Inhalte im alten Rahmen.

Sonderfälle bilden die Translozierung und der völlige Neubau in alter Umgebung. Die Translozierung ist eine historisch legalisierte Methode, die sich besonders für den Fachwerkbau anbietet, der ja als früher „Fertigelementebau" grundsätzlich einen mobilen Charakter besitzt. Nach dem 30jährigen Krieg versetzte man von den Brandschatzungen verschonte Fachwerkhöfe von den Ortsrändern in die vernichteten Ortskerne. Das berühmte Killinger-Haus in Idstein (1615) wurde angeblich einst aus Straßburg hierher versetzt. Neben der Hospitalkirche in Wetzlar hat man das ehem. Fachwerkrathaus aus Bicken wiedererrichtet. Es gibt kaum einen älteren Fachwerkbau in Hessen, an dem nicht ganze Konstruktionselemente oder Einzelhölzer in Zweitverwendung aus früheren Bauten verzimmert wären. Problematisch bleibt eine solche Lösung für den Stadthistoriker und Denkmalpfleger, da sie eine Verfälschung, zumindest Manipulation einer gewachsenen städtebaulichen Situation darstellt und da sie immer ihren Fremdkörpercharakter beibehält. Die verkehrstechnisch notwendige Translozierung um nur wenige Meter mag eher angehen, da sie das städtebauliche Ambiente nur unwesentlich verändert, da hier das „Haus im Dorfe bleibt".

Die zweifellos heikelste Bauaufgabe in der Altstadt ist der „lückenbüßende" Neubau. Limburg verfügt mit der Rütsche-Neubebauung, dem 1978/79 realisierten Altenheim an der Konrad-Kurzbold-Straße, mit Pelz-Wagner an der Fleischgasse, Schuhhaus Lanz am Schießgraben, dem Haus der Kirchlichen Dienste am Bischofsgarten und der Neubebauung an der Rosengasse über eine breite Palette von Diskussionsbeiträgen zu diesem Thema, was beweist, daß man keine museale Sanierung betrieben hat, sondern daß auch heutige Architektur hier eine Chance fand.

Zwischen der Scylla ängstlich sich anbiedernden Historismus und der Charybdis altstadtfremder, exotischer, gewaltsamer Gestaltungen, also zwischen Anpassung und Störung, ist der Weg sehr schmal – und die Rütsche-Bebauung von 1976 hat die Diskussion lebhaft angeregt. Überanpassung und das ängstliche Schielen nach Sanierungsrichtlinien, nach etablierten Gestaltungsstandards und dem Altstadt-Rezeptbuch im Stile Schultze-Naumburgs garantieren ebensowenig einen vertretbaren Altstadtneubau wie das Plädoyer für eine funktionalistische Architektur aus Glas, Stahl und Beton, die sich angeblich selbstbewußt und in kühner Kontrapunktik in historischen Bereichen behauptet, diese aber empfindlich stören kann, wenn sie deren Maßstab verletzt.

## Sanierung historischer Holzbauten: die Bewahrung des künstlerischen Originals

In vielerlei Hinsicht ist man bei der Altstadtsanierung in Limburg eigene Wege gegangen und hat Maßstäbe gesetzt, nicht nur in bauästhetischer, nutzungstechnischer und gestalterischer, sondern vor allem in bauphysikalischer und denkmaltechnischer Hinsicht. Die Goldmedaille im Bundeswettbewerb belohnte nicht zuletzt diese Leistungen im Detail. Im Unterschied zu zahlreichen süddeutschen Altstädten mit ihren Massivbauten und Putzfassaden hat man es in Limburg überwiegend mit Fachwerkbauweise zu tun. Der historische Holzbau stellt

*Balkenkopf am Haus der sieben Laster, Brückengasse 9.*

besondere Probleme. Er altert anders und hat andere typische Bauschäden als der Massivbau (z. B. Befall durch biologische Schädlinge, Naß- und Trockenfäule bei Durchfeuchtung und mangelnder Durchlüftung). Vor allem aber verhält er sich statisch anders als der Mauerwerksbau. Andererseits läßt der Holzbau wegen seiner Skelettkonstruktion und wegen der vergleichsweise problemlosen Austauschbarkeit einzelner Elemente seiner tragenden Konstruktion relativ viel Spielraum für Veränderungen der räumlichen Aufteilung, auch für Nutzungsänderungen, also für die gestalterische Phantasie des Architekten und die Bedürfnisse des Bauherren. Dieser Spielraum kann allerdings dazu verführen, ihn allzu tolerant auszulegen. Wie alle Baukunstwerke, nicht anders als ein steinernes Haus der Spätromanik oder ein Ziegelbau der norddeutschen Backsteingotik, besitzt ein Fachwerk-Bürgerhaus des Spätmittelalters oder der Renaissance einen unaustauschbaren Wert als künstlerisches Original, hat es wie ein gotischer Schnitzaltar einen Anspruch auf Respektierung seiner Authentizität. Hier ist in den vergangenen Jahren bei der Holzbausanierung viel gesündigt worden, und hier liegen die Meriten des „Limburger Modells". Man geht hier nicht den Weg, einem baustatisch und physikalisch maroden Holzbau ein stählernes Stützkorsett einzuziehen, ihn prothetisch auf materialfremde Krücken zu stellen oder sein Balkenwerk so intensiv mit Kunstharzen, Fiber- oder Acrylglas vollzupumpen, daß er schließlich mehr ein Warenmuster der modernen Chemie ist als ein Zeugnis der Baukunst. Auch den anderen Holzweg vermeidet man – wo nur irgend möglich – in Limburg: nämlich die sanierungsbedürftige Holzkonstruktion hinter der Fassade vorschnell als nicht mehr sanierungsfähig zu opfern, sie also durch einen konventionellen Mauerwerk- oder Betonskelettbau zu ersetzen, die Fachwerkfassade lediglich als Vorhang zu bewahren und sie als schönen Schein farblich herauszuputzen.

Diese Potemkin-Methode ist Etikettenschwindel. Sie enthebt den Bauherren und den Architekten vieler Probleme: neue Treppenerschließung ohne Störung des historischen Hausgrundrisses, moderne Sanitär- und Elektroinstallation in alten Wänden, Korrektur zu geringer Deckenhöhen und Auffütterung schiefer Fußböden. Das Resultat ist dann ein Haus, das nur noch bedingt als Kunstwerk und als Original anzusehen ist, da es de facto ja einen Neubau mit vorgeklebter Fachwerk-Tapete darstellt. Ein solcher Althaus-Darsteller ist nur noch eine Bühnenkulisse, und man hat das Haus zum Krüppel gemacht, es irreversibel zu Tode operiert.

Die Denkmalpflege stellte sich in den vergangenen Jahrzehnten als eine Geschichte häufig wechselnder chemischer und physikalischer Wundermittel für die Stein- und Holzkonservierung dar. Diese teilweise gut gemeinte Quacksalberei hat sich nach jahrelangem Dauertest unter verschärften Umweltbedingungen selbst ad absurdum geführt. An manchem gotischem Dom kann man die einzelnen Phasen der Steinkonservierungsmoden wie in einem Lehrbuch als sich steigernde Folge von Steinschäden ablesen, und schon heute wird befürchtet, daß die Totalüberformung des Frankfurter Domes mit Steinersatzmaterial zu einem totalen Fiasko führen kann, wird bezweifelt, ob die Volltränkung wertvoller Bauteile des Kölner Domes mit Methylmethacrylat (= MMA, populär unter der Bezeichnung „Plexiglas") in 30 oder 50 Jahren noch als der Weisheit letzter Schluß gelten wird. Man verfolgt deshalb neuerdings die Linie, Bauten mit werkgerechten Materialien und nach herkömmlichen handwerklichen Methoden zu heilen und zu konservieren, wie man das schon vor 100 Jahren tat. So operieren seit langem einige Dombauhütten wie die in Straßburg oder Freiburg, wo der beste Restaurator der Steinmetz, das beste Heilmittel der natürliche Werkstoff ist. Ebenso sollte beim Holzbau der Zimmermann das letzte Wort haben, nicht der Kunststoffchemiker oder Bauklempner. Deshalb bemüht man sich in der Limburger Altstadt ausdrücklich nicht nur um die Erhaltung der baulichen Erscheinung, was hieße: zweidimensionale Tapetenpflege, sondern um die Bewahrung der materiellen Substanz der konstruktiven Merkmale des Holzbaues, der ja ein dreidimensionales Gebilde ist. Das bedeutet nicht nur, daß man in Limburg – wo dies möglich und lohnend ist – die farbige Fassadenerscheinung generell nach Befund des Fachrestaurators wiederherstellt (anstatt den guten Geschmack walten zu lassen, also Willkür), sondern das bedeutet auch, daß man in der Haustiefe möglichst viel vom ursprünglichen Skelett des Hauses und von seinem Fleisch erhält oder wiederherstellt – bis hin zu Teilen der originalen Lehm-Knüppelstakung in den Gefachen. Welch vorzügliche bauphysikalischen Eigenschaften das Lehmflechtwerk besitzt (Schall- und Wärmeschutz, Feuchteaustausch), hat sich inzwischen bei den Baufachleuten herumgesprochen und ist durch naturwissenschaftliche Testreihen erwiesen. An zwei Objekten am Limburger Fischmarkt, die überwiegend in Eigenleistung von Fachwerkenthusiasten saniert wurden, ging man so weit, die schadhafte Lehmfüllung herauszuklopfen, sie in warmem Wasser aufzulösen, anzudicken, zu neuer Füllmasse zu kneten und nach Reparatur des historischen Knüppelgeflechts in handwerklicher Manier wieder als Gefachmaterial aufzubringen – ein Beitrag zur experimentellen Archäologie!

*Gotisches Haus Römer 2-4-6, erbaut 1289, vor der Renovierung.*

Dieser behutsame Umgang mit Material und Konstruktion historischer Bausubstanz bringt auf dem Kostensektor erhebliche Risiken mit sich. Bei den Kostenvoranschlägen kann es wegen der zahlreichen Imponderabilien zu Fehleinschätzungen und Überschreitungen kommen. Daß man in Limburg dieses Risiko um der baugeschichtlichen Authentizität willen häufig einging, muß den Bauherren, den Architekten, nicht zuletzt der Verwaltung hoch angerechnet werden. Letztere mußte nicht selten als Nothelferin schnell und unbürokratisch Finanzhilfen bereitstellen. Anderenorts ging man bei der Sanierung vielfach den einfacheren Weg, aus Unkenntnis, aus Bequemlichkeit oder aus bautechnischem Perfektionismus. Es bleibt zu fragen, ob der Baugeschichtler oder der Denkmalpfleger ein Fachwerkhaus, das nur noch aus seiner Holzfassade besteht,an dem lediglich noch 10 bis 15 % der Hölzer materiell alt sind, überhaupt noch als Baudenkmal bewerten kann und darf. Häufig erweist sich der Weg des geringeren Widerstandes bei der Sanierung im Endeffekt als der kostspieligere, denn es kann durch die Verbindung einander fremder Materialien nachträglich zu erheblichen Komplikationen und Bauschäden kommen.

## Die Limburger Altstadt: moderner Lebensraum und revitalisierter Wirtschaftsstandort

Die Limburger Altstadt als hochkarätiges künstlerisches Original, gehütet und gepflegt wie eine Schatztruhe, jeder ihrer Eichenbalken liebevoll konserviert wie eine Riemenschneider-Madonna – dies könnte den Eindruck aufkommen lassen, daß man sich hier im sterilen Schonraum eines Naturschutzparks oder in einem hessischen Oberammergau befindet. Das Gegenteil ist der Fall. Die Erfolge bei der Limburger Altstadtsanierung stehen und fallen mit dem Engagement der Altstadtbewohner, der alteingesessenen wie der neu zugezogenen. Daß ständig neue Liebhaber in die alte Stadt drängen, ist das erfreulichste Resultat, der beste Erfolgsbeweis. Das historische Gassennetz ist zwar im Sommer von Touristen bevölkert, doch nicht überschwemmt. Junge, initiative, z. T. von auswärts kommende Leute haben eine Existenz in Kunstwerkstätten, Antiquitätenladen, Boutiquen und Kneipen gefunden, Nutzungen, die der kleinräumigen und differenzierten Wirtschaftsstruktur der mittelalterlichen Händler- und Handwerkersiedlung entsprechen, somit auch ihrer überlieferten baulichen Gestalt. Aber diese Altstadt- Neusiedler haben die Alt-Limburger, auch die an Jahren alten Menschen, nicht verdrängt, ihnen nicht die Luft zum Atmen genommen. Bezeichnend der Ausspruch einer alten Dame, als der Rütsche-Neubau bezogen war: „Ei, nach dem Abbruch schien hier zwar mehr die Sonn', aber jetzt hab' ich doch wenigstens widder e' Nachbarschaft, wo ich ins Fenster gucke kann!" Das hohe Maß an Identität, auch an Intimität, das die Erscheinung dieser Altstadt in einer Fülle malerischer Bilder vermittelt, schlägt sich in der sozialen Identifikation der Altstadtbewohner untereinander und mit ihrem Milieu nieder, etwa in den Beispielen von Solidarität und selbstverständlicher Nachbarschaftshilfe bei der eigengeleisteten Altbausanierung. Die Altstadt ist zum Magneten geworden, der wirtschaftliche und soziale Energien anzieht und an die Peripherie abgibt, z. B. an das bahnhofsnahe Quartier der Großflächenläden und Kaufhäuser, deren Offerten das differenzierte Altstadt-Angebot ergänzen, ohne es an den Rand zu drängen. Auch nach Einbruch der Dunkelheit ist die Limburger Altstadt nicht tot, denn hier wird nicht nur gefuggert und gewerkt, sondern auch gewohnt und gezecht. Während der Geschäftszeiten aber ist Alt-Limburg kein lärmender Rummelplatz wie die Konsumschneisen der meisten deutschen Innenstädte, sondern man findet hier allenthalben noch unversehrt die Spitzweg-Idylle, wo man sich auf die Suche nach der verlorenen Zeit begeben kann.

Schon 1978 hatte die Bundesprüfungskommission für den eingangs erwähnten Wettbewerb diese behutsame soziale Revitalisierung ausdrücklich belobigt: „Nach vorübergehender Auszehrung der Limburger Altstadt zwischen 1950 und 1965 ist in den letzten Jahren ihre Wiederbelebung gelungen, zur Neustadt ergibt sich eine interessante

*Hausgruppe am Fischmarkt mit dem „Nassauer Haus", einem gotischen Steinbau mit Treppengiebel, um 1300 erbaut.*

Polarität. Die forcierte Ansiedlung von Industrie und Gewerbe schuf eine solide Basis für die Leistungsfähigkeit der Stadt."

Mit der wirtschaftlichen Wiederbelebung steht und fällt jede Altstadtsanierung, wenn die alte Stadt nicht zum Fachwerkmuseum degenerieren soll. Seit einigen Jahren – verstärkt seit dem enormen Abfluß öffentlicher Fördermittel in die neuen Bundesländer – kommt der Wind für die Denkmalpflege wieder von vorn.

Noch ist Denkmalpflege zum Glück nicht überwiegend eine Verwaltung von Verlusten, aber die Phase des Aufwinds ist vorerst vorbei, und die Situation erfordert Wachsamkeit. Wieder hört man Töne wie vor 25 Jahren, man könne es auch übertreiben, und in schwierigen Zeiten habe man andere Sorgen als den Schutz und die Wartung überalterter Bau- und Stadtsubstanz von zweifelhaftem Wert als Wirtschaftsgut, z.B. die Sicherung von Arbeitsplätzen und von Standortqualitäten in verschärftem, da nun europäisch erweitertem Wettbewerb. Diese Argumentation läßt außer Acht, daß professionell betriebene Denkmalpflege Arbeitsplätze gerade bei notleidenden Fachhandwerksbetrieben und beim Mittelstand sichert, sie sogar vermehrt, daß Denkmalschutz als Bewahrung eines gepflegten, attraktiven, erlebnisstimulierenden Stadtbilds dazu verhilft, nicht nur touristische Destinationsmerkmale, sondern vor allem Standortvorteile für die Ansiedlung neuer, „sauberer", ihrer Natur nach standortneutraler Industrie- und Gewerbezweige etwa aus dem Computerbereich zu vermehren, die es an kulturell verdichtete Plätze mit histori-

*Dom-Ansicht von Nordwest mit Nepomuk-Statue auf der alten Lahnbrücke.*

schem Hintergrund und einem authentischen, unverwechselbaren Ortsbild zieht, selbst in der Provinz oder an der Peripherie der Ballungsräume.

Es ist eine willkommene Bestätigung dessen, daß die Bundesarbeitsgemeinschaft des Einzelhandels kürzlich die Fördermittel des Denkmalschutzes ausdrücklich als „Motor für die innerstädtische Entwicklung" bewertete und feststellte, „daß das Image einer Stadt als Einkaufsort nicht nur von einem abwechslungsreichen Warenangebot und einer attraktiven Mischung unterschiedlicher Geschäftstypen, sondern vor allem von einer anspruchsvollen Ladengestaltung und Gebäudearchitektur geprägt wird." (Rolf Prangels in BAG-Handelsmagazin Nr. 1/2 – 1999) Der Autor meint damit vorrangig historische, denkmalgeschützte Gebäude mit ihren lebendig und individuell gestalteten, die Sinne stimulierenden Fassaden: „Die Wiederherstellung der ursprünglichen, kleingliedrigen Gebäude- und Fensterform ist für viele Unternehmen ein teures Hobby, das sich wirtschaftlich oftmals nicht rechnet. Kleine Schaufenster, Sprossentüren als Eingang und eine zurückhaltende Werbung an der Front sind Hemmnisse, die Umsatz kosten mögen. Andererseits kann eine historische Fassade einem Reformhaus, einer Buchhandlung, einem Gasthaus, einem Antiquitätengeschäft oder einem Café das passende, umsatzfördernde Image geben und sich damit rentieren."

Verstärkt wird der Erlebnisgehalt einer sorgsam gepflegten, also professionell durchsanierten Altstadt durch den kulturanthropologischen Gesichtspunkt der „territorialen Identität", wie der neue hessische Landeskonservator Gerd Weiß kürzlich feststellte: „Die Zusammenfassung historischer Orte zu neuen Verwaltungseinheiten und der damit verbundene Verlust an lokaler Selbständigkeit führt verstärkt zu einer an den Ort gebundenen Identitätssuche. Meist ist es die Unverwechselbarkeit des Ortsbildes, sind es die historischen Bauten oder die mit Ereignissen oder Personen verbundenen Plätze, an denen sich die territoriale Identitätssuche ausrichtet. Die Ausbildung einer an die Regionen gebundenen Identität ist ohne die auf Bewahrung der historischen Bausubstanz und auf Unverwechselbarkeit der Region ausgerichtete Arbeit der Denkmalpflege nicht möglich."

## Bilanz 1978 – 1999 oder: 103 aus 368

Heute, 21 Jahre nach dem Bundeswettbewerb und 27 Jahre nach Sanierungsbeginn, darf Bilanz gezogen werden, wohlgemerkt: eine Zwischenbilanz. Denn die planende, ordnende, gestaltende, heilende Arbeit an der Stadt, an der Altstadt zumal, ist ein Prozeß, und dieser Prozeß ist für Limburg keineswegs zum Abschluß gekommen.

In einem hessischen Stadtplanungsamt steht als großes Motto an der Wand zu lesen: „Früher war die Stadt ein Zustand – heute ist sie ein Prozeß." Dieser Satz ist falsch und wahr zugleich. Die Stadt war immer ein Prozeß, häufig in alten Zeiten sogar ein sehr dramatischer und dynamischer Vorgang. Man denke in Limburg nur an die verheerenden Stadtbrände von 1289, 1342 und 1795 (Brückenvorstadt) mit den anschließenden Wiederaufbauphasen. Man denke an das wirtschaftliche Auf und Ab, an Kriegszeiten, an politische Wechselfälle. Aber ganz allgemein kann gelten, daß sich der Prozeß städtebaulicher Veränderungen in diesem Jahrhundert mit der Beschleunigung aller Lebensverhältnisse deutlich dynamisiert hat. Dies gilt vor allem für den Austausch städtebaulicher Substanz, der sich in vergangenen Zeiten bei rund 10 % pro Jahrhundert eingependelt hatte, wohingegen in der Jetztzeit, also in den jüngstvergangenen 40 oder 50 Jahren, ein Substanzaustausch erfolgte, für den Spätmittelalter, Renaissance und Barock 400 Jahre benötigten. Denkmalschutz, Denkmalpflege und die erhaltende Erneuerung durch eine behutsame Stadtsanierung wirken als Mittel der Gegensteuerung diesem Prozeß mäßigend, heilsam, identitätsstiftend entgegen.

Es entspricht dieser Prozeßhaftigkeit, daß in Limburg bis dato 103 Häuser aus einer Gesamtzahl von 368 erhaltungswürdigen und heilungsfähigen Gebäuden durchsaniert wurden. Nur 103 von 368? Die Bilanz scheint niederschmetternd, denn statistisch wäre demnach erst knapp ein Drittel der Arbeit geleistet, zwei Drittel wären unerledigt liegengeblieben. Dem ist entgegenzuhalten, daß die bereits sanierte Häuser-Hundertschaft mit geringen Ausnahmen die Spitzengruppe an historisch, künstlerisch und städtebaulich herausragenden Objekten umfaßt. Denn beim zeitlichen Ablauf der Sanierung und bei der Steuerung der eingesetzten öffentlichen Fördermittel verfuhr man nach strengen Prioritäten. Diese Prioritäten wurden in der Regel nicht am wirtschaftlichen Restwert der Altbauten und am prognostizierten Gewinn ausgerichtet, sondern am Denkmal- und Urkundenwert für die Gesamtheit der Altstadt. Man hat die alten Häuser nicht primär als veraltete Häuser, die besonders alten und problematischen Quartiere nicht als veraltete Quartiere gewertet, sondern ästhetische, historische, stadträumliche Gesichtspunkte in den Mittelpunkt des angepeilten Sanierungszieles gestellt. So lebt die Limburger Altstadt mit ihrer Vergangenheit, hat diese Vergangenheit nicht verdrängt.

Frappierend ist der – gemessen an anderen öffentlichen Pflichtaufgaben wie Straßenbau, Industrieansiedlung, Verteidigung, Soziales – vergleichsweise bescheidene Aufwand an Förderung durch die öffentliche Hand, durch den Bund, das Land und die Kommune mit ihren genau festgelegten Schlüsselanteilen. Es waren nur rund 30 Millionen Mark in diesen 25 Jahren. Auch im Vergleichsrahmen anderer hessischer und außerhessischer Sanierungsgebiete ähnlichen Umfangs, Baualters und Sanierungsbedarfs ist diese Summe, die mindestens das Fünffache an privaten Investitionen auslöste, erstaunlich gering, was den hohen Wirkungsgrad der Limburger Sanierung und der damit befaßten Administration beweist.

Den Anstoß für einen radikalen Kurswechsel lieferte der vorschnelle Abbruch der vorgeblich nicht mehr heilungsfähigen historischen Rütsche-Bebauung mitten in der Altstadt im Jahr 1972. Diese jahrelang allseits augenfällige und schmerzhafte Lücke im Organismus der Altstadt sensibilisierte die Gemüter für eine behutsamere Gangart. Die Nagelprobe erfolgte wenige Jahre später, als mitten in der Altstadt die wertvolle historische Baugruppe des Trombetta-Komplexes vor der Ansiedlung eines großen Kaufhauses bewahrt werden konnte, die mit weitgehendem Verlust der überlieferten Stadtsubstanz an einer städtebaulich sensiblen Stelle bei der alten Stadtmauer verbunden gewesen wäre. Das war Mitte der 70er Jahre, und die Auseinandersetzung zwischen dem erfolgsorientierten, aber lernfähigen damaligen Bürgermeister Kohlmaier und dem durch das 1974 neu verabschiedete hessische Denkmalschutzgesetz gestärkten Landeskonservator Kiesow wurde mit harten Bandagen, aber fair ausgetragen.

Auf jeden Fall blieb Limburgs historische Kernzone verschont von gewaltsamen Verkehrsdurchbrüchen, Flächenabräumungen und maßstablosen Neubauten von Kaufhäusern, Parkdecks und Verwaltungskomplexen, wie sie eine Reihe anderer Sanierungsgebiete bis heute unheilbar stigmatisieren.

In den folgenden Jahren wurden die Sanierungsbemühungen belohnt durch eine Schlag um Schlag abfolgende Reihe sensationeller Fachwerkdatierungen, die die Chronologie der deutschen Holzbaukunst auf eine neue Grundlage stellten und die Vorstellung von Struktur, äußerer Erscheinung und Binnenform der mittelalterlichen Stadt völlig veränderten. Ermöglicht wurde dieses wissenschaftliche Projekt durch die auf das Fälljahr der verbauten Eichenstämme präzisierbare Holzaltersbestimmung mittels der damals entwickelten Methode der Dendrochronologie. Mit fast jedem neu in Angriff genommenen großen Sanierungsobjekt tat sich der Brunnen der Stadtbaugeschichte tiefer auf, und Limburg wurde zum Wallfahrtsort der Hausforscher und Bauhistoriker weit über den regionalen Rahmen hinaus. Selbst aus Übersee, aus Japan, fanden Bauforscher den Weg nach Limburg und wirkten an Untersuchungen zum Holzbau und zur mittelalterlichen Lehmbautechnologie mit.

*Haus zur Farbe, Böhmergasse 6, reich verzierter barocker Erker mit Hausmarken und Portraits auf den Konsolen.*

Nun standen im Städtewettstreit um die ältesten Fachwerkhäuser Deutschlands nicht mehr nur Orte und Jahreszahlen wie Esslingen (1267, 1290, 1297), Frankfurt-Sachsenhausen (1291), Amorbach (1289) oder Göttingen (1276) in vorderster Linie, sondern Limburg konnte bald mit einer ganzen Reihe von Fachwerkdatierungen aus dem 13. Jahrhundert aufwarten, wobei es sich nicht nur um archäologische Fragmente, also versprengte Einzelbalken und Sparren handelte, sondern um ganze Geschosse, Dachstühle, Fassadenelemente und noch erlebbare und ablesbare Hausteile. Zu diesen feinen „Adressen“ des Hochmittelalters in Limburgs Altstadt zählen die Kleine Rütsche 4 (1289), der Römer 1 (1296) die Rütsche 15 (1291), die Kolpingstraße 6 (1290/91), schließlich – als spektakulärstes Objekt – Römer 2/4/6, inzwischen besser bekannt unter dem Namen „Gotisches Haus“.

*Haus Römer 1, 1296 erbauter ehemaliger Burgmannenhof mit ergänztem Treppenturm.*

Dieser monumentale, in seinem Kerngefüge gotische Fachwerkbau mit seiner archaischen Ständerkonstruktion, den sonst nicht nachweisbaren haushohen Verschwertungen und einem über zwei Geschosse reichenden Hallenmotiv im Inneren ist einer der bedeutendsten und ältesten Profanbauten in Deutschland. Er wurde 1289 unmittelbar nach dem großen Stadtbrand aufgeschlagen und 1581-83 in Formen der Renaissance großzügig modernisiert und umgebaut. Ursprünglich vielleicht ein Burgmannensitz, diente er wohl einem reichen Limburger Großkaufmann als Wohn- und Geschäftshaus. In den 80er Jahren wurde der Bau als „Modellvorhaben“ des Bundes mustergültig saniert und bauhistorisch, denkmaltechnisch und archäologisch erforscht. Die Ergebnisse wurden veröffentlicht als Auftakt der Limburger „Forschungen zur Altstadt“, herausgegeben von der Sanierungsleitstelle beim Magistrat. Dieses wissenschaftliche Diskussionsforum zeigt, daß die Limburger Altstadt nicht nur ein neuer Wohn- und Wirtschaftsstandort, sondern inzwischen auch ein überregional bedeutsamer Gegenstand und Schauplatz der Forschung mit Schwerpunkt auf der Haus- und Stadtgeschichte des Mittelalters wurde.

Dementsprechend hat man das „Gotische Haus“ von einer wirtschaftlichen Wohn- und Gewerbenutzung freigehalten, um seinen Urkundencharakter nicht zu verschenken und um es öffentlich zugänglich zu halten. Mit ihrem „Gotischen Haus“ hat sich die Stadt Limburg selbst ein Denkmal gesetzt, indem sie ein Baudenkmal für Deutschland beispielhaft sanierte und erforschte. 1989, 700 Jahre nach der Errichtung des Hauses, war das Modellvorhaben im wesentlichen abgeschlossen. Es war dies das Jahr, in dem in Berlin die Mauer fiel. Seitdem sind Milliarden in die baulich notleidenden, über 40 Jahre lang vernachlässigten alten Städte in Ostdeutschland geflossen. Das Sanierungsgeschehen in den alten Bundesländern ist nahezu zum Erliegen gekommen. Es wird nun, nachdem in den ostdeutschen Altstädten von nationaler Bedeutung wie Quedlinburg, Görlitz oder Erfurt die schlimmsten Schäden behoben und wieder menschenwürdige Wohn- und Lebensverhältnisse geschaffen sind, in den kommenden Jahren darum gehen, auch in den alten Bundesländern den Sanierungsmotor wieder anzuwerfen. Nur so kann Limburgs Altstadt erfolgreich in die Zukunft fortgeschrieben werden: als Gesamtkunstwerk, als Stadtdenkmal und als einzigartiger urbaner Lebensraum. ■

# Kompetenz aus Tradition:

# OHL Bau & Industrie Holding AG

**Die Unternehmensgruppe OHL verbindet Innovation mit einer über 130jährigen Firmengeschichte. Die Kernkompetenzen der OHL-Gruppe liegen sowohl im Industrie- als auch im Bau- und Baustoffbereich.**

### Geschäftsbereich Industrie
#### Kundenspezifische Lösungen

Der Geschäftsbereich Industrie verfügt über einen hohen Erfahrungsschatz bei der Entwicklung und Fertigung von wärmetechnischen Apparaten und verfahrenstechnischen Komponenten bis hin zu Komplettanlagen für nahezu alle Anforderungen. Die Auftraggeber vertrauen der Kompetenz von OHL bei der gesamten Projektabwicklung – von der Planung bis zur Inbetriebnahme.

#### Technologisches Know-how für den Fortschritt

OHL verfügt über langjähriges Know-how auf dem Gebiet moderner Vakuumtrockner-Technologie und entwickelte auf der Basis des Stehning-Verfahrens ein Recycling-Verfahren für PET-Flaschen. Aufgrund des weltweit steigenden Einsatzes von PET zur Herstellung von Getränkeflaschen baut OHL dieses Know-how zu einer Kernkompetenz aus.

#### Zuverlässigkeit bei höchsten Ansprüchen

Industriearmaturen von OHL stellen ihre Zuverlässigkeit weltweit unter extremsten Bedingungen unter Beweis. Das Leistungsspektrum umfaßt Armaturen in weitreichender Typen- und Ausstattungsvielfalt für feste, flüssige oder gasförmige Substanzen für extreme Temperatur- und Druckbelastungen, für korrosive und abrasive Medien, für hohe Strömungsgeschwindigkeiten und große Durchflußmengen.

### Geschäftsbereich Bau
#### Zukunftsweisende Marktorientierung

Im Geschäftsbereich Bau hat OHL den Weg zum Systemanbieter eingeschlagen. Die Angebotspalette reicht von klassischen Bau-Einzelleistungen im Straßen- und Tiefbau inklusive Baustofflieferung und -aufbereitung bis hin zum wirtschaftlichen Schlüsselfertigbau. Mit Finanzierungsmodellen für öffentliche Bauvorhaben hat OHL ein praktikables Konzept zur Realisierung von Bauprojekten entwickelt. Zahlreiche Referenzobjekte wie Wohnanlagen oder Tiefgaragen sind Ausdruck von Kompetenz und Qualität.

#### Qualität aus einer Hand

Mit einem Leistungssystem „Schlüsselfertiges Bauen" hat OHL bereits eine Reihe anspruchsvoller Projekte realisiert. Besonders bei der schlüsselfertigen Erstellung von Kindergärten steht OHL für Qualität. „Schlüsselfertiges Bauen" bietet dem Auftraggeber Termin- und Festpreissicherheit einschließlich der kompletten Entlastung in allen Phasen der Bauplanung und Realisierung.

#### Ökonomie und Ökologie im Einklang

Auf dem Baustoffsektor bietet OHL von der Baustofferzeugung und -lieferung über das umweltgerechte Baustoffrecycling bis zur fachgerechten Baustoffdeponierung einen umfassenden Service. Eine zur OHL-Gruppe gehörende Baustoffvertriebsgesellschaft vermarktet die Roh- und Veredlungsstoffe aus dem Baubereich, plant die Lieferlogistik und stellt Dienstleistungen im Bereich Entsorgung und Vertrieb zur Verfügung.

#### Innovationen für die Zukunft

Die Unternehmen der OHL-Gruppe zeichnen sich durch ihre Innovationsfähigkeit aus.

Die Entwicklung neuer Produkte und Verfahren, aber auch neuer Strategien im Dialog mit den Kunden ist Teil der Unternehmensphilosophie. Damit stärkt OHL seine Kompetenz für zukünftige Aufgaben. ■

OHL Bau & Industrie Holding AG
9 Tochterunternehmen
6 Beteiligungsgesellschaften

**Geschäftsführer:**
Dipl.-Ing. Horst Christian Bracht
Dipl.-Ing. Götz Mühlhäusser
Dipl.-Wirt.-Ing. Heinz Dangendorf

**Gründungsjahr:** 1867

**Mitarbeiter:** 500

**Jahresumsatz:** 150 Mio. DM

**Geschäftstätigkeiten**
**Geschäftsbereich Industrie:**
Wärmetechnik, Vakuum-Verfahrenstechnik, Trocknungstechnologien, Industriearmaturen zum Regeln und Sperren

**Geschäftsbereich Bau:**
Bauerschließung von Wohn- und Gewerbegebieten, Asphaltstraßenbau, Schlüsselfertiger Bau

**Geschäftsbereich Baustoffe:**
Baustoffherstellung, Versorgungs- und Entsorgungsdienstleistungen, Wiederaufbereitung von Straßenbaustoffen

**Kunden:** weltweit

Anschrift:
OHL Bau & Industrie Holding AG
Blumenröder Straße 3
65549 Limburg/Lahn
Telefon (06431) 40 09-0
Telefax (06431) 4 25 82

# Kirchenkunst, Klamotten und Kaffee – Was man in Limburg kennt und nicht nur Touristen noch entdecken können

Einen Essay zum Themenbereich Domschatz und Diözesanmuseum Limburg in dieser etwas ungewöhnlichen Art zu betiteln, mag überraschen.

Schlagwortartig wird jedoch damit der Ablauf eines kurzen Limburgbesuchs charakterisiert, wie ihn die meisten Touristen dieser Stadt praktizieren.

Staurothek. Innenansicht mit Kreuzreliquie.

**Dr. Gabriel Hefele**

Der Autor wurde 1952 geboren. Studium der Kunstgeschichte, Kath. Theologie (Kirchengeschichte) und Volkskunde in München und Würzburg. Berufliche Tätigkeiten an verschiedenen Kunstmuseen in München. Seit 1987 Oberkustos des Domschatzes und Diözesanmuseums in Limburg sowie des Dommuseums Frankfurt a. M. Lehraufträge an mehreren Hochschulen im Rhein/Main-Gebiet. Veröffentlichungen zu Themen des süddeutschen Barocks und zur Kunstgeschichte im Bistum Limburg.

Nachdem man als Nicht-Einheimischer viele Male Limburg auf der A3 passiert hat, immer mit dem Gedanken dieser Stadt einmal einen Besuch abzustatten, kommt es endlich doch zur Durchführung dieses Vorsatzes. Dabei wird der Dom über der Stadt wohl das lockende Medium sein. Ihm gilt in der Regel die erste Besichtigung, vielleicht sogar in Verbindung mit einer Führung. Damit ist dann meistens auch Schluß mit dem kulturellen Programm. Schließlich will man ja keinen Streß. Vielleicht, daß man den alten Fachwerkhäusern noch so manch bewundernden Blick im Vorübergehen gönnt, aber das Ziel gilt nun eher einer körperlichen Stärkung. Einer der vielen gastronomischen Betriebe ist diesem Begehren sicher hilfreich. Der Weg dorthin oder auch nach der Stärkung ist fast unweigerlich noch mit dem Besuch eines der Konfektionshäuser bzw. einschlägiger Kaufhausabteilungen verbunden. Anschließend geht's ins Parkhaus und wieder in Richtung Heimat. Was die meisten Touristen der Stadt aus Zeitmangel, Unkenntnis oder Bequemlichkeit versäumen, ist der Besuch weiterer historischer Bauten wie etwa der Stadtkirche

*Blick in den romantischen Innenhof des Limburger Diözesanmuseums.*

mit ihrer bemerkenswerten Ausstattung oder auch der Städtischen Kunstsammlungen im Alten Rathaus. Das Diözesanmuseum, dem der Domschatz integriert ist und das immerhin die wohl bedeutendsten Kunstsammlungen zwischen Frankfurt und Köln besitzt, wird in der Regel nur von Kennern oder Liebhabern des Besonderen besucht.

Der Limburger Dom, majestätisch und seit seiner letzten Restaurierung wieder einem bunten Schatzkästchen gleich auf dem Berg über der Stadt thronend, stellt eine der Hauptleistungen kirchlicher Baukunst des hohen Mittelalters im Rheinland dar. Seine Architektur bindet außen wie innen tradierte Elemente rheinischer Romanik mit neuen Elementen französischer Gotik unter Einbezug normannischer Eigenheiten zusammen. Verschiedene Stileinflüsse und damit ebenfalls ein Zusammenbinden von Formen ist auch im Bereich der Innenraumfresken feststellbar. Einzigartig ist der Umfang der Malereien zu nennen. Etwa 75 Prozent des mittelalterlichen Bestandes hat sich erhalten.

All die genannten Punkte sind es, die dieser Kirche nach landläufiger Meinung die kunstgeschichtliche Präferenz in Limburg eintragen. Bei allem Respekt, aber diese Meinung besteht zu Unrecht. Man muß klar betonen, daß die byzantinische Staurothek im Domschatz zweifelsohne die kunst- und kulturgeschichtliche Dominanz gegenüber dem Dom einnimmt. Sie kann wohl weltweit als das bedeutendste Goldschmiedereliquiar byzantinischer Herkunft gelten. Als wertvollstes Kunstwerk des Bistums Limburg bildet sie aber zusammen mit dem gesamten Domschatz und dem Dom eine Einheit, deren Komplexität gerade auch in theologischer Hinsicht jedem Vergleich standhält, soweit man überhaupt vergleichen kann und mag.

Das Diözesanmuseum, nur wenige Schritte vom Dom entfernt, präsentiert im Untergeschoß auf zwei Räume verteilt den Domschatz. Es handelt sich dabei um einen geschichtlich gewachsenen Bestand an Altargeräten, Reliquiaren, Büchern, Paramenten sowie (erz-)bischöfliche Insignien. Eigentlich wäre hierfür der richtige Stand- und Aufbewahrungsort die Domsakristei. Um aber den Domschatz allgemein zugänglich zu machen – man sieht darin eine Verpflichtung – hat sich die Bistumsleitung zur musealen Präsentation entschlossen. Die Didaktik hat dabei gegenüber der Dauerausstellung des Diözesanmuseums bewußt einen zurückgenommenen Stellenwert, um die theologische Dimension und sakrale Aura deutlich sprechen zu lassen.

Im geistig/geistlichen Mittelpunkt des Domschatzes steht die Staurothek. Das griechische Wort Staurothek (stauros = Kreuz; theke = Kiste, Lade) ist die Bezeichnung für ein Reliquienbehältnis, das Holz vom Kreuz Christi birgt. Sieben kleine Holzleisten, angeordnet in Form eines doppelbalkigen, schmuckvollen

*Limburger Dom und Torgebäude des Diözesanmuseums. Außenansicht von Westen.*

Patriarchenkreuzes, sind in einer mit vergoldetem Silberblech beschlagenen Aufbewahrungslade eingebettet. Ganzfigurige Erzengel, vierflügelige Cherubim und sechsflügelige Seraphim begleiten und bewachen die kostbaren Reliquien. Der Schubdeckel zeigt in der Mitte Christus als thronenden Weltenrichter. In Fürbitte verehren ihn seine Mutter Maria mit dem Erzengel Gabriel sowie Apostel und Evangelisten.
Griechische Inschriften auf der Rückseite der Reliquienfassung und der vorderen Rahmenzone der Lade nennen die byzantinischen Kaiser Konstantin VII. und Romanos II. sowie den Senatspräsidenten Basileios als Stifter. Aufgrund dieser Namen läßt sich die Entstehung von Kreuzfassung und Staurothek auf die Jahre 945 bis 965 eingrenzen. Die kunsthistorische Bedeutung der Staurothek liegt vor allem in den figuralen und ornamentalen Elementen begründet. Sie besitzen außerordentliche Exaktheit in der Detaildarstellung sowie intensive und leuchtende Farbigkeit. Es handelt sich dabei um Emailarbeiten in durchscheinender Zellenschmelztechnik. Bei der Eroberung und Plünderung Konstantinopels während des vierten Kreuzzuges kam die Staurothek im Jahre 1204 als Kriegsbeute in den Besitz des Ritters Heinrich von Uelmen. Er schenkte sie 1208 dem Augustiner-Nonnenkloster Stuben an der Mosel, wo sie bis 1789 blieb. Von dort kam sie zunächst nach Koblenz und dann über einige andere Aufbewahrungsorte 1827 schließlich in den Dom von Limburg.

Wenn man dem Domschatz einen Besuch abstattet, sollte man es auf keinen Fall versäumen, die Dauerausstellung des Diözesanmuseums im 1. Obergeschoß in die Besichtigung miteinzubeziehen. In der Abteilung „Mittelalterliche Bildwerke" hat das vorrangige Interesse unbedingt der „Dernbach Beweinung" zu gelten, dem „Highlight" des Museums. Es handelt sich um eine mehrfigurige, farbig gefaßte Terrakottagruppe der Beweinung Christi unter dem Kreuz, entstanden am Mittelrhein um 1415/1425. Hinsichtlich ihres künstlerischen Stils und der Stifterfamilie steht das Kunstwerk in engem Zusammenhang mit der Lorcher Kreuztragung in den Staatlichen Museen Berlin. Eine exakte Lokalisierung der bedeutenden Werkstatt ist bisher nicht gelungen. Sie ist am Mittelrhein zu suchen. Die Tonplastik dieser Kunstlandschaft um 1400 steht unter dem Einfluß der niederländischen Bildhauerkunst und Malerei der Zeit. Charakteristisch für den künstlerischen Stil der Gruppe. aber auch allgemein für den sog. „Weichen Stil" ist die naturalistische Wiedergabe von Details, die sich im Bestreben zu Oberflächengenauigkeit sowie Individualisierung ausdrückt. Dem steht eine Stilisierung und Ornamentalisierung der Formen gegenüber, wie etwa der weichfließenden Gewandstoffe. Die „Dernbacher Beweinung" stammt aus einem Altar, dessen Schrein nicht erhalten ist. Sie stand einst in der Laurentiuskapelle in Dernbach/Westerwald und ging 1901 in den Besitz des Bistums Limburg über.

Wie schon oben erwähnt, aber hier nochmals betont, es handelt sich bei so manchem Stück aus dem Bestand des Domschatzes und Diözesanmuseums Limburg um Kunstwerke von überregionalem, ja internationalem Anspruch, die es nicht verdient haben, nur im Vorbeigehen verkonsumiert zu werden. Grundsätzlich sollte man sich bei Besichtigungen zum Vorsatz machen: Weniger ist mehr. Ein wirklicher Genuß des Sehens und Entdeckens wird sich nur so einstellen. Es bleibt anschließend noch genug Zeit für Klamotten und Kaffee.

*Staurothek. Ansicht mit geschlossenem Schubdeckel.*

# EVL — Energie- und Wasserversorgung für Limburg

*Dienstleistung an Ort und Stelle, bei Tag und Nacht*

Umweltbewußt und kompetent. Bereits seit 1862 begann man in der Kreisstadt Limburg mit dem Aufbau einer Gasversorgung. 1882 wurde die Wasser- und 1892 die Stromversorgung zur Realität. Heute ist die ...

## Energieversorgung Limburg GmbH ein moderner Energiedienstleister.

Aufgrund neuester Technik und Versorgungsanlagen, Stromanschlüssen an das Europäische Stromverbundnetz, Erdgasanschlüssen an die deutschen Erdgashochdruckleitungen, einer Vielzahl eigener Tiefbrunnen sowie der Realisierung leistungsfähiger Nahwärmekonzeptionen ist das Unternehmen in der Lage, die Kunden ...

## sicher, kostengünstig, vorteilhaft und bürgernah

... zu beraten und zu beliefern. Die 103 Mitarbeiter sorgen für die reibungslose Lieferung von derzeit rund 475 Mio. kWh Erdgas, 195 Mio. kWh Strom und 2 Mio. m³ Wasser.

Im Rahmen ständig neuer Bemühungen zur Verbesserung der Umwelt ist als herausragende Maßnahme der letzten Jahre der Bau eines Wasserkraftwerkes mit einer Leistung von 650 kW zu nennen. Die Anlage, die 1.300 Haushalte mit umweltfreundlichem Strom versorgen kann, wurde 1993 in Betrieb genommen, die Baukosten beliefen sich auf 8,3 Mio. DM.

*EVL-Erdgasübernahmestation.*

Innovative Techniken zu fördern hatte und hat in den Unternehmensleitlinien der EVL schon immer einen manifestierten Stellenwert. Die Anschaffung erdgasbetriebener Fahrzeuge oder die Förderung energiesparender Haushaltsgeräte sind hier ebenfalls beispielgebend.

Kurze Wege – kompetente Beratung – schnelle und kostengünstige Erledigung bei allem was Strom, Erdgas, Wasser und Wärme betrifft. Ziele, die es wert sind – EVL.

**EVL**

Energieversorgung Limburg GmbH

**Geschäftsführer:**
Dipl.-Ing. Wolfgang Meier
Dipl.-Kaufm. Ralph Rotarius

**Mitarbeiter:**
103

**Versorgungsspektrum:**
Strom:
Mittel- und Niederspannung
Erdgas:
Hoch-, Mittel-, und Niederdruck
Wasser:
Eigene Förderung und Verteilung
Wärme:
Konzeptionsberatung und Lieferung

**Umsatz:**
76,5 Mio. DM (1997)

**Versorgte Einwohner:**
38.900 in Limburg
einschließlich Aartalgemeinden,
Holzheim, Flacht
und Niederneisen

**Anschrift:**
Energieversorgung Limburg GmbH
Ste.-Foy-Straße 36
65549 Limburg

Telefon (0 64 31) 29 03-0
Telefax (0 64 31) 29 03-92

*EVL Wasserwerk Brückenturm.*

*Der Stolz der Energieversorgung: die umweltfreundliche Erdgasflotte.*

# Limburg – als moderne Stadt der Vergangenheit und der Tradition dankbar verpflichtet

Die Zentralfunktion der Stadt Limburg geht auf natürliche Voraussetzungen zurück, sie ist angeboren, ein Geschenk der Geographie. Denn hier in Limburg, wo sich am Unterlauf der Lahn das sonst so tief eingeschnittene Flußtal im Limburger Becken öffnet, laufen sternförmig natürliche Zufahrtswege aus allen Himmelsrichtungen zusammen. Hier kreuzten sich schon in karolingischer Zeit von Trier und Koblenz kommende Fernstraßen, die nach Hessen und Thüringen führten, mit nordsüdlich verlaufenden Straßen von Mainz nach Siegen und von Frankfurt nach Köln. Auch der später viel befahrene Handelsweg Antwerpen – Byzanz passierte Limburg, da dort eine Furt und später eine Brücke den Lahnübergang ermöglichte. Von hier aus ließ

*Blick zum Fischmarkt, Hans Aulmann, Federzeichnung 1911.*

**Heinz Maibach**

Der Autor stammt aus Limburg und studierte nach seinem Abitur an der Goethe-Universität in Frankfurt am Main Germanistik, Geschichte und Philosophie. Im Anschluß an seine Staatsexamen war er an Gymnasien in Wiesbaden und Herborn tätig und wechselte 1966 zur Tilemannschule nach Limburg über. Dort stand er als Studiendirektor dem Fachbereich Sprachen, Literatur, Kunst und Musik vor.

Seit 1969 leitet Maibach ehrenamtlich das Stadtarchiv Limburg. Durch seine hier veranstalteten Ausstellungen, durch viele Vorträge und vor allem durch seine Veröffentlichungen zur Geschichte des 19. und 20. Jahrhunderts ist er über die Region hinaus bekannt geworden und wurde in mehrere historische Kommissionen berufen.

Für seine Arbeiten erhielt Maibach 1998 die Ehrenplakette der Stadt Limburg, und 1996 verlieh ihm Bundespräsident Roman Herzog das Bundesverdienstkreuz am Bande.

*Limburg: Dom und Schloß von Osten, C. Wolff, Öl auf Leinen, 1865.*

sich nicht nur ein weites Umland erschließen und beherrschen, sondern auch der gesamte Überlandverkehr, sei es der militärische oder kommerzielle, mühelos kontrollieren.

Eine derart exponierte Stelle war offenbar schon früh dazu prädestiniert, das zu werden, was heute in der Sprache der Administration als *Mittelzentrum mit Teilfunktionen eines Oberzentrums* bezeichnet wird. Bereits in merowingischer Zeit findet man hier in Limburg eine ausgedehnte Burganlage, die nach Art der fränkischen Curtisbefestigungen so weiträumig konzipiert war, daß sie das gesamte Plateau des heutigen Domfelsens umfaßte.

Herren dieser Lintburg waren die Grafen des Niederlahngaues, die dem Geschlecht der Konradiner angehörten, das in der fränkischen Reichspolitik eine bedeutende Rolle spielte und 911 mit Konrad I. sogar den deutschen König stellte. Auch der erste urkundlich erfaßbare Limburger, der Gaugraf Konrad Kurzbold, ein Vetter des eben genannten Königs, hat mehrfach und ausschlaggebend in die Reichspolitik eingegriffen und war im Auftrag der Krone in militärischen und diplomatischen Geschäften tätig geworden.

Als Vertreter der kleineren reichsunmittelbaren Grafen wandte er sich entschieden gegen den Machtzuwachs der großen Stammesherzogtümer und wurde in Verfolgung dieses Zieles zu einem der zuverlässigsten Verfechter der zentralistischen Reichspolitik, die eine Stärkung des Königtums gegenüber dem Partikularismus der Stammesfürsten erstrebte. Drei deutsche Könige – nämlich Konrad I., Heinrich I. und Otto der Große – wußten die militärischen Leistungen und den politischen Rat des Grafen von der Lahn zu schätzen, den seine Zeit *Konrad den Weisen* nannte. Wieviel Respekt man ihm noch 300 Jahre später entgegenbrachte, beweist eindrucksvoll die aus dem 13. Jahrhundert stammende Hochgrabplastik im Dom, die den Limburger Grafen in dem idealisierten Gestus staufischer Herrschergestalten darstellt.

Konrad Kurzbolds bleibendes Verdienst speziell für Limburg und dessen Entwicklung war die 910 erfolgte Gründung des Chorherrenstiftes St. Georg, das noch innerhalb des Burgbereichs *in monte quodam Lintburk vocato* errichtet wurde.

*Limburg: Salzgasse, farbige Steinzeichnung, Künstlerkarte um 1920.*

Der entsprechende Schenkungsbrief, in dem König Ludwig das Kind dem Grafen Konrad den Fronhof Brechen für das zu installierende Stift zuweist, bildet zugleich die erste urkundliche Erwähnung Limburgs (910).

Unmittelbar vor dem Westtor der Burg- und Stiftsanlage siedelten sich schon früh vor allem Kaufleute an, die von der Gunst der Lage, den gehobenen Ansprüchen des hochdotierten Stifts und der Hofhaltung der Burg profitieren wollten. Bald entstand *ante portas* ein ausgedehnter Straßenmarkt im Gebiet des heutigen Fischmarktes, der ständig wuchs und in den Außenbezirken durch Handwerksansiedlungen ergänzt wurde, die sich ringförmig den vorhandenen Baubeständen anlagerten und je nach Wirtschaftsformen und Zünften eigene Quartiere bildeten. 1230 wird der Gesamtkomplex mit einer mächtigen Mauer umgeben, die in einem großen Oval dem Verlauf der heutigen Grabenstraße folgt und hinter der Post noch in einem Relikt zu sehen ist.

Zu Anfang des 13. Jahrhunderts muß Limburg in den Besitz der Stadtrechte gelangt sein. Das genaue Datum der Stadtrechtsverleihung ist jedoch nicht bekannt. Das älteste Limburger Stadtsiegel läßt sich für 1214 belegen, aber bereits 1180 wurden in Limburg eigene Münzen geprägt, und 1195 beziehen sich sogar Kaiserurkunden Heinrichs VI. als Verrechnungseinheit auf das *Limburger Maß*.

Wird nach den Bedingungen der Möglichkeit für die rasante Limburger Stadtentwicklung vor 800 Jahren gefragt, so könnte man verkürzt antworten: „Limburg befand sich im richtigen Moment an der richtigen Stelle". Was den richtigen Moment betrifft, ist damit gemeint, daß gerade in der Zeit, als sich fortschreitend die ökonomischen Strukturen der Hauswirtschaften in Stadtwirtschaften verwandelten und damit die berühmten *langen Wege* zwischen Produzenten und Konsumenten entstanden, der Handelsplatz Limburg rechtzeitig einen schon bestehenden zentral gelegenen Markt anbieten konnte und so für eine weite Region die Wege des Güteraustauschs entscheidend verkürzte. Darüber hinaus vermochte die Stadt durch ihren Fernhandel und ihre eigene verarbeitende Produktion (z. B. Wollweber, Färber, Tuchwaren) ein weit über den lokalen Bedarf hinausgehendes Güterangebot bereitzustellen.

Limburg war als älteste und bedeutendste Handelsstadt im Nassauer Raum früher als andere den neuen Wirtschaftsformen angepaßt und seit langem dafür spezialisiert. Limburg war nie ein sogenanntes Ackerstädtchen gewesen. Im

*Limburg: Dom und Brücke von Nordwesten, George Cl. Stanfield, Öl 1862.*

*Hotel „Preußischer Hof", lithographische Ansichtskarte um 1900.*

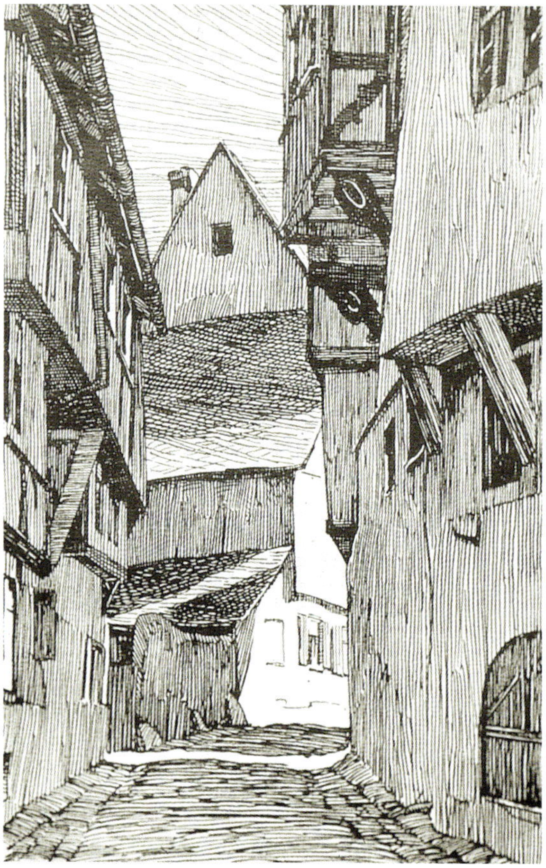

*Limburg: Fahrgasse, Hans Aulmann, Federzeichnung 1911.*

Vergleich zu den umliegenden Dörfern verfügte es nur über eine verschwindend kleine Gemarkung, deren Grenzen noch dazu unverrückbar waren und bis zur Hessischen Gebietsreform keine nennenswerte territoriale Erweiterung zuließen. Diese Beschränkung auf das kleine Areal zwang die Stadt schon sehr früh dazu, aus dieser Not eine Tugend zu machen und ihr Glück fast ausschließlich im bodenunabhängigen Handel und Gewerbe zu suchen. So lernte Limburg statt

*Kornmarkt, A. Robida, Kolorierte Steinzeichnung.*

der *Gemarkung* den *Markt* und statt der *Liegenschaften* die *Lage* zu nutzen. Hier trieb man nicht Expansion, sondern mehr Distribution, nicht Landerwerb, sondern Gewerbe.

Die Wirtschaftskraft der Stadt muß besonders zu Anfang des 13. Jahrhunderts beträchtliche Ausmaße angenommen haben. Man vermutet neuerdings mit Recht, daß auch an dem zwischen 1180 und 1235 erfolgten Bau der Stiftskirche, dem heutigen St. Georgsdom, die Limburger Bürgerschaft entscheidenden finanziellen Anteil hatte. Aber auch an den reich dekorierten Profanbauten der Altstadt, den gotischen Hallenhäusern oder den mehrstöckigen Erkern zeigt sich noch etwas von dem Bürgerstolz der einstigen Patrizier und Kaufherren. Wie selbstbewußt diese Limburger Bürgerschaft im Mittelalter ihre Rechte und Freiheiten gegen Übergriffe des Adels zu verteidigen verstand, dokumentiert an zahlreichen Beispielen die bekannte Limburger Chronik des Stadtschreibers Tilemann. Unter der Jahresziffer 1336 heißt es dort: *In dieser Zeit stand Limburg, die Stadt und die Bürgerschaft, in gar großen Ehren und Glückseligkeit von Leuten und Reichtum, da alle Gassen und Ahlen voll von Leuten und Gut waren. Und wenn sie zu Felde zogen, so wurden sie geschätzt auf mehr denn 2000 Bürger, wohlgerüstete Leute mit Panzern und Harnischen und was dazu gehört Und die, die zu Ostern Gottes Leichnam empfingen, wurden auf mehr denn 8.000 Menschen geschätzt.* Von denen aber, die die Stadt regieren, weiß der Chronist zu berichten, daß sie Vernunft haben und ihren Verstand gebrauchen: *habentes rationem et intellectum utentes.*

Im Anhang zur Chronik wird ausführlich berichtet, wie zu dieser Zeit die Limburger Bürger den Rittern in Haltung und Kleidung nicht nachstanden, mit ihnen inter pares verkehrten, mit dem Titel *Herr* angeredet wurden, sich gewappnete Knechte hielten und an den ritterlichen Turnieren teilnahmen.

Etwas von dieser *concordia ordinum*, der Angleichung der Stände, drückte sich dann auch in den Wohnverhältnissen aus. Adel und Ritter und auch die vornehmen Stiftsherren legten Wert darauf,

*Limburger Dom, Westansicht, Leonhard Diefenbach, Aquarell um 1830.*

*Limburger Dom Ostansicht,*
*Peter Becker,*
*Zeichnung getönt 1876.*

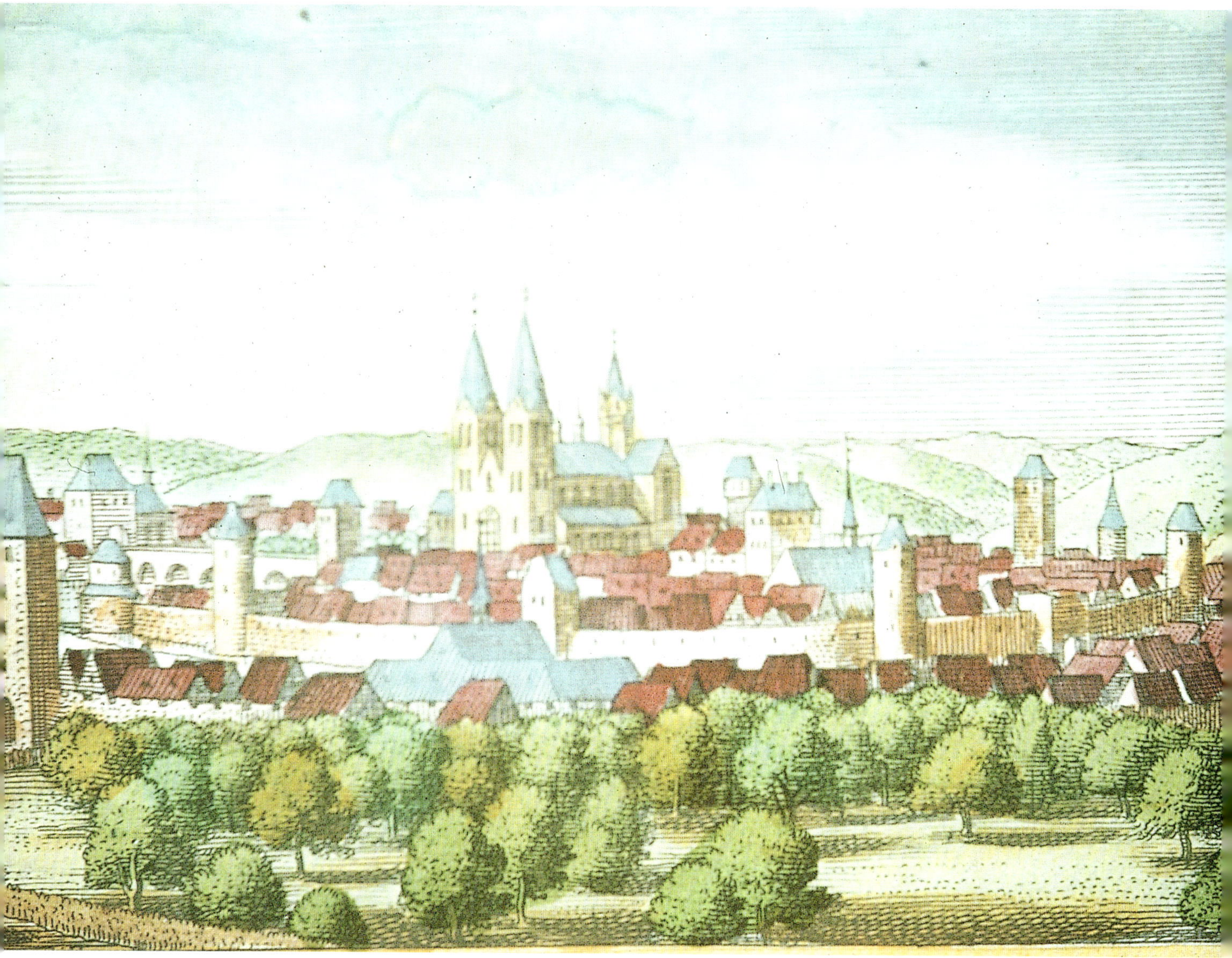

Südwestansicht der Stadt, Matthäus Merian, kolorierter Kupferstich 1646.

in der Stadt selbst Wohnung zu nehmen, und waren sich offenbar nicht zu schade, mit den Bürgerlichen Wand an Wand zu wohnen, und die Bürger wiederum kamen sich nicht zu schlecht vor, um mit ihren feudalen Nachbarn partnerschaftlich umzugehen.

In der Zeichnung der Chronik erscheint so die Stadt als Stätte der Vermittlung, als Brückenstadt, bestrebt, Verbindungen herzustellen, Handelsverbindungen, aber auch Verbindungen zwischen sozialen Gruppen, Feudalen und Bürgern, Klerikern und Laien oder verschiedenen Weltanschauungen. Eine gewisse Toleranz und Liberalität ließe sich schon als urbanes Erbe aus der Lage der Stadt und ihrer Funktion ableiten: In dieser verkehrsoffenen Stadt mit Passagecharakter konnte man sich Neuem nicht verschließen, hier kam es täglich an. Hier konnte man sich aber auch besser an das Neuartige gewöhnen, es sich sukzessiv

Dom, evangelische Kirche und Bahnhof, Lithogr. Ansichtskarte um 1900.

aneignen oder es mit dem Bestehenden verbinden. Das Neue kam hier eigentlich nicht mehr schlagartig, unvorbereitet und umwerfend, nicht als Revolution. Vielleicht bleibt deshalb Limburg später von der Reformation auch relativ unberührt, und vielleicht steht gerade deshalb dort ein Dom, der in klassischer Weise eine architektonische Vermittlung zwischen Alt und Neu, zwischen zwei Kunstepochen darstellt. Dem Dom gelingt ja als Kunstwerk das Kunststück, genau zwischen zwei Stilen und dennoch nicht zwischen zwei Stühlen zu sitzen. Er ist keine Addition verschiedener Stilarten, sondern eine neue Einheit geworden, kein Gemenge, sondern eine Synthese.

Die Verpfändungen der Stadt (ab 1344), die Pestepidemie von 1349 und Brandkatastrophen, die Konkurrenz der Nachbarmärkte und vor allem der Aufstieg der Territorialfürstentümer führten ab der zweiten Hälfte des 14. Jahrhunderts zu einer allmählichen Rückentwicklung der Stadt. Auch ihr Übergang an das Kurfürstentum Trier, der seit 1344 bis 1624 in Etappen erfolgte, brachte ihr keine neuen Entfaltungsmöglichkeiten. Limburg war ja keine Residenzstadt und hatte deshalb gerade in dieser Zeit nicht die Möglichkeit, wenn schon nicht aus eigener Kraft, dann wenigstens zusammen mit einer mächtigen Landesherrschaft, aufzusteigen. Als die Stadt

*Limburg, Daniel Meissner, Kupferstich 1629.*

dann in den Bauernkriegen 1525 die Gunst der Zeit nutzen wollte und in den Limburger Artikeln die Gemeindeversammlung mehr Mitbestimmung forderte, scheiterte auch dieser Vorstoß der Bürgerschaft. Trier oktroyierte eine neue Verwaltungsordnung, die die Eigenständigkeit der Kommune noch weiter beschränkte.

Der 30jährige Krieg und fast alle folgenden fügten Limburg schmerzliche Verluste zu. Dabei zeigte sich, daß der Vorzug der Stadt, im Schnittpunkt der Wege zu liegen, zugleich ihre schwache Stelle war. Es gab kaum einen Krieg, der Limburg nicht gefunden hätte. Auch im Zweiten Weltkrieg war sie als wichtiger

*Fracht im Limburger Hafen 1930, aus einer Fotoserie der Bäckergenossenschaft 1930.*

*Limburg: Ansicht vom Greifenberg, Peter Becker, Zeichnung, getönt 1876.*

Eisenbahnknotenpunkt Ziel von elf Luftangriffen.

Nach der im Zuge der Säkularisierung erfolgten Auflösung des Kurstaates Trier (1803) und der Einbeziehung Limburgs in das neue Herzogtum Nassau wurde die Stadt 1827 Bischofsresidenz. Aber auch auf weltlichem Gebiet erhielt die Stadt allmählich ihre ehemalige Stellung als Verwaltungszentrum zurück. Wichtige Behörden wurden nach hier verlegt und neue eingerichtet: So im Jahre 1864 die Industrie- und Handelskammer, 1878 das lang erkämpfte Landgericht, das Finanz- und das Kulturamt, und 1886 wurde Limburg dann endlich auch Kreisstadt, nachdem schon 1866 durch die Auflösung des Herzogtums Nassau die Stadt an Preußen übergegangen war.

Zuvor hatte durch den Bau der Lahntalbahn 1862 Limburg – nun als Eisenbahnknoten, von dem sechs Streckenlinien ausgehen – seine traditionelle Mittelpunktstellung im Netz der Verkehrswege wiedererlangt. Zwar war Limburg auch in Zeiten seiner Stagnation ein wichtiger Handelsplatz für die umliegende Region geblieben, doch die verbesserte Verkehrslage vergrößerte den Marktanteil jetzt enorm. Diese Entwicklung hält bis heute an und macht die Stadt zum wichtigsten Einkaufs- und Handelszentrum eines weiten Einzugsgebietes (Lahn, Taunus und Westerwald).

Im Gefolge der Industrialisierung entstanden in Limburg neben dem Eisenbahnausbesserungswerk auch wichtige Betriebe der eisenverarbeitenden Industrie und des Straßenbaus. Besonders seit Kriegsende haben sich weitere namhafte Unternehmen und Branchen (z. B. der Glasverarbeitung und Verpackungsindustrie) mit Erfolg hier angesiedelt.

Auch als Schulstadt verfügt Limburg über ein breitgefächertes Bildungsangebot, das sämtliche Schultypen und Ausbildungsgänge bereitstellt. So fahren täglich Tausende von Pendlem, Kunden, Schülern und Touristen in die Stadt zu ihrer Arbeit, ihren Geschäften, zu ihrer Ausbildung oder zum Sightseeing.

Die Hessische Gebietsreform hat inzwischen die Stadt um sieben weitere Ortsteile vermehrt, so daß diese zur Zeit 35.000 Einwohner umfaßt. Limburg präsentiert sich heute als eine moderne und fortschrittliche Stadt, die mutig ihre Zukunft plant, sich aber gleichzeitig ihrer Vergangenheit und Tradition besonders dankbar verpflichtet weiß. ■

*Dom und Schloß von Osten, Otto Ubbelohde, Federzeichnung um 1920.*

# WEILBURGER LACKFABRIK
# Kompetenz aus gutem Hause

*Ein Unternehmen der GREBE Gruppe*

*Luftaufnahme der Lackfabrik.*

Die WEILBURGER LACKFABRIK, das Stammhaus der GREBE GRUPPE, hat sich seit ihrer Gründung im Jahre 1900 von einem kleinen Lohnbetrieb zu einem bedeutenden Hersteller von industriellen Beschichtungsstoffen entwickelt. 1936 wurde das Unternehmen von Jakob Grebe erworben und befindet sich bis heute im Familienbesitz. 1979 übernahm Hans Harald Grebe die Unternehmensführung. Unter seiner Leitung expandierte das Unternehmen im In- und Ausland. Sein früher Tod im Jahr 1989 veranlaßte die Familie Grebe zum Umdenken. Herr Ferdinand Ritter, langjähriger Mitarbeiter, ist seitdem Geschäftsführer der Weilburger Lackfabrik. Mit mehr als 200 Mitarbeitern gehört das Unternehmen zu den bedeutenden mittelständischen Lackherstellern.

Die WEILBURGER LACKFABRIK entwickelt in ihren bestens ausgestatteten Laboratorien marktgerechte Beschichtungskonzepte, bei denen Wirtschaftlichkeit, Umweltverträglichkeit und technische Leistungsfähigkeit im Vordergrund stehen. Ein hoher Ausbildungsstand unserer 45 Mitarbeiter der F&E-Abteilungen bietet die Gewähr für Innovationen. So konzentriert sich unsere Entwicklungstätigkeit u.a. derzeit auf wasserverdünnbare Hochtemperaturlacke, Fluorpolymerbeschichtungen, strahlenhärtende UV- und ESH-Systeme, 1K- und 2K-PUR-Hydrolacke, lösemittelfreie Epoxisysteme, Effektlacke, wasserverdünnbare Polymerdispersionen und Verfahren zur Rückgewinnung von Overspray.

Die WEILBURGER LACKFABRIK produziert heute nach modernsten Gesichtspunkten etwa 7.000 t Industrielacke jährlich. Im Vordergrund stehen lösemittelfreie Beschichtungen und Wasserlacke.

Aber auch da, wo organische Lösemittel als Hilfsstoffe unverzichtbar sind, haben wir mit einer regenerativen Abluftreinigungsanlage Vorkehrungen getroffen, Emissionen auf ein Minimum zu beschränken. Der Schutz der Umwelt ist uns dabei Verpflichtung. Computergesteuerte Farbmischanlagen ermöglichen es, unsere Kunden schnell, preis- und qualitätsgerecht mit Standardsystemen zu beliefern.

Die WEILBURGER LACKFABRIK konzentriert sich mit ihrem Vertriebskonzept heute auf eine Reihe von industriellen Marktbereichen, in denen sie nicht nur in Deutschland, sondern auch in Europa und teilweise weltweit tätig ist. Dazu zählen in erster Linie die Bereiche Hausgeräteindustrie und Haushaltswaren mit unseren hochhitzebeständigen und Antihaftlacken, die Unterhaltungselektronik, die Schienenfahrzeuge, der Abwasserbereich, die Hersteller von Fertigparkett, die Stuhl-, Tisch-, Türenindustrie, die Veredler von Folien sowie die kunststoffverarbeitende Industrie.

Die WEILBURGER LACKFABRIK setzt auf Qualität. Die 1996 erreichte Zertifizierung nach DIN ISO 9001 ist die Grundlage unseres Qualitätsmanagements. Durch ein partnerschaftliches Verhältnis zu unseren Rohstofflieferanten und Kunden versuchen wir, den Grundstein für eine anhaltend erfolgreiche Geschäftsbeziehung zu schaffen.

Lacke und Farben sind Beschichtungsstoffe, die unzähligen Produkten ein eigenes Gesicht geben. Sie schützen wirksam und erhöhen ihren Wert. Zusätzlich erfüllen sie in vielen Fällen eine ästhetische Funktion. Lacke und Farben sind ein unverzichtbarer Bestandteil des täglichen Lebens.

**WEILBURGER LACKFABRIK J. GREBE GmbH**
Ein Unternehmen der GREBE GRUPPE

**Geschäftsführung:** Ferdinand Ritter

**Gründungsjahr:** 1900

**Mitarbeiter:** ca. 200

**Geschäftstätigkeit:**
Die GREBE GRUPPE bietet ein breites Spektrum an hochwertigen industriellen Beschichtungsstoffen für

- Automobile
- Schienenfahrzeuge
- Nutzfahrzeuge/Landmaschinen
- Coil-Coating
- Weisse Ware
- Haushaltswaren/Non Stick
- Heiztechnik
- Büromöbel
- Wohn-, Schlaf- und Küchenmöbel
- Parkett
- Verpackungen
- Maschinen- und Apparatebau
- Unterhaltungselektronik
- Kunststoffverarbeitende Industrie
- Elektroindustrie
- Grafische Industrie

**Unternehmen der Gruppe:**
**Deutschland**
WEILBURGER LACKFABRIK J. GREBE GmbH, Weilburg
SCHRAMM LACKE GmbH, Offenbach
WEILBURGER LACKFABRIK GmbH & Co. KG, Gerhardshofen
**England**
WEILBURGER (UK) Limited, Runcorn
**Italien**
GANDOLA & Cie S.p.A., Lecco
**Hong Kong**
WEILBURGER (FAR EAST) Limited, Hong Kong
**Japan**
Joint Venture GREBE-CASHEW (Japan) Limited, Tokio
**Indonesien**
Joint Venture PT WEILBURGER COATINGS, Gresik
**Spanien**
WEILBURGER-SCHRAMM IBERIA S.A., Barcelona

**Anschrift:**
Postfach 13 20
35773 Weilburg
Telefon (06471) 315-0
Telefax (06471) 315-116
www.grebe.de
eMail: Weilburger.Lack@Grebe.com

# Karrierestart in der Domstadt – sechs Limburger tragen den Namen ihrer Heimatstadt in alle Welt

Während Diplom-Ingenieur Uli Dillmann in Hongkong mit seinen Kollegen auf den gelungenen Abschluß der Bauarbeiten der kühnen Schrägkabelbrücke anstößt, die den neuen Insel-Flughafen der chinesischen Metropole mit dem Festland verbindet, leitet Domkapellmeister Eberhard Metternich im Kölner Dom das letzte Konzert im Rahmen des großen Domjubiläums. Während Prof. Dr. Hansjürgen Rosenbauer, der Intendant des Ostdeutschen Rundfunks Brandenburg, in Potsdam den Grundstein für das neue Sendezentrum legt, schüttelt Hotel-Manager Edmund Negwer im Caracas-Hilton seinem prominentesten Gast, US-Präsident Bill Clinton, die Hand. Während Landessendedirektor Dr. Willi Steul bei der Neustrukturierung des durch die Fusion von Südwestfunk und Süddeutschem Rundfunk neu gebildeten Südwestrundfunks in Stuttgart so manchen Schweißtropfen vergießt, steht der inzwischen auf der ganzen Welt bekannte Tenor Christoph Prégardien auf dem Konzertpodium in New York und begeistert das Publikum mit einem Liederabend.

Eine Fiktion? Allenfalls, wenn man den strengen Maßstab der Gleichzeitigkeit anlegt. Sechs Limburger, die in sehr unterschiedlichen Berufszweigen an verschiedenen Enden der Welt von sich reden machen. Was sie verbindet? Alle haben sie ihre Karriere in Limburg begonnen. Sechs Beispiele – und sie ließen sich noch vermehren – dafür, daß die Stadt an der Lahn mit ihrem Bildungsangebot, ihrer Kultur, ihrem gesellschaftlichen und wirtschaftlichen Umfeld einen wunderbaren Humus besitzt, auf dem Karrieren wachsen können. Nehmen wir unsere sechs Beispiele näher unter die Lupe:

Heinz Kleiter

Der Autor wurde 1939 geboren und studierte in Frankfurt und Köln Germanistik und Theaterwissenschaft, außerdem an der Musikhochschule Frankfurt Schauspiel. Seine journalistische Laufbahn begann er in Speyer. Er war dann Redakteur der Kirchenzeitungen für die Diözesen Limburg, Mainz und Fulda. 1985 übernahm er die Redaktionsleitung der Nassauischen Neuen Presse in Limburg.

## Uli Dillmann

Wenn der gebürtige Limburger Uli Dillmann nach langer Abwesenheit auf Stipvisite in die Domstadt kommt, dann kann man ihn in einer Altstadtkneipe treffen, wie er mit Freunden zusammensitzt, über die gemeinsame Schulzeit plaudert oder über die sportlichen Erfolge des Limburger Hockey-Clubs, als Uli dort noch den Schläger führte. Der erfolgreiche Diplom-Ingenieur, der für die Stuttgarter Firma Schleich, Bergermann & Partner arbeitet, ist und bleibt ein Limburger Bub, auch wenn er berufsbedingt seine Zelte in den verschiedensten Ecken der Welt aufschlagen muß.

*Diplom-Ingenieur Uli Dillmann vor der Schrägkabelbrücke in Hongkong, deren Bau er überwacht hat.*

Inzwischen ist er mit seiner aus Indien stammenden Frau Berverly und seinen zwei Kindern von Hongkong nach Sevilla übergesiedelt, um dort an verantwortlicher Stelle die neue Dachkonstruktion eines Fußballstadions zu überwachen.
Nach dem Abitur an der Tilemannschule in Limburg hat Uli Dillmann an der Technischen Hochschule in Darmstadt studiert. Sieben Jahre hat er in Indien gelebt und war bereits in Kalkutta am Bau einer Schrägkabelbrücke beteiligt. Dann schickte ihn seine Firma. die für die Tragwerksplanung des berühmten Dachs am Münchner Olympiastadion Lorbeeren geerntet hatte, ein paar Jahre nach Hongkong. Die seinerzeit weltgrößte Baustelle hat den Limburger Diplom-Ingenieur genauso fasziniert wie der politische Übergang Hongkongs an die Chinesen, den Uli Dillmann miterleben durfte.

Domkapellmeister Eberhard Metternich bei einem Konzert des Kölner Domchors.

## Eberhard Metternich

Als der Domsingknabe Eberhard Metternich in Mädchenkleidern im Hof des Hadamarer Schlosses stand und in Mozarts kleiner Oper „Bastien und Bastienne“ die weibliche Hauptrolle sang, da konnte der gebürtige Limburger nicht ahnen, daß er einmal als Domkapellmeister den Kölner Domchor dirigieren würde. Aber mit seinem glockenhellen Sopran und seiner großen Musikalität begeisterte er damals schon das Publikum. Bei den Limburger Domsingknaben wurde der Grundstein gelegt für die spätere Karriere des erfolgreichen Sängers und Dirigenten, der am Hadamarer Fürst-Johann-Ludwig-Gymnasium sein Abitur gemacht und dann an den Musikhochschulen in Köln und Frankfurt studiert hat.

Viele Jahre war Eberhard Metternich singender „Primus inter pares“ in dem von ihm gegründeten „collegium vocale limburg“, das sich aus ehemaligen Limburger Domsingknaben zusammensetzte und bis zu seiner Auflösung 1998 einer der erfolgreichsten Männer-Kammerchöre Deutschlands war. Der Gewinn des Deutschen Chorwettbewerbs 1985 in Hannover gehörte zu den Höhepunkten in der Geschichte dieses einzigartigen Ensembles. das lediglich deshalb nicht weiterbestehen konnte, weil seine Mitglieder inzwischen in der ganzen Bundesrepublik verstreut leben. Als Sänger und Leiter dieses Ausnahmechores gehörte Eberhard Metternich auch zu den Stipendiaten der Musikstiftung der Limburger Kreissparkasse.

Nach seinem Musikstudium war Metternich zunächst Assistent des Mainzer Domkapellmeisters Mathias Breitschaft der zuvor auch die Limburger Domsingknaben unter seinen Fittichen hatte und wurde dann 1987 der jüngste deutsche Domkapellmeister am Kölner Dom. Dort hat er im Laufe der Jahre einen Mädchenchor, die Musikschule des Kölner Domchors, die Domkantorei Köln, die Kölner Domkapelle und ein Vokalensemble Kölner Dom gegründet und damit die Chorlandschaft in der Rheinmetropole von Grund auf verändert. Neben dem Gesang ist die Chorleitung die Domäne von Eberhard Metternich. Die praktischen Grundlagen dafür hat er sich von 1981 bis 1986 als Leiter des Kirchenchors „St. Nikolaus“ in Dehrn bei Limburg erarbeitet.

## Christoph Prégardien

Den gleichen „Startplatz“ für die Karriere wie Eberhard Metternich hatte auch der gebürtige Limburger Christoph Prégardien, heute einer der gefragtesten Lied- und Oratorientenöre auf der ganzen Welt, dem erst kürzlich in Kritiken bescheinigt wurde, daß er zu den legitimen Nachfolgern von Fritz Wunderlich, Dietrich Fischer-Dieskau, Hermann Prey und Peter Schreier zählt. Auch er hat als Sopran bei den Limburger Domsingknaben unter Domkapellmeister Hans Bernhard begonnen, wechselte dann nach dem Stimmbruch in den Tenor des Limburger Domchors, und noch heute hält er diesem Chor die Treue – allerdings als Solist der großen Oratorien oder Meßkompositionen.

Christoph Prégardien hat an der Limburger Tilemannschule sein Abitur gemacht und wechselte nach einigen Semestern Jura an die Frankfurter Musikhochschule, um dort bei Martin Gründler Gesang zu studieren. Seine ersten Gehversuche als Sänger machte er auf der Bühne

Der Tenor Christoph Prégardien hat auf den Konzertpodien in aller Welt große Erfolge als Lied- und Oratoriensänger.

*Viel Freizeit bleiben dem Hotel-Manager Edmund Negwer und seiner Frau nicht.*

der Frankfurter Oper in der legendären Gielen-Ära. Dann gab es nur noch wenige Ausflüge auf die Bretter, die die Welt bedeuten. Christoph Prégardien widmete sich in erster Linie dem Lied- und Oratoriengesang. Auf fast allen berühmten Konzertpodien in seiner deutschen Heimat und in der weiten Welt. In London, Wien, Paris, Mailand, Tokio, New York oder Sydney hat er inzwischen gesungen. Viele bekannte Dirigenten schätzen seine Musikalität und Ausdruckskraft von Sir Georg Solti über Neville Marriner bis zu Bruno Weil, der ja auch zu den berühmten Söhnen des Nassauer Landes zählt, und mit dem Christoph Prégardien eine große Tournee durch Australien gemacht hat.

Andreas Staier und Michael Gees sind die bevorzugten Liedbegleiter des Limburger Tenors. mit denen er überall sensationelle Erfolge erringt. Davon zeugen auch die vielen Einspielungen verschiedenster Programme vor allem von Schumann- und Schubert-Liedern auf CD, die von der Fachkritik allerhöchste Anerkennung und zahlreiche wertvolle Preise erhalten haben.

Christoph Prégardien hat nach wie vor sein Standquartier in seiner Heimatstadt Limburg. Von hier aus bereist er – gemanagt von seinem Vater – den Globus. Hier tritt er aber auch immer wieder auf als Solist beim Limburger Domchor oder den Domsingknaben und mit Liederabenden. Für die Limburger Kulturvereinigung hat er in der Saison 1998/99 die Schirmherrschaft über die „Limburger Meisterkonzerte" übernommen – ebenfalls ein Zeichen der Verbundenheit mit seiner Heimatstadt.

## Edmund Negwer

Der aus dem Limburger Stadtteil Staffel stammende Edmund Negwer hat eine zielstrebige Bilderbuchkarriere hinter sich vom Kochlehrling bei Helmut Schäfer in Elz und bei Heinrich Watzka im „Goldenen Löwen" in Limburg bis zum Hotelmanager des Caracas-Hilton und des Swiss-Hotel in der equadorianischen Hauptstadt Quito, wohin er inzwischen wechselte. Koch war für den Staffeler Bub von Anfang an ein Traumberuf, auch wenn er der Arbeit am Herd sehr viel Freizeit opfern mußte. Nach seiner Bundeswehrzeit – natürlich in der Küche – beherzigte er den Rat seines Lehrmeisters Helmut Schäfer, bei einer großen Hotelkette anzuheuern und möglichst ins Ausland zu gehen. Es klappte beim Hilton-Konzern. Edmund Negwer lernte Sprachen und fremde Küchen kennen. Er kochte in London im „Park-Lane", in Rotterdam und dann in Venezuela. Er brachte es bis zum Küchenchef, besuchte dann Seminare in den USA, und 1990 gelang ihm der große Sprung auf den Manager-Sessel des Caracas-Hilton.

In den vergangenen Jahren hat Edmund Negwer 23 Staatsoberhäupter aus aller Welt beherbergt von Fiedel Castro bis Bill Clinton und natürlich auch Bundespräsident Roman Herzog mit seiner Frau Christiane. Luciano Pavarotti war bei ihm zu Gast. Dem mußte Negwer sogar die Hotel-Küche vermieten, weil der Star-Tenor seine Spaghetti selbst kochen wollte. Die größte Herausforderung seiner bisherigen Laufbahn war für den Limburger der Besuch von Bill Clinton mit seiner 800köpfigen Delegation aus dem Weißen Haus. Aber auch das hat er glänzend überstanden. Edmund Negwer, der in Venezuela auch

seine Frau kennengelernt und geheiratet hat, kommt regelmäßig über den großen Teich in seine Heimat. Und wenn sich aus der Heimat Besuch in Südamerika ansagt, dann hat Edmund Negwer immer einen Wunsch: Brot und Fleischwurst aus Limburg.

## Dr. Willi Steul

Seit 1998 sitzt Dr. Willi Steul als Landessendedirektor für Baden-Württemberg auf dem wichtigen Chefsessel des neu gebildeten Südwestrundfunks in Stuttgart und plagt sich mit neuen Programmstrukturen. Da entschlüpft ihm im Gespräch schon mal ein Seufzer, denn aus

*Dr. Willi Steul arbeitet als Landessendedirektor für Baden-Württemberg des neu gebildeten Südwestrundfunks in Stuttgart an der Neugestaltung der Programmstruktur des Senders.*

zwei gewachsenen Rundfunk- und Fernsehanstalten nach der Fusion eine schlagkräftige Truppe zu formen, ist keine leichte Aufgabe. Aber Dr. Willi Steul ist dafür bestens gerüstet. Seine ersten journalistischen Sporen verdiente sich der in Niederbrechen geborene Limburger Tilemannschüler in der Redaktion der Nassauischen Neuen Presse, die damals noch Nassauische Landeszeitung hieß. Nach dem Abitur studierte er Ethnologie, Philosophie, Theologie und Geschichte in Oxford, Paris, Frankfurt. Heidelberg und – damals ein großes Abenteuer, das ihn nachhaltig geprägt hat – in Kabul, der Hauptstadt Afghanistans. Dort hat er ethnologische Feldforschung über einen Volksstamm betrieben, die dann auch Grundlage seiner Doktorarbeit wurde. Willi Steul wurde Dozent an der Universität Kabul und stellvertretender Leiter der Außenstelle Kabul des Südasien-Instituts der Universität Heidelberg.

Parallel zu seinen wissenschaftlichen Arbeiten betrieb Willi Steul seine jounalistische Ausbildung. Er war Stipendiant des „Institutes zur Förderung des publizistischen Nachwuchses" der deutschen Bischöfe in München und arbeitete als Reporter und Moderator für den Südwestfunk im Landesstudio Tübingen. Der SWF in Baden-Baden wurde dann lange Jahre seine berufliche Heimat: Redakteur für Politik, Korrespondent in Bonn, Sonderkorrespondent der ARD in Afghanistan, Korrespondent in Griechenland, der Türkei und Zypern, Chef vom Dienst für Aktuelles und Zeitgeschehen in Baden-Baden, ARD-Korrespondent bei der UNO und in der Schweiz in Genf, schließlich stellvertretender Leiter des SWF-Studios in Bonn.

1994 ging Willi Steul als Chefredakteur zum Deutschland-Radio nach Berlin. Dort konnte er sich auch sehr ausgiebig seiner Lieblingsaufgabe widmen: der Kultur. Seine Erfolge in der Programmgestaltung führten dann dazu, daß er nach der Fusion von SWF und SDR wieder in die Dienste seiner alten Sendeanstalt gerufen wurde. Zusammen mit seiner französischen Frau und seinen vier Kindern wohnt er allerdings nach wie vor in Bonn. Und auf der Fahrt nach Stuttgart sieht er oft den Limburger Dom, und ab und zu macht er auch Station in der Heimat.

## Prof. Dr. Hansjürgen Rosenbauer

Die sieht der Intendant des Ostdeutschen Rundfunks Brandenburg nur sehr selten. Prof. Dr. Hansjürgen Rosenbauer hat 1991 in Potsdam Wurzeln geschlagen, um nach der Wende die Sendeanstalt neu aufzubauen. Seine journalistischen Sporen hat er sich wie sein Kollege Willi Steul in Limburg verdient. Während seiner Schulzeit an der Tilemannschule arbeitete er bereits als freier Mitarbeiter beim „Nassauer Boten", einer der beiden Vorgängerzeitungen der heutigen Nassauischen Neuen Presse. Studiert hat Hansjürgen Rosenbauer in Frankfurt und New York, wo er auch 1968 mit „summa cum laude" promovierte. Zurück in Deutschland wurde er Mitarbeiter verschiedener Rundfunkanstalten, bevor der Hessische Rundfunk seine erste journalistische Heimat wurde.

*Der Intendant des Ostdeutschen Rundfunks Brandenburg, Prof. Dr. Hansjürgen Rosenbauer, bei der Grundsteinlegung des neuen Sendezentrums in Potsdam.*

In dessen Diensten ging er 1972 als ARD-Korrespondent nach Prag.

Dann wechselte Hansjürgen Rosenbauer nach Köln zum WDR, arbeitete im Bonner Studio und war einer der ersten deutschen Talkmaster in „Je später der Abend". Darstellerisches Talent hatte er schon als Schüler in der Spielschar der Limburger Tilemannschule und beim Kabarett „Die Freimauler" im Limburger Schloß bewiesen. Im WDR machte Dr. Rosenbauer eine steile Karriere als Moderator des „Weltspiegel" und des „Kulturweltspiegel", als Programmgruppenleiter Ausland des Fernsehens und schließlich als Programmbereichsleiter Fernsehen Kultur und Wissenschaft. Seit dem Wintersemester 1990/91 übernahm Dr. Rosenbauer auch eine Professur an der Kunsthochschule für Medien in Köln.

1991 wurde er schließlich zum Intendanten des Ostdeutschen Rundfunks Brandenburg in Potsdam berufen, und seit Mai 1993 ist er auch Vorsitzender der ARD-Medienkommission. Seine journalistischen Wurzeln in der Limburger Heimatzeitung hat er nie vergessen. Er arbeitet als Kolumnist der „Westfälischen Rundschau" – auch ein Intendant braucht ein Hobby.

Sechs Lebensläufe ganz unterschiedlicher Art. die ihren Startplatz in der Domstadt Limburg hatten, die diesen Startplatz nie vergessen haben und ihn immer wieder aufsuchen. Sechs Lebensläufe die lediglich beispielhaft sind. Es ließen sich weitere anführen. Das Nassauer Land und die Domstadt Limburg haben überall in Deutschland und in der weiten Welt überzeugende Botschafter. ■

# Die Städte und Gemeinden der Wirtschaftsregion Limburg-Weilburg-Diez – die Übersicht

## Gemeinde Beselich

Bürgermeister: Martin Rudersdorf

Steinbacher Str. 10
65614 Beselich
Telefon: 06484/91230
Telefax: 06484/912345

Ortsteile:
Obertiefenbach, Heckholzhausen, Schupbach, Niedertiefenbach

| | |
|---|---|
| Einwohner: (31.12.97) | 5.499 |
| SV-pfl. Beschäftigte: (30.06.97) | 588 |

## Gemeinde Brechen

Bürgermeister: Bernhard Königstein

Marktstraße 1
65611 Brechen
Telefon: 06438/91290
Telefax: 06438/912950

Ortsteile:
Niederbrechen, Oberbrechen, Werschau

| | |
|---|---|
| Einwohner: (31.12.97) | 6.523 |
| SV-pfl. Beschäftigte: (30.06.97) | 603 |

## Stadt Bad Camberg

Bürgermeister: Gerhard Reitz

Am Amthof 15
65520 Bad Camberg
Telefon: 06434/2020
Telefax: 06434/20266

Ortsteile:
Bad Camberg, Dombach, Erbach, Oberselters, Schwickershausen, Würges

| | |
|---|---|
| Einwohner: (31.12.97) | 13.738 |
| SV-pfl. Beschäftigte: (30.06.97) | 3.352 |

*Historische Fachwerkgebäude.*

*Die Anna-Kirche in Limburg.*

## Stadt und Verbandsgemeinde Diez

Bürgermeister: Franz Klöckner
Stadtbürgermeister: Gerhard Maxeiner

Louise-Seher-Straße 1
65582 Diez
Telefon: 06432/501249
Telefax: 06432/501242

Selbständige Gemeinden der Verbandsgemeinde: Altendiez, Aull, Balduinstein, Birlenbach, Charlottenberg, Cramberg, Diez, Dörnberg, Eppenrod, Geilnau, Gückingen, Hambach, Heistenbach, Hirschberg, Holzappel, Holzheim, Horhausen, Isselbach, Langenscheid, Laurenburg, Scheidt, Steinsberg, Wasenbach

| | |
|---|---|
| Einwohner: (30.06.98) | 10.794 (Stadt Diez) |
| | 26.010 (VG Diez) |
| SV-pfl. Beschäftigte: (30.06.97) | 4.186 (Stadt Diez) |
| | 5.576 (VG Diez) |

Gewerbeflächenangebot:
Stadt Diez, Ind. u. Gewerbegebiet Diez, 8 ha, B-Plan vorhanden

## Gemeinde Dornburg

Bürgermeister: Dieter Hilbert

Egenolfstraße 26
65599 Dornburg 1
Telefon: 06436/91310
Telefax: 06436/913132

Ortsteile:
Frickhofen, Langendernbach, Wilsenroth, Dorndorf, Thalheim

| | |
|---|---|
| Einwohner: (31.12.97) | 8.695 |
| SV-pfl. Beschäftigte: (30.06.97) | 1.534 |

Gewerbeflächenangebot:
Ortsteil Frickhofen, Gewerbegebiet „Röder/Sauerwies", ca. 2,7 ha, B-Plan vorhanden

## Gemeinde Elbtal

Bürgermeister: Hubert Lenz

Dorfstraße 1
65627 Elbtal
Telefon: 06436/3031
Telefax: 06436/4004

Ortsteile:
Dorchheim, Elbgrund, Hangenmeilingen, Heuchelheim

| | |
|---|---|
| Einwohner: (31.12.97) | 2.639 |
| SV-pfl. Beschäftigte: (30.06.97) | 162 |

## Gemeinde Elz

Bürgermeister: Winfried Schumacher

Rathausstraße 39
65604 Elz
Telefon: 06431/957510
Telefax: 06431/957577

Ortsteile:
Elz, Malmeneich

| | |
|---|---|
| Einwohner: (31.12.97) | 7.509 |
| SV-pfl. Beschäftigte: (30.06.97) | 1.874 |

Gewerbeflächenangebot:
Elz, „Im Entenpfuhl" ca.5,5 ha, B-Plan in Aufstellung

## Stadt Hadamar

Bürgermeister: Hans Beresko

Untermarkt 1
65589 Hadamar
Telefon: 06433/89-0
Telefax: 06433/89155

Ortsteile:
Hadamar, Niederzeuzheim, Oberzeuzheim, Steinbach, Oberweyer, Niederweyer

| | |
|---|---|
| Einwohner: (31.12.97) | 12.070 |
| SV-pfl. Beschäftigte: (30.06.97) | 2.227 |

Gewerbeflächenangebot:
Hadamar, Industriegebiet Nord, ca. 2,1 ha noch verfügbar, B-Plan vorhanden,
Ortsteil Oberweyer, Gewerbegebiet „Auf dem Sechsmorgen“, 12 ha, B-Plan in Aufstellung

## Gemeinde Hünfelden

Bürgermeister: Norbert Besier

Le Thillay-Platz
65597 Hünfelden
Telefon: 06438/838-0
Telefax: 06438/3883

Ortsteile:
Kirberg, Dauborn, Heringen, Neesbach, Mensfelden, Nauheim, Ohren

| | |
|---|---|
| Einwohner: (31.12.97) | 10.191 |
| SV-pfl. Beschäftigte: (30.0697) | 888 |

Gewerbeflächenangebot:
Ortsteil Ohren, Gewerbegebiet Ohren, 3 ha, B-Plan vorhanden (noch nicht erschlossen)

## Gemeinde Löhnberg

Bürgermeister: Jörg Sauer

Obertorstraße 5
35792 Löhnberg
Telefon: 06471/9866-0
Telefax: 06471/986644

*Blick über die Lahn zum Dom.*

Ortsteile:
Löhnberg, Niedershausen, Obershausen, Selters

| | |
|---|---|
| Einwohner: (31.12.97) | 4.508 |
| SV.-pfl. Beschäftigte: (30.06.97) | 1.011 |

Gewerbeflächenangebot:
Löhnberg Gewerbegebiet „Unterste Betten", ca.1,8 ha noch verfügbar, B-Plan vorhanden

## Marktflecken Mengerskirchen

Bürgermeister: Robert Becker

Schloßstraße 3
35794 Mengerskirchen
Telefon: 06476/9136-0
Telefax: 06476/913625

Ortsteile:
Mengerskirchen, Waldernbach, Winkels, Probbach, Dillhausen

| | |
|---|---|
| Einwohner: (30.06.98) | 6.004 |
| SV-pfl. Beschäftigte: (30.06.97) | 1.000 |

Gewerbeflächenangebot:
Mengerskirchen, Gewerbegebiet Mengerskirchen, ca. 0,4 ha (geplant),
Ortsteil Waldernbach, Gewerbegebiet „Erlenwiese", ca.1,6 ha (geplant),
Ortsteil Winkels, Gewerbegebiet „GE-Wiese Unterm Dorf", ca.0,1 ha noch verfügbar, B-Plan vorhanden

## Gemeinde Merenberg

Bürgermeister: Gerald Born
Allendorfer Str. 4
35799 Merenberg
Telefon: 06471/95390
Telefax: 06471/5510

Ortsteile:
Merenberg, Barig-Selbenhausen, Allendorf, Reichenborn, Rückershausen

| | |
|---|---|
| Einwohner: (31.12.97) | 3.349 |
| SV-pfl. Beschäftigte: (30.06.97) | 956 |

*Ruderboote auf der Lahn.*

## Stadt Runkel

Bürgermeister: Hans-Jürgen Heil

Burgstraße 4
65594 Runkel
Telefon: 06482/2061
Telefax: 06482/1650

Ortsteile:
Runkel, Steeden, Hofen, Eschenau, Wirbelau, Arfurt, Ennerich, Schadeck, Dehrn

| | |
|---|---|
| Einwohner: (31.12.97) | 9.574 |
| SV-pfl. Beschäftigte: (30.06.97) | 1.434 |

Gewerbeflächenangebot:
Ortsteil Steeden, Gewerbegebiet „Kerkerbach", ca. 9 ha noch verfügbar , B-Plan vorhanden,
Ortsteil Ennerich Gewerbegebiet, „Großmannswiese", ca.1,6 ha noch verfügbar, B-Plan vorhanden

## Gemeinde Selters (Taunus)

Bürgermeister: Dr. Norbert Zabel

Brunnenstraße 46
65618 Selters
Telefon: 06483/9122-0
Telefax: 06483/912220

Ortsteile:
Niederselters, Eisenbach, Münster, Haintchen

| | |
|---|---|
| Einwohner: (31.12.97) | 8.009 |
| SV-pfl. Beschäftigte: (30.06.97) | 483 |

Gewerbeflächenangebot:
Ortsteil Niederselters, Gewerbegebiet Niederselters ca.1,6 ha noch verfügbar, B-Plan vorhanden

## Gemeinde Villmar

Bürgermeister: Hermann Hepp

Peter-Paul-Straße 30
65606 Villmar
Telefon: 06482/91210
Telefax: 06482/5782

Ortsteile:
Villmar, Aumenau, Seelbach, Falkenbach, Langhecke, Weyer

| | |
|---|---|
| Einwohner: (30.06.98) | 7.628 |
| SV-pfl. Beschäftigte: (30.06.97) | 748 |

Gewerbeflächenangebot:
Villmar, Gewerbegebiet „Östlich des Brotweges II“, ca. 4,6 ha, B-Plan vorhanden

## Gemeinde Waldbrunn (Westerwald)

Bürgermeister: Lothar Blättel

Hauser Kirchweg
65620 Waldbrunn
Telefon: 06479/209-0
Telefax: 06479/451

Ortsteile:
Ellar, Hausen, Fussingen, Lahr, Hintermeilingen

| | |
|---|---|
| Einwohner: (31.12.97) | 6.186 |
| SV pfl. Beschäftigte: (30.06.97) | 672 |

Gewerbeflächenangebot:
Gewerbegebiet „Hausen-Fussingen II“, ca.2,5 ha, B-Plan vor der Aufstellung, Erschließung für Ende 1999 geplant

## Stadt Weilburg

Bürgermeister: Hans-Peter Schick

Mauerstraße 6-8
35781 Weilburg
Telefon: 06471/314-0
Telefax: 06471/31477

Ortsteile:
Weilburg, Gaudernbach, Odersbach, Waldhausen, Hirschhausen, Kubach, Kirschhofen, Hasselbach, Drommershausen, Ahausen, Bermbach

| | |
|---|---|
| Einwohner: (31.12.97) | 13.664 |
| SV-pfl. Beschäftigte: (30.06.97) | 4.685 |

Gewerbeflächenangebot:
Ortsteil Kubach, Gewerbegebiet „Kubach II“, ca. 0,5 ha, B-Plan vorhanden,
Ortsteil Gaudernbach, Gewerbegebiet Gaudernbach, ca. 2 ha, B-Plan vorhanden

## Marktflecken Weilmünster

Bürgermeister: Manfred Heep

Rathausplatz 8
35789 Weilmünster
Telefon: 06472/91690
Telefax: 06472/916910

Ortsteile:
Weilmünster, Laubuseschbach, Wolfenhausen, Aulenhausen, Essershausen, Ernsthausen, Dietenhausen, Langenbach, Lützendorf, Laimbach, Möttau, Rohnstadt

| | |
|---|---|
| Einwohner: (31.12.97) | 9.323 |
| SV-pfl. Beschäftigte: (30.06.97) | 2.676 |

Gewerbeflächenangebot:
Ortsteil Laubuseschbach, Gewerbegebiet „Vor dem Wolfenhäuser Wald“, ca.2,4 ha, B-Plan vorhanden,
Weilmünster, Gewerbegebiet „Auf der Muckenkaut“, ca. 2,5 ha, B-Plan vorhanden

## Gemeinde Weinbach

Bürgermeister: Thorsten Sprenger

Elkerhäuser Straße 17
35796 Weinbach
Telefon: 06471/9430-0
Telefax: 06471/42176

Ortsteile:
Weinbach, Gräveneck, Freienfels, Blessenbach, Elkerhausen, Edelsberg, Fürfurt

| | |
|---|---|
| Einwohner: (31.12.97) | 4.818 |
| SV-pfl. Beschäftigte: (30.06.97) | 432 |

Gewerbeflächenangebot:
Weinbach, Gewerbegebiet „Auf dem alten Berg“, ca.1,5 ha, B-Plan vorhanden

*Das Limburger Krankenhaus.*

*Anfragen zur Wirtschaftsregion Limburg-Weilburg-Diez können gerichtet werden an:*

*Wirtschaftsförderung Limburg-Weilburg-Diez GmbH*
*Geschäftsführer Walter Gerharz, Dipl.-Geogr.*

*Dr.-Wolff-Str. 4*
*65549 Limburg*
*Telefon (06431) 91 79-0*
*Telefax (06431) 91 79-20*
*eMail: wfg@regiononline.de*
*Internet: www.regiononline.de*

Blechwarenfabrik Limburg GmbH
Stiftstraße 2
65549 Limburg
Telefon (06431) 299-0
Telefax (06431) 299-299

Bördner GmbH
Dietkircher Straße 7-13
65551 Limburg-Lindenholzhausen
Telefon (06431) 9912-0
Telefax (06431) 9912-20

BRAIN Limburg GmbH
In den Fritzenstücker 2
65549 Limburg
Telefon (06431) 9787-0
Telefax (06431) 9787-25

Buderus Guss GmbH
Elzer Straße 23-26
65556 Limburg-OT Staffel
Telefon (06431) 2910
Telefax (06431) 291166

Danobat-Bimatec Werkzeugmaschinen Handelsgesellschaft mbH
In den Fritzenstücker 13-15
65549 Limburg
Telefon (06431) 9782-0
Telefax (06431) 71102

EKU-Metallbau Großküchen GmbH
Am Schlag 30
65549 Limburg/Lahn
Telefon (06431) 9000
Telefax (06431) 900500

Energieversorgung Limburg GmbH
Ste.-Foy-Straße 36
65549 Limburg
Telefon (06431) 2903-0
Telefax (06431) 2903-92

Glashütte Limburg Gantenbrink GmbH & Co
Glashüttenweg 2
65549 Limburg
Telefon (06431) 204-0
Telefax (06431) 204103

Harmonic Drive Antriebstechnik GmbH
Hoenbergstraße 14
65555 Limburg/Lahn
Telefon (06431) 5008-0
Telefax (06431) 5008-18

# Wirtschaftsstandort Region Limburg

Verlag MEDIA TEAM Gesellschaft für Kommunikation mbH
Geschäftsführender Gesellschafter Christian Kirk
Ein Unternehmen der MEDIEN GRUPPE KIRK HOLDING AG
Groß-Gerauer Weg 1 in D-64295 Darmstadt
Telefon (06151) 1770-0
Telefax (06151) 1770-10
ISDN Leo (06151) 1770-48
E-mail mt@medien-gruppe.com
Homepage www.medien-gruppe.com
Internet www.standort-deutschland.com
Herausgeber MEDIA TEAM GmbH in Zusammenarbeit mit dem Magistrat der Kreisstadt Limburg a. d. Lahn, Amt für Wirtschaftsförderung
Idee & Konzeption © Christian Kirk
Realisation Dieses Projekt wurde realisiert unter Mitarbeit der Autoren Dieter Posch, Martin Richard, Wolfgang Becker, Dr. Heinrich Richard, Norbert Oestreicher, Horst Jung, Angelika Berbuir, Siegfried Walter, Annelie Bopp-Simon, Michael Bergholter, Dr.-Ing. Matthias Mendel, Dr. Christoph Wörsdörfer, Hilmar Frhr. Schenck zu Schweinsberg, André Kramm, Dr. Reinhard Bentmann, Dr. Gabriel Hefele, Heinz Maibach, Heinz Kleiter
Chefredaktion Heinz-Dieter Krage
Grafik & Satz Helmut Bessing, Mirko Emde sowie in der Organisation Marion Loridan, Marion Trachsel, Heike Naundorff, Ute Rühl, Andrea Willand, Bernd Schmidt, Steffen Weber,
Bildnachweis Autoren der Artikel, Carl Zeiss, Dr. Niebuhr GmbH, Harmonic Drive, IHK Limburg, NASA, Kreishandwerkerschaft Limburg, portraitierte Unternehmen, Sandra Vitting, SEF Roboter GmbH, Siemens AG, Stadtarchiv Limburg, Steinbeis-Transferzentrum Limburg-Weilburg-Diez,
EBV, Litho & Belichtung digitaltype GmbH, Darmstadt
Druck Druckhaus Darmstadt GmbH
Papier Rhein-Main-Papier GmbH & Co.KG, Bochum, Senden, Darmstadt. Papiersorte: EURO ART® matt, 135 gr./$m^2$.
Umsetzung für Internet InMediasRes, Darmstadt

ISBN-Nr. 3-932845-10-2, Ausgabe 1999